英国税務会計史

矢内一好 著

中央大学出版部

はじめに

　本書を書く動機は，国際財務報告基準の進展において焦点の1つとなった税務会計（法人税法の計算構造）と企業会計の関連において，日本の税務会計が企業会計と一体となった統合型であるのに対して，米国及び英国は，両者が分離したいわゆる分離型であり，米国については，既に，『米国税務会計史』（中央大学出版部），『現代米国税務会計史』（中央大学出版部）の2冊を上梓することである程度の検討が終了しているが，英国については，この種の研究を他に見ることができなかったため，自ら行うことになったのである。

　英国は，会社法，企業会計，監査等の分野で，19世紀末から20世紀初頭まで米国よりも先進国であった。さらに，世界で初めて所得税法を導入した国である。このような環境にありながら，英国において所得税から法人税が分離するのは1965年財政法である。米国は，1913年の所得税創設時から所得税法において，個人所得税と法人所得税を分離していた。この相違を端的に述べることは少し乱暴かもしれないが，その原因は，英国における保守性にあるように思われる。この保守性については，1803年に立法されたアディントンの所得税法の骨格が21世紀まで引き継がれてきたこと，賦課課税制度が申告納税制度に変わるまでに約200年を要したこと等を例にすれば，その証明ができるものと思われる。

　英国の税務会計を検討した結果の印象としては，日本における研究に限定すると，古い時代の資料の乏しい時期の税制等の研究がこれまで手厚く行われ，資料が豊富となる20世紀以降の税制研究が少ないことであった。また，税務会計に関する研究はほとんどなかったのである。当然通史に類するものもなかった。このような状態に至ったことに関する個人的な見解であるが，英国の税務会計は，例えば，20世紀のある事象を検討する場合，その原型が1803年の

アディントンの所得税法まで遡ることになり，1803年以降の税法の変遷等にも触れると，本論にたどり着くのに時間を要したことから，研究面における歴史的継続性の断絶があったといえよう。

本書の構成は，編年史の形態を採用している。例えば，個人所得税，法人課税，租税回避，国際税務，そして英国独自の賦課課税制度等の租税管理という項目別にその変遷をたどる構成も検討したが，本書の目的は，法人税の所得及び税額計算という税務会計と企業会計がどのように関連したのかということであり，これらの項目は，その本線に付随する項目として触れることとした。また，各項目について深度ある検討がなされていない部分があることは筆者自身が一番承知していることであり，このことについては，今後の研究課題としたいと思っている。

本書作成に当たって，多くの方々にお世話をかけた。特に，歴史と伝統ある中央大学に籍を置いたことで，多くの貴重な資料に接することができたことは恵まれた研究環境にあったといえる。ここにお名前あげることは控えるが，お世話になった方々にお礼を申し上げたい。

　　2014年7月

　　　　　　　　　　　　　　　　　　　　　　　　矢　内　一　好

英国税務会計史

目　　次

はじめに

略語・訳語例

第1章　英国税務会計史の概要 …………………………………………… 1
　1．本章の概要 ………………………………………………………… 1
　2．英国法人税の変遷 ………………………………………………… 2
　3．英国法人税に係る初期の租税管理 ……………………………… 9
　4．英国における租税管理の展開 …………………………………… 16

第2章　ピットとアディントンの所得税 ………………………………… 25
　はじめに ………………………………………………………………… 25
　1．英国税務会計の背景 ……………………………………………… 25
　2．英国法人税の概要 ………………………………………………… 28
　3．事業所得等における収益項目 …………………………………… 31
　4．事業所得等における控除項目 …………………………………… 31
　5．企業会計と税務会計の関連 ……………………………………… 32
　6．英国税務会計検討の視点 ………………………………………… 33
　7．ピットの所得税法（1799年）の環境 …………………………… 34
　8．ピットの所得税法（1799年）の概要 …………………………… 37
　9．アディントンの所得税法（1803年） …………………………… 41
　10．小　　　括 ………………………………………………………… 43

第3章　ピールの所得税から19世紀末の間の変遷 ……………………… 49
　はじめに ………………………………………………………………… 49
　1．19世紀における所得税の展開の概要 …………………………… 50
　2．1842年法 …………………………………………………………… 51

3．1853年新所得税法（グラッドストーンの新所得税法）……………… 52
4．1878年関税及び内国税法（Customs and Inland Revenue Act of 1878） …… 53
5．法人の利益に係る1883年の判決………………………………… 56
6．英国会社法等と会計関連規定…………………………………… 57
7．配当に係る判例…………………………………………………… 61

第4章 1900年から1910年の間の変遷……………………………… 69
はじめに……………………………………………………………… 69
1．1900-1910年までの所得税の変遷……………………………… 69
2．勤労所得に対する軽減税率の適用……………………………… 71
3．累進付加税の導入による税率の累進化………………………… 71
4．国際税務に関する用語…………………………………………… 73
5．事業年度，課税所得の計算等…………………………………… 76
6．実際損益の算定…………………………………………………… 78
7．申　告　等………………………………………………………… 81
8．累進付加税の導入………………………………………………… 82
9．企業会計と課税所得計算の関連性……………………………… 82

第5章 1911年から1919年の間の変遷……………………………… 87
はじめに……………………………………………………………… 87
1．1910年時点の所得税……………………………………………… 87
2．累進付加税の税率………………………………………………… 88
3．所得税率の動向…………………………………………………… 89
4．超過利潤税（Excess Profits Duty）……………………………… 90
5．1918年所得税法…………………………………………………… 93
6．利益計算例………………………………………………………… 99
7．小　　　括………………………………………………………… 99

第6章　1920年から1929年の間の変遷 … 103
はじめに … 103
1．王立委員会報告 … 103
2．1920年から1929年までの財政法及び所得税法等の変遷 … 111
3．所得税率等 … 111
4．超過利潤税（Excess Profits Duty） … 112
5．法人利益税 … 112

第7章　1930年から1939年の間の変遷 … 119
はじめに … 119
1．1930年代における英国社会の政治経済の動向 … 119
2．1930年代の税制改正 … 121
3．1930年代の所得税等の税率の変遷 … 121
4．所得税法の変遷 … 122
5．国防税の概要 … 129
6．1936年所得税制定法化検討委員会報告 … 130

第8章　1940年から1949年の間の変遷 … 137
はじめに … 137
1．政治経済状況 … 138
2．1940年から1949年までの財政法等の動向 … 138
3．所得税等の税率 … 138
4．記帳に関する内国歳入庁長官の権限 … 140
5．二重課税からの救済 … 142
6．給与等の源泉徴収 … 143
7．1945年所得税法 … 145
8．企業会計及び会社法の動向 … 148

第 9 章　1950 年から 1959 年の間の変遷……………………………… 155
　は じ め に………………………………………………………………… 155
　1．1950 年代の英国の税法等と経済等の変遷………………………… 156
　2．所得税率等……………………………………………………………… 157
　3．国内法としての外国税額控除の創設………………………………… 157
　4．王室委員会報告における法人課税の検討…………………………… 161
　5．国防税の概要…………………………………………………………… 162
　6．国防税の租税管理……………………………………………………… 163
　7．1952 年までの事業利益税……………………………………………… 164
　8．法人への超過累進税（The Excess Profits Levy）………………… 167
　9．1965 年財政法による事業利益税の統合……………………………… 168
　10．1970 年までの変遷…………………………………………………… 171

第 10 章　法人税法の分離—1960 年代を中心に……………………… 177
　は じ め に………………………………………………………………… 177
　1．法人利益に対する所得税と事業利益税（profits tax）の課税………… 177
　2．1960 年から 1970 年の間の立法……………………………………… 180
　3．1965 年法における法人税……………………………………………… 181
　4．1966 年財政法以降……………………………………………………… 184
　5．1968 年資本控除法……………………………………………………… 185
　6．1965 年財政法と 1970 年所得・法人税法の比較……………………… 187
　7．1967 年法と 1970 年法におけるグループリリーフ規定の比較……… 188
　8．1970 年法における法人所得の計算…………………………………… 192

第 11 章　1970 年代の変遷と租税回避判例の検討…………………… 199
　1．本章の対象……………………………………………………………… 199
　2．1970 年代から 1980 年代における財政法等の動向………………… 199

3．1965 年法の背景 ………………………………………… 200
　4．インピュテーション制度導入前の配当課税 ………………… 203
　5．インピュテーション制度 ………………………………… 203
　6．1970 年から 1980 年代の法人税率の変遷 ………………… 206
　7．英国における租税回避事案の判例と租税回避対策の法令 …… 206
　8．租税回避に関する制定法 ………………………………… 218

第 12 章　第 1 次英米租税条約 ………………………………… 225
　1．本章の目的 ……………………………………………… 225
　2．英米租税条約の沿革と同条約検討の意義 ………………… 226
　3．英米租税条約の概要 ……………………………………… 226
　4．英米租税条約の条文解説 ………………………………… 229
　5．1954 年署名第 1 次日米租税条約との比較 ………………… 236
　6．英米租税条約の意義 ……………………………………… 239
　7．英米租税条約の検討 ……………………………………… 244

第 13 章　英国税務会計史の検討 ……………………………… 251
　1．本章における課題 ………………………………………… 251
　2．法人所得計算の改正 ……………………………………… 251
　3．現行の英国における法人に関する租税管理 ……………… 254
　4．法人税が独立した効果 …………………………………… 255
　5．英国が分離型である理由 ………………………………… 256
　6．英国租税回避に関する判例等の変遷 …………………… 257
　7．GAAR の制定 …………………………………………… 265

巻末資料 ………………………………………………………… 273
　Ⅰ　英国税務会計史年表 …………………………………… 273
　Ⅱ　税法・財政法の変遷 …………………………………… 275

Ⅲ 所得税率等 …………………………………………………… 284

参 考 文 献 ………………………………………………………… 299
初出誌一覧 ………………………………………………………… 305

略語・訳語例

1842 年法又はピールの所得税：Income Tax Act of 1842 (5 & 6 Vict. c. 35)
グラッドストーンの所得税法：Income Tax Act of 1853 (16 &17 Vict. c. 34)
1918 年所得税法：Income Tax Act 1918 (8 & 9 Geo. 5 c. 40)
1965 年財政法：Finance Act 1965

一般委員会：general commissioners
貴族院：House of Lords
控訴院：Court of Appeal
高等法院：High Court of Justice
国防税：National defence contribution
査定：assessment
事業利益税：profits tax
特別委員会：special commissioners
超過利潤税：excess profits duty
法人利益税：corporation profits tax
累進付加税：super-tax，改正後は sur-tax

第1章

英国税務会計史の概要

1. 本章の概要

　現在各国の税収は，所得税（個人及び法人等）に多くを依存していることは事実である。この所得税を最も早く導入した国は，英国である。しかし，英国の税制は，所得の申告等を伴う事業所得の分野において，個人と法人の課税が未分離な状態で推移してきたため，法人税における事業所得は，長い間，所得税法の所得区分においてシェジュールDケースⅠに分類され処理されてきた。法人課税は，長期間にわたり所得税と事業利益税の複合的な課税の時期を経て，1965年のキャラハン蔵相の時代に統合されたのである[1]。そして，法人税法が所得税法から離れて独立した法律になるのは，2009年以降である。

　また，英国では，賦課課税制度が長い期間適用されてきたが，法人税では，1993年9月30日後に終了する会計期間において，申告納税制度導入への準備的な方法としてPay and File方式が導入され，1999年以降，申告納税制度が導入されている。なお，個人等の所得税は，1996・1997課税年度から同制度が導入されている。

　本章は，英国における法人課税の変遷を軸として，その税額決定の方法等との関連を検討することを目的としている。所得税或いは法人税等の領域では，その税額決定に関して，申告納税制度と賦課課税制度の2つの制度があり，英国の法人税の変遷と法人税に係る税額決定のプロセス等は，その検討対象になり得るものである。また，英国の法人税制について，賦課課税制度と切り離すのではなく一体のものとして検討することにより，日本或いは米国とも異なる

英国独特の法人税制の特徴が浮かび上がるものと思われる。なお，本章では，法人税における申告納税制度まで言及するべきであろうが，申告納税制度に関しては必要最低限の事項のみ取り上げ，これについては本書第13章で検討する。

2. 英国法人税の変遷

以下では，所得税の創設から現在までの所得税及び法人税の変遷を概観し，特に歴史的に転換点となった事項を取り上げてまとめることとする。

(1) ピットの所得税法

1783年12月に首相に就任したウィリアム・ピット（William Pitt：1759-1806年）がナポレオン戦争の戦費調達を目的として世界で初めての所得税法を制定した[2]。

この所得税法における納税義務者は，英国に居住する全ての個人，法人（corporate）形態の団体，会社（company）形態の団体，同業者組合，法人形態の有無にかかわらず人々の集まりは，その所得発生形態にかかわらず，全ての所得が英国における課税所得の範囲となっていた。そして，所得税率は，10%を原則として，免税点は年間60ポンドであった。

(2) アディントンの所得税法

ピットの後任の英国首相となったヘンリー・アディントン（Henry Addington：1757-1844年）は，1801年3月17日から1804年5月10日までその職にあった。このアディントンが制定した所得税法[3]は，その後の英国所得税法の骨格をなすものである。

同法の第1の特徴は，所得をシェジュールAからEまでの5つに分類していることである[4]。第2の特徴は，ピットの所得税法が総合課税方式であったのに対して，アディントンの所得税法は，源泉徴収方式を取り入れたことであ

る。そして，この時に確立された課税方式がその後の英国所得税・法人税の課税方式として続くことになる。

(3) ピールの所得税法

所得税導入は戦費調達がその目的であったことから，ナポレオン戦争が終結した翌年の1816年に廃止されている。そして，1842年に首相のピール（Robert Peel）により，3年の臨時税としての所得税（以下「1842年法」という。）が再導入されたが，景気の悪化と1853年に始まったクリミア戦争による財政需要により所得税が廃止されず，その後，恒久税として発展するのである。

1842年法以降の19世紀における所得税の英国における展開について，土生芳人氏は3つの時期に分けてその特徴を述べている[5]。

第1期は，1842年から1870年代中頃までの間で，所得税が臨時税とみなされていた時代である。

第2期は，1870年代中頃から1880年代までの間で，所得税が臨時税から恒久税に移行した時代である。

第3期は，1890年代から19世紀末までの間で，所得税が恒久税として定着し，財源としての重要性が認識され，財政上の地位が高まってきた時期である。

この1842年法は，その後，所得税の基本法として，その一部が改正をされながら適用されるのである。なお，税率は，1ポンド当たり7ペンス（約3％）の単一税率であったが，その後，財政状態が悪化した段階で税率の引き上げが行われている。

事業所得課税は，利益金額の前3年間の平均として計算されることが規定され，この所得算定方式が20世紀初頭まで続くのである。

(4) グラッドストーンの所得税法

1853年所得税法（以下「1853年法」という。）[6]は，ウィリアム・グラッドストーンがアバディーン伯爵内閣の大蔵大臣在任中の1853年6月28日に成立し，

全59条から構成されている。シェジュールDに係る規定に関して，1842年法の規定と比較すると，1842年法では，グレート・ブリテン（Great Britain）に居住する者という文言であったが，1853年法では，その地域がユナイテッド・キングダム（United Kingdom）に改正されている他に，条文（1853年法第2条）の文言自体も一部修正されている。

(5) 1878年関税及び内国税法[7]

1878年関税及び内国税法は，同法第12条に，減価償却に関する規定を初めて設けたのである。減価償却の対象となる資産は，機械及び設備（machinery or plant）であり，企業活動に使用されて摩損（wear）或いは破損（tear）した場合，その価値の減少として合理的な金額を控除することが認められていた。

(6) 累進付加税（super-tax）の創設

累進付加税（super-tax）は，1910年財政法[8]により創設された。1909・1910財政年度から1913・1914財政年度の間，5,000ポンドを超える全ての所得に課されることになった。英国はこの後に，いわゆる戦時財政として増税期に入ることになる。

一般に所得税の増税を図る場合に，最高税率の引き上げ等という税率構造の改正以外に，所得税の税率に付加税を加算する方式と超過利潤税或いは戦時利得税の方式がある。付加税は，一定の税率の加算である。累進付加税の概要としては，全ての所得が，5,000ポンドを超える所得に対して，1ポンド当たり6ペンス（税率2.5％）の累進付加税の課税が行われることになる。なお，この課税最低限の金額は後年引き下げられている。

(7) 超過利潤税（excess profits duty）の創設

超過利潤税が1915年財政法，1916年財政法及び1917年財政法により規定されて導入されている。

超過利潤税は，戦時における企業の超過利潤を税として徴収することを目的

としたものであり，厳密にいえば，課税標準の算定方法は，投下資本の一定割合を適正な所得と想定し，純所得がその適正な所得を超過する額に課税をする超過利潤税の課税方式と，戦前の一定期間の平均所得を超える所得を戦時所得として課税する戦時利得税の方式がある。

　超過利潤税は，既に述べたように1915年財政法により創設されるのであるが，1910年創設の累進付加税とは，税の増収を図る手段である点では共通しているが，その性格では異なっているのである。なお，この税は，1921年財政法第35条により廃止となっている。

(8)　1918年所得税法

　この法律の正式名称は，「所得税総括法（An Act to Consolidate the Enactments relating to Income Tax）」（以下「1918年法」という。）で，1918年8月8日に成立している。これ以前の所得税の基本法は，ピールの制定した1842年法であり，これが改正されたのである。1842年後は，所得税法の改正という形態であったが，1894年以降は，毎年の財政法により改正されていた。1918年法は，1842年法制定以降の改正を総括したものである。

　1918年法の法人に関連する所得計算は，過去3年分の利益の平均額を課税対象とする従来からの方法が踏襲されただけで，大きな改正は行われていない。

(9)　法人利益税

　イ　法人利益税の沿革

　法人利益税（corporation profits tax）は，1920年財政法[9]第5款により創設され，1924年財政法（Finance Act 1924：以下財政法等の表記は巻末Ⅱ参照）第3款第34条第1項において，1924年6月30日後に開始となる会計期間の利益について，法人利益税を課さないことが規定されたことで，この日をもって廃止となったのである。

　ロ　法人利益税の概要

法人利益税は，1920年財政法第5款第52条から第56条までにその規定があるが，第52条には，利益に対して5％の税率の法人利益税が課されることが規定されている。なお，この税率は1923年には2.5％に引き下げられている。

ハ　法人利益税の特徴

法人利益税は，その適用期間が数年間という短命な法律であったが，本法における利益計算は，課税年度（income tax year）或いは数年間の平均額による計算ではなく，事業年度において生じた実際の利益を対象としている。これまで，英国の所得税では，シェジュールDにおける事業所得計算は，過去3年間の平均所得を課税対象としてきたことから，法人利益税に係る方法は大きな改正といえるのである。これ以前の1918年法では，直近3年分の所得の平均金額が課税対象となっている。

(10)　王立委員会報告

英国における王立委員会は，英連邦に生じる種々の問題を検討する公的な委員会であるが，所得税に関するものとして，1919から1920年の間に所得税に係る王室委員会報告（Royal Commission on the Income Tax）が作成され，所得税に関する各種の問題が検討されている。

(11)　累進付加税の名称変更

1910年財政法により創設された累進付加税（super-tax）は，1927年財政法第3款第38条により所得税と統合され，同法第38条第2項にsur-taxに名称変更の規定がある。この税目は，1966年に発売されたビートルズのアルバム（Revolver）に収録されたジョージ・ハリソン作曲のTaxmanにより批判されて1973年に廃止されている。

(12)　シェジュールDの所得算定方法の改正

シェジュールDにおける所得算定方法は，過去3年間の平均利益を課税対

象としていた。王立委員会の分科会であるリッチー委員会は1904年に設置されているが、ここで掲げた6つの検討課題のうちの1つが、査定年度前3年間において実際に実現した利益の平均に係るシェジュールDの利益計算システムの検討である[10]。このことからも、シェジュールDの所得算定方法に対して改正する意識があったことは判るが、1918年法でもこれに関する改正はなく、前述(9)の法人利益税において、事業年度において生じた実際の利益を課税対象とすることになった。

しかしながら、法人利益税は、法人に対する付加税であり、所得税法におけるシェジュールDの所得算定方法の改正は、1920年代中頃である[11]。

⒀ 国防税の概要

国防税（National defence contribution）は、1937年財政法第3款第19条から第25条に条文が規定されている。英国では、法人税の先駆けともいえる法人利益税が1920年から1924年という短い期間でのみ適用されて廃止されている。1937年財政法において創設された国防税は、法人利益を対象とした税ではあるが、法人税として独立した課税を行うものではなく、個人、パートナーシップ及び法人の利益を対象とした付加税の性格を持つ税といえる。その特徴としては、免税となる所得の範囲が1課税対象期間に2,000ポンドであり、それを超える部分の金額に課税となる。また、所得税との関係においても、所得税から控除できる項目となっており、二重課税にはならないように配慮されている。

イ　納税義務者

この税は、1937年4月1日以後に開始となる5課税年度の課税対象期間に生じる事業上の利益に課されるもので、納税主体が法人の場合の税率は5％、法人以外であれば税率は4％である。

ロ　利　益　計　算

国防税の課税は独立したものであるが、課税利益の計算は、所得税法に規定するシェジュールDのケースⅠにおける事業所得の計算方法が準用される。

課税対象期間に生じた利益の金額が 2,000 ポンド以下では課税されず，課税対象期間に生じた利益の金額が 2,000 ポンド超で 12,000 ポンド未満の場合，12,000 ポンドと実際の利益額との差額の 5 分の 1 相当まで減額をする。

ハ　所得税との関係

納付した国防税は，所得税の課税所得の計算上，費用として控除できる。

⑭　超過利潤税の再導入

1915 年第 2 次財政法[12]第 38 条により創設された超過利潤税は，1921 年財政法第 35 条により廃止となっている。

この税は，1939 年第 2 次財政法[13]第 12 条において再度導入され，1940 年 4 月 1 日以後に開始となる会計期間から，従前の超過額の 60％に課税していたことに代えて，100％が課税されることになった。そして，1946 年財政法第 36 条により，1946 年末後に開始となる課税年度から超過利潤税の適用は廃止となった。

⑮　事業利益税（profits tax）の創設

国防税は，1937 年財政法により創設されたが，1947 年財政法において国防税に代わり事業利益税が創設された。事業利益税は，事業の利益に対して 12.5％の税率で課税された。

この税は，1965 年財政法による法人税一本化までの間，法人所得に対して，所得税の付加税として課されたのである。

⑯　1950 年以降の法人税

20 世紀に入ってから，英国において所得税法或いは法人税法として立法されたものは次の通りである。英国の場合は，基本的に毎年の財政法により税法改正が行われ，一定期間を経た後に，その期間の改正を織り込んだ所得税法を制定するのである。

①　Income Tax Act 1918 c. 40 (8 & 9 Geo. 5)

② Income Tax Act 1945 c. 32 (8 & 9 Geo. 6)
③ Income Tax Act 1952 c. 10 (15 & 16 Geo. 6 & 1 Eliz. 2)
④ Income and Corporation Taxes Act 1970 c. 10
⑤ Income and Corporation Taxes (No. 2) Act 1970 c. 54
⑥ Income and Corporation Taxes Act 1988 c. 1
⑦ Income Tax Act 2007 c. 3
⑧ Finance Act 2008 c. 9
⑨ Corporation Tax Act 2009 c. 4
⑩ Corporation Tax Act 2010 c. 4

法人の事業所得に対する課税は，所得税創設時から所得税として課税されていたことは既述の通りであるが，法人の利益に対する課税として，所得税とは区分した形になったのは，次のような各段階を経て現在に至っているのである。

第1は，1937年財政法により創設された国防税である。

第2は，1947年財政法により国防税を継承した事業利益税の創設である。

第3は，1965年財政法[14]第46条である。この条では，所得税及び事業利益税に代わって法人に対する法人税が規定されている。このことは，換言すれば，1965年に法人税が所得税から分離して，1970年の所得・法人税法に繋がるのである。そして，1972年財政法[15]第5款において，インピュテーション制度（imputation system）が導入されている（1998年財政法により廃止）。

3. 英国法人税に係る初期の租税管理

(1) 概　観

英国の法人課税を含む所得税の管理面（tax management：以下「租税管理」という。）における特徴は，賦課課税制度の下における，納税義務者の税額を査定するアセスメント（assessment：以下「査定」という。），不服申立て（appeal：以下「不服申立て」という。）そして徴収（collection）にあるといえる。また，納

税義務者の側からは，申告，課税当局からの通知，予定納付を含む税の納付ということになる。

申告納税制度の下では，納税義務者が自らの所得と税額を計算した申告書を税務署に提出する。税務署は，提出された申告書について後日税務調査を行うことになる。

これに対して，賦課課税制度の下では，納税義務者は，申告書を提出するが，最終的な税額は課税当局により決定されて納税義務者に通知されることになる。

税務行政の効率性という観点から見れば，申告納税制度は課税当局の事務負担が賦課課税制度よりも少なくなる。例えば，現行の日本において賦課課税を行っている地方税の場合，個人住民税及び法人住民税は，国税に提出された申告書の資料に多くを依存して税額を決定することで行政上の事務負担を軽減しているといえる。

本章の冒頭で述べたように，英国では，賦課課税制度が長い期間適用されてきたが，法人税では，1993年9月30日後に終了する会計期間において，申告納税制度導入への準備的な方法として Pay and File 方式が導入され，1999年以降，申告納税制度が導入されている。

本章の目的は，英国の賦課課税制度の内容を明らかにすることにより，このような制度が法人の課税所得及び税額の決定にどのような影響を及ぼしたのかを検討することである。租税管理に関する規定は，例えば，1842年法[16]に規定されているが，1880年制定の租税管理法（Taxes Management Act：以下「1880年TMA」という。）[17]に集約されている。そして1918年法[18]における規定と続くのであるが，租税管理に特化した法律は，次に掲げる3つである。

① Taxes Management Act, 1880 (43 & 44 Vict. c. 19 ss. 5 21, 86)
② Income Tax Management Act, 1964 c. 37
③ Taxes Management Act, 1970 c. 9 （以下「1970年TMA」という。）

以下は，上記①と1910年代の実務書[19]を参考として，法人課税の申告，査定，納付等を検討する。

(2) 租税管理に関与する者及び関連用語

英国における法人の課税を含む所得税の税務執行において，使用されている用語のうち，資料のあるものについてその意義を以下では検討する[20]。この参考資料の利用は，1910年代後半のものであること，また，この資料は，官庁が公にしたものでないことを勘案する必要があるが，ある時期に使用されていた用語等の意義を考える上では，参考になる。

イ　査　　定

所得税は年次で課され，査定は4月6日から始まる各課税年度毎に行われる。シェジュールDでは，査定官（assessor）は，検査官（surveyor）に対して名簿を渡す。この名簿は申告書提出者，無申告者の債務の見積もりを含むものである。委員会（commissioners）付の事務官（clerk）は，帳簿に申告書の概要を記入する。検査官は，申告書を調査し，査定者は，税額を見積もる。そして，これらは一般委員会（general commissioners）に送られる。一般委員会は，納税義務者に対する通知（notice）を作成する。

ロ　不服申立て[21]

いずれの者も査定の通知を受けてから21日以内に不服申立てができ，当時のグレート・ブリテン島内では，特別委員会（special commissioners）に対して行うことになる。不服申立ては裁定が出て終了するが，不服申立ての申立者或いは検査官がその裁定に不服のあるときは，高等法院（High Court of Justice）に21日以内に提訴することができ，さらに，控訴院（Court of Appeal），そして日本の最高裁に当たる貴族院（House of Lords）にまで提訴できる。

ハ　査　定　官

税の査定官は，地方の事務官であり，公告の添付，用紙の提供，無申告或いは提出された申告書に問題がある場合，税額の見積もりを行う。査定官は地方委員により任命される。

ニ　徴　収　官（Collector）

徴収官は，原則として，地方委員により任命され，その命令に従うことになる。その報酬は，内国歳入庁から支払われる。

ホ　所得税の委員（Commissioners of Income Tax）

　所得税の査定は，一般委員或いは追加委員（additional commissioners）である地方委員（local commissioners of taxes）により行われる。これらの委員は，土地税の委員の中から選ばれる。一般委員会は，事務官（clerk）を雇うことができ，事務官の給与及び経費は，内国歳入庁より支払われる。地方委員は，無給であるが，行政区における強制的な仕事から解放されている。

ヘ　内国歳入庁特別職員（Commissioners of Inland Revenue）

　英国の内国歳入庁の特別職員であるコミッショナー（Commissioners）は，内国歳入庁の理事会（Board of Inland Revenue）等を構成する国王から任命された複数の有給の公務員のことである。英国の場合は，日本の国税庁長官のように，1名が最高責任者となるのではなく，複数のコミッショナーが任命されている。内国歳入庁特別職員は特別委員等のオフィサーを任命すると共に，所得税に関する全ての権限を行使することができる。また，内国歳入庁特別職員は，調査官を任命することができる。

ト　特別委員会（Special Commissioners）

　特別委員は，財務省から任命された有給の事務官であり，その事務所は，内国歳入庁の一部となるが，その執行の範囲は全土に及んでいる。グレート・ブリテン島では，鉄道関係の査定は，特別委員会が行うことになる。シェジュールDの納税義務者は，地方の査定官に申告書を期限内に送付するが，宛名は特別委員会宛と書く。なお，希望により，検査官が直接申告書を受け取ることができる。シェジュールDに係る納税義務者で，一般委員会の査定を受けた者は，特別委員会に対して不服申立ての申立てをすることができる。そして，特別委員会の裁決が最終となる。

(3)　シェジュールDの事業所得の計算方法

　まず，ここにおけるシェジュールDの所得に係る手続は，前3年間の平均利益を算出することであった。当時の法人利益は，次に示した例のように計算されていたのである[22]。

```
    1914・1915 年……………………£6,843
    1915・1916 年……………………£6,927
    1916・1917 年……………………£7,044
                                £20,814
```

1917・1918 年の利益は£6,938（20,814÷3）となる。

英国のシェジュール制度の下では，収入金額から必要経費を控除した金額を法定所得（statutory income）といい，その法定所得の合計が総所得（total income）である。その総所得の金額から人的控除等を差し引いた金額が課税所得となる。

⑷　法人課税の申告前の手続き

法人の場合，個人事業に係る所得と同様にシェジュールDに分類されていることから，両者共に，事業所得ということで共通する部分もあるが，ここでは，法人課税ということで，その手続きについて検討する[23]。

① 法人はその損益金額を確定する。この場合，所得税法における課税年度は，次に述べるように，4月6日～翌年4月5日の間であるが，暦年を事業年度として，12月31日を決算日とすれば課税年度と事業年度は異なることになる。

② 課税年度は，4月6日～翌年4月5日の間であり，その間の所得に課税され，納付は，1月1日に課税年度の4分の3の期間に対応する部分を支払うことになる。仮に，査定の年度が1917・1918年とすると，1917年4月6日から1918年4月5日の間の納税義務ということになる。申告書は，1917年5月中に提出され，最初の納付は，1918年1月1日となる。この日付けがどのような意味を持つのかについてコメントすると，前述のように，1917・1918年の利益は，前3年の平均値であったことから，1914年4月6日から1917年4月5日までの間の利益が確定していれば，算出できることになる。

③ 前記②は，英国の法人課税の背景として重視すべき事項である。すな

わち，前記②の例で説明すると，1917・1918年課税年度の事業利益は，税額算定の基礎となる査定と切り離されていることになる。所得税法は，その規定に従って見積もった所得（前3年間の平均利益）を法定所得（statutory income）と規定して，事業年度の実際利益と課税年度の所得を調整したことになる。

(5) 申　　告[24]

申告書のA区分（Section A）は，その見出しが，シェジュールDに基づく査定のための課税前所得の表明書，であり，所得の源泉として，①事業からの所得，②源泉徴収されなかった利子等からの所得，③英国で源泉徴収されていない海外領土及び外国債券からの所得，④英国で源泉徴収されていない海外領土及び外国の証券からの所得，⑤その他の財産又は利益からの所得，の5つに区分されている。法人の利益が前出の①のみとすると，所得の金額と機械及び設備の摩損或いは破損した場合の価値の減少分に対する請求金額を控除した金額を申告額とする。そして，その下に，宣誓部分として，完全かつ真実な申告書であることの宣誓と，申告書作成日，法人名，所在地，作成者氏名と役職名が記載されることになる。

申告書のB区分は，その見出しが，法人の場合の宣誓，であり，パートナーシップの場合には，各パートナーの持分を書くことになる。さらに，C区分は，法人が英国非居住者であった場合の記載部分である。

法人の申告書では，A区分にある①の金額欄に前3年の利益の平均額を記入し，機械及び設備の減価償却費を控除して申告する。

(6) 還付の期限

例えば，1918年4月5日に終了する課税年度（1917・1918年）の場合，還付請求の期限は，3年後の1921年4月5日である。

(7) 査　　定

前出(2)の用語説明において査定を説明していることから，その順序を再掲すると次のようになる。

① 査定官は，申告書を送付した者の名簿と無申告者の納税額を推計する。
② 検査官は，申告書と査定官の推計額の調査を行い，その結果が一般委員会に送られる。
③ ②の後に通知書が送付される。

(8) 不服申立て

査定の通知を受け取った者は，特別委員会に対して不服申立てをすることができ，特別委員会の決定が原則として最終となる。しかし，申立てを行った者又は検査官に不服があるときは，21日以内に高等法院（High Court of Justice）に提訴することができる。不服申立ては，前出(2)で説明を行っている。

(9) 小　　括

1910年代を対象として，当時の租税管理について検討を行ったが，特徴としていえることは，次の点である。

第1に，1910年代の事業所得課税は，前3年間の平均利益を課税対象としており，事業年度の利益と課税対象となる法定所得との関連はなかったのである。そして，1920年財政法により創設された法人利益税は，課税年度（income tax year）或いは数年間の平均額による計算ではなく，事業年度において生じた実際の利益を対象としているものとなり，法人利益税に遅れて創設された事業利益税の課税所得計算を再検討する必要があるが，英国の所得税，特に，シェジュールDの所得計算では，企業会計と法人課税所得計算は乖離していたのである。

第2に，課税年度と事業年度の相違があり，納税は当初，税額決定の通知書を受け取る前にある種の予定納税の形で行われ，その後に追加納付或いは還付請求を行う形であった。

4. 英国における租税管理の展開

(1) 事業利益税の系譜

本章において既に述べたように，現行法人税の前身である事業利益税の歴史的展開は，初めて所得税とは別に規定された1920年創設の法人利益税（1924年廃止），1937年財政法により創設された国防税と続き，国防税を継承したものが1947年創設の事業利益税である。

イ 国防税の概要と租税管理

国防税に係る規定は，1937年財政法第3款の第19条から第25条に条文と，同法のシェジュール4 (Fourth schedule) における国防税の課税利益の計算に係る規定及びシェジュール5 (Fifth schedule) における国防税の査定と徴収等について説明されている。

国防税は，法人に限定されたものではなく，納税主体は，法人及び事業を行う者に対して課されるものである。すなわち，国防税は，個人，パートナーシップ及び法人の利益を対象とした付加税の性格を持つものであり，1課税対象期間に2,000ポンドを超える部分の金額に課税となる。また，所得税との関係においても，所得税から控除できる項目となっており，二重課税にはならないように配慮されている。

国防税の査定は，内国歳入庁により行われ査定日より1か月以内に納付が義務付けられている。国防税の納税は，課税対象期間 (chargeable accounting period)[25]について，事業を行った者が自ら行い，パートナーシップの場合は，パートナーシップごとに計算する。事業者が英国居住者でない場合は，その代理人等が所得計算を行う。除斥期間は，課税対象会計期間の終了後6年以内であり，この期間内であれば，内国歳入庁は彼らの判断に従って査定或いは再査定等が可能である。

査定に関して不服のある者は，一般委員会又は特別委員会に申立てをすることができる。両委員会は，証人の召喚及び調査をする権限がある。所得税の調

査権限のある検査官（surveyor）は，書面通知により，国防税の納税義務者に対して申告を要請することができる。この通知を受け取った者は，その通知の日付から1か月以内に申告が義務付けられる。

国防税の査定に関しては，所得税のシェジュールDの利益算定方法が前3年間の平均利益額とする方法が廃止され，課税対象会計期間の所得計算になった点が特徴である。

ロ　事業利益税と租税管理

1947年財政法[26]第4款第30条から第48条までに事業利益税の規定が創設された。この税が国防税を継承していることは，国防税の税率に代えて，事業利益税の税率を12.5％と規定していることからも明らかである。この税は，所得税標準税率の税額に加算される法人付加税であり，1965年財政法第81条により廃止されている。

第2の点としては，個人及び個人がパートナーであるパートナーシップはこの税の対象外となっていることである。

また，事業利益税の計算に係る細則は，1947年財政法シェジュール8にこの税の利益計算，特に，控除等に係るものが規定されている。その後の1949年制定の事業利益税法（The Profits Tax Act）[27]では，留保利益については30％，流出利益については20％の税率であった[28]。なお，1951年財政法では，この30％の税率が50％，20％の税率が40％に改正されている。

事業利益税に係る租税管理は，国防税で規定された租税管理に係る規定が継承されて，前出の事業利益税にも租税管理に係る体系的な規定はない。

また，法人税が所得税と区分して規定されるのは，1965年財政法であり，その後の，1970年制定の所得税・法人税法（Income and Corporation Taxes Act 1970：以下「1970年法」という。）である。この1970年法には租税管理の規定はない。当然に，1970年TMAに租税管理の規定は集大成されたのである。結果として，法人税が所得税と区分されて規定されるようになった後も，賦課課税制度は継続したことになる。

法人税が申告納税方式に切り替わるのは，1993年9月30日後に終了する会

計期間から適用となった Pay and File 方式，1997年7月1日後に終了する会計期間から適用となった法人税の申告納税制度（Corporation Tax Self Assessment）である。

(2) 賦課課税制度と租税管理
イ　賦課課税制度の概要
　英国歳入庁（現行名称は，英国歳入関税庁であるが，本章の時期は内国歳入庁であることから以下ではこの用語を使用する。）の説明によれば[29]，英国の個人及び法人に対する直接税は，所得の正しい金額とそれに対応する税額を査定することと，租税を国庫に支払う納付の2つの活動から構成されているのである。
　査定は，内国歳入庁の責任であり，その処理は次の順序で行われる。
① 検査官が納税義務者に対して課税期間に係る申告書の提出を要請する通知を発送する。
② 完全な申告書が送り返されてくる。
③ 検査官は，申告書に記載の情報を調査する。
④ 検査官が申告書の内容を適正と認める場合，査定が行われる。しかし，申告書が所定の期間内に送り返されない等の場合，推計による査定（estimated assessment）が検査官の最良の判断となる。
⑤ 推計による査定が正確な納税額を示していない場合，納税義務者は，不服申立てをすることになる。
⑥ 検査官は，申告書が適正かどうかを調査する明確な権限を有していないが，申告書の内容に疑義がある場合，検査官の最良の判断で査定するために，納税義務者に対する質問を基礎にその判断を通知することになるが，これらは法定の権限ではない。
　1910年代と比較すると，1910年代では，査定の作業に一般委員会が関与していたが，1970年代では，一般委員会及び特別委員会は不服申立ての受け付け機関になっている。
ロ　賦課課税制度における疑問点

英国の法人税の変遷と租税管理をここまで検討した結果，いくつかの疑問点が生じたので，これらを以下に列挙してその検討を行うこととする。

疑問に感じる第1の点は，賦課課税制度と税務調査の関連である。申告納税制度の下では，提出された申告書の記載事項等を調べる机上調査と，納税義務者のもとに調査官が出向いて行う実地調査に大別できるが，課税当局が納税義務者の税額等を査定する賦課課税制度では，申告納税制度における税務調査と何らかの差異があるのかという点である。

第2の点は，英国における企業会計と法人の課税所得計算（以下「税務会計」という。）の関連である。既に述べたように，1910年代のシェジュールDにおける事業所得（ケースⅠ）の所得計算は，過去3年間の平均利益金額を所得としていたことから，企業会計と税務会計の関連は遮断されていたといえる。関連があるとすれば，3年間の平均利益金額を算定するためにその年分の利益金額を算定するための資料として，企業会計における数値が使用されていたことである。英国の税務会計は，賦課課税制度に基づく査定による所得及び税額の決定を行っていたことから，日本のように確定した決算の利益を修正して課税所得を計算する企業会計と税務会計の統合型にはなりえなかったのであるが，英国と同様に企業会計と税務会計はそれぞれ分かれている分離型である米国とどのような点が異なるのかということである。このことは言い換えれば，賦課課税制度の英国と申告納税制度の米国において，両国が分離型として共通しているが，どのような差異があったのかということである。

第3の点は，第2の点と若干関連する事項であるが，英国の財政年度が4月6日から翌年の4月5日であり，法人の事業年度との関連で，申告する所得は法人の事業年度の利益として，法人の納期限が1月1日であった。これらの事柄と査定及び通知との関連が複雑である。第3の点はこのような事項が英国の税務会計に影響を及ぼしたのであろうかということである。

ハ　賦課課税制度と税務調査

申告納税制度の下では，通常，申告書の提出後に資料箋等との突合等を行う机上調査と実際に納税義務者の住所又は事業所等に調査官が出向いて行う実地

の事後調査があるが,賦課課税制度の下では,課税当局が査定を行うのであるから,この査定と税務調査の関連ということになる[30]。

内国歳入庁の検査官が行う査定は,申告書をベースにして,検査官が収集した資料等を加えて行うことになる。この申告書以外の資料等については,査定以前の事前調査であり,かつ,机上調査である。したがって,査定までの手続きとしては,①申告書の提出に関する通知,②申告書の提出,③申告書と収集資料等の突合,④査定,⑤査定の通知,ということになる。

査定後であるが,査定の除斥期間は6年である[31]。この期限内であれば,再査定をすることができることから,当初の査定額が過少等であること等が判明した場合,再査定ということになる。

ニ　税務会計における英国型と米国型の比較

日本の確定決算主義を批判して,企業会計と税務会計の関連がどうあるべきかの議論は数多くある。その際に,日本の制度の対極にあるものとして,英米型は,日本と異なり分離型であると説明されるのが通常である。分離型は,企業会計における利益計算と税務会計における所得及び税額計算が全く分離しているという意味ではない。

米国の税務会計は,企業会計における帳簿記録に基づくという点では日本と変わりはないのであるが,課税所得の計算は,企業会計上の金額を修正した税務上の損益計算書を作成して,税務上の売上高,売上原価,諸控除の金額により課税所得を計算するのである。要するに,企業会計と税務会計は分離していることから,税務会計が企業会計の計算等に影響を与えるという現象はないことになる。

英国の法人税は,現行の申告納税制度が導入されるまでの間,賦課課税制度の下で展開してきたのである。賦課課税制度では,企業会計における利益は納税義務者の申告書に反映するが,査定の金額とは直接的な関連を有しないことになる。結果として,英米型は分離型であるという分類は,その内容を分析すれば,米国における分離型と英国における分離型と分けるべきものであり,両者が同じ範疇で分類されるべきものとはいえないのである。また,英国の場合

は，総所得算定に際して，シェジュール制度が存置していることも分離型となる原因の1つである。

　ホ　課税年度，事業年度，申告及び納付

　本章において述べた1910年代の法人課税を含む所得税の実務では，課税年度は4月6日〜翌年4月5日である。法人の事業年度が1月1日〜12月31日の暦年とする。この年度の申告書は，決算期である12月末を待たずに同年5月に申告されるのである。当該事業年度の所得金額が確定する以前に申告書を提出する理由は，法定所得が前3年間の課税年度の平均利益金額であったことから，当期の決算を待たずに申告書に金額を記入することが可能であったのである。

　法人の場合，税の納付は1月1日である。シェジュールDの所得を有する個人の場合は，1月1日と7月1日の2分割払いが認められていた。この税額は，ある意味，予定納税ともいえるもので，査定により税額が確定した場合，税額の還付等の調整が行われることになる。

1)　Finance Act 1965 c. 25, Part IV に Corporation Tax Acts として，所得税法とは別に規定されたのである。その後，1970年には，Income and Corporation Taxes Act 1970 c. 10 と Income and Corporation Taxes (No. 2) Act 1970 c. 54，1988年には，Income and Corporation Taxes Act 1988 c. 1，そして，2009年には，Corporation Tax Act 2009 c. 4，2010年には，Corporation Tax Act 2010 c. 4 等が規定されている。

2)　本法は，1799年1月9日成立（39 Geo. 3 c. 13），その修正法は，1799年3月21日成立（39 Geo. c. 22），1799年5月10日成立（39 Geo. c. 42），1799年7月12日成立（39 Geo. 2 c. 72）である。

3)　アディントンが1803年に制定した所得税法（3 Geo. 3 c. 122.）の正式名称は，An act for granting to his Majesty, until the sixth day of May next after ratification of a definitive treaty of peace, a contribution on the profits arising from property, profession, trades, and offices. である。

4)　1803年法のシェジュール制度は，Aが地代等の所得，Bが農地借地人の所得，Cが配当等の所得，Dが自営業，他に区分されない項目等からの所得，Eが公務員の給与，年金等の所得，である。

5)　土生芳人「19世紀末期におけるイギリス所得税の発展」『政治学と経済学の諸問

題』所収　岡山大学法経学会編集　1959 年　191-193 頁。
6) Income Tax Act of 1853 c. 34 (16 &17 Vict.).
7) Customs and Inland Revenue Act of 1878 c. 15 s. 12 (41 & 42 Vict.).
8) Finance (1909-1910) Act, 1910 c. 8 s. 72 (10 Edw. 7.).
9) Finance Act, 1920 c. 18 (10 & 11 Geo. 5).
10) 土生芳人『イギリス資本主義の発展と租税：自由主義段階から帝国主義段階へ』東京大学出版会　1971 年　292-293 頁。
11) Sabine, B. E. V., A History of Income Tax, George Allen & Unwin Ltd. 1966. p. 167.
12) Finance (No. 2) Act, 1915 c. 89 (5 & 6 Geo. 5).
13) Finance (No. 2) Act, 1939 c. 10 (2 & 3 Geo. 6).
14) Finance Act, 1965 c. 25.
15) Finance Act, 1972 c. 41.
16) Income Tax Act, 1842 c. 35 (5 & 6 Vict.).
17) Taxes Management Act, 1880 c. 19 ss. 5 21, 86 (43 & 44 Vict.).
18) Income Tax Act, 1918 c. 40 (8 & 9 Geo. 5).
19) Snelling, W. E., Income Tax and Super-Tax Practice : including a dictionary of income tax, specimen returns, tables of duty, etc., etc., Sir Isaac Pitman. Part II (Dictionary of Income Tax Practice) 及び 1880 年 TMA。
20) Snelling, ibid.
21) イギリスの所得税等の税務執行についての日本の文献としては，1970 年制定の TMA 等の近年の動向を題材としたものでは，山崎広道「イギリスの租税手続について」『税法学 542 号』（1999 年 11 月），山崎広道「イギリスにおける査定・請求及び不服申立手続」『税法学 544 号』（2000 年 11 月），三木義一「イギリスにおける所得税争訟制度についての覚書」『立命館大学政策科学』7-3（2000 年 3 月），等がある。また，現在の英国の税務行政の概要については，池田美保「英国の税務行政と税制の概要」『税大ジャーナル』17（2011 年 10 月）がある。
22) Snelling, W. E., op. cit., p. 61.
23) Ibid. chapter IX.
24) Ibid. この文献にある申告書様式 No. 12（法人用 Form No. 1）を参考とした。
25) 課税対象期間については，1937 年財政法第 3 款第 20 条第 2 項に定義が規定されている。国防税の適用における事業上の会計期間の決定は，事業に関する諸勘定が連続する 12 か月作成される場合等がこれに該当し，課税対象期間は，国防税の課税対象となる年度にその全てが当てはまる会計期間のことである。このことからも，所得税法における所得計算が変化してきたことがこれによって明らかになってきたといえよう。
26) 10 & 11 Geo. 6, c. 35.

27) 12, 13 & 14 Geo. 6, c. 64.
28) 1947年財政法では，事業利益税の税率は，12.5％と規定されているが，1949年制定の事業利益税法規定の税率は，留保利益が25％に代えて30％，流出利益に対する税率が15％に代えて20％（1949年事業利益税法第1条）となっていることから，1947年に制定された12.5％の税率は適用されなかったものと思われる。
29) 英国歳入関税庁（Her. Majesty's Revenue and Customs），A guide to corporation tax self assessment, April 1999.
30) 英国の税務調査に関しては，宮谷俊胤「イギリスにおける税務調査」『日税研論集』Vol. 9, 75-146頁。
31) 正確には，課税年度終了後6年ということである（1970年TMA第34条）。

　　同法の第1の特徴は，所得をシェジュールAからEまでの5つに分類していることである。第2の特徴は，ピットの所得税法が総合課税方式であったのに対して，アディントンの所得税法は，源泉徴収方式を取り入れたことである。そして，この時に確立された課税方式がその後の英国所得税・法人税の課税方式として続くことになる。

第 2 章

ピットとアディントンの所得税

はじめに

　本章は，はじめに，現行の英国法人税の計算構造の解明を行い，その後に，歴史的に遡ってその生成史をたどる予定であるが，その範囲は，1799 年のピットの所得税から 1803 年のアディントンの所得税までであり，それ以降は，次章以降ということになる。

1. 英国税務会計の背景

　英国の税務会計の展開を考える場合，英国独自の歴史的な背景或いは税務会計に影響を及ぼした事項等を列挙すると以下の通りである[1]。

⑴　経済産業の側面
　英国は世界に先駆けて 18 世紀後半から産業革命を行った。この時期，新しい産業，生産技術等が進展し，このような経済動向が，ジョイントストック・カンパニーの出現，工場制度の下における生産設備（固定資産）の増加，会社法等の法整備等を促す原因となるのである。また，18 世紀は，経済学者として著名なアダム・スミスの活躍の時期でもある。

⑵　会社法等の整備[2]
　最初に，米国との比較では，米国では会社等の私法は州法において規定され

ており，連邦法ではないことと対比して，国として会社法が規定された英国との相違を考慮する必要がある。

英国独特の組織形態として，ジョイントストック・カンパニー（Joint Stock Company）がある。このジョイントストック・カンパニーという企業組織はその特徴により次の3つに分類される[3]。

① 国王から勅許状（charter）を与えられ，永続性を有し，かつ会社の代表訴権，社員持分の株式への化体，条件付きの株式の自由譲渡性，なかには株主の有限責任制を付与された会社もあり，現在の株式会社にきわめて近いもの。

② 特別法を通じて設立されたもので，出資形態，法律上の権能等，上記①と同じもの。

③ 法人格を有さず，その実態はパートナーシップであるもの。

また，会社法関連法制としては，次のような事項がある。

① 1720年：泡沫会社規制法（Bubble Act）の成立

② 1844年：「登記法（An Act for the Registration, Incorporation, and Regulation of Joint Stock Companies）」の成立

③ 1855年：「有限責任法（Limited Liability Act）」

④ 1856年：「会社法（the Joint Stock Company Act）」

⑤ 1862年：「会社法（Companies Act）」

会社法の整備は，準則主義に基づく会社（特に株式会社）の設立を促進し，配当規制において，会社の利益計算がどのように行われたのかが焦点となる。

(3) 企業会計及び会計監査の発展

工場制の大規模産業は，原価計算の分野を発展させて，間接費の配賦計算を推進したガーク&フェルズの『工場会計』の初版は，1887年である[4]。

また，財務会計の分野では，これまでの簿記論の範囲を超えて，監査論として，ローレンス・ディクシー（Dicksee, Lawrence Robert, 1864-1932）或いはフランシス・ピックスレー（Pixley, Francis William, 1852-1933）等の著書[5]が19世紀

末から20世紀初頭にかけて出版され,固定資産の会計(減価償却費の計算等),配当所得の計算等が中心的な課題となる近代会計学が形成されていくのである。

職業会計士としては,1853年,スコットランドのエジンバラに英国最初の会計士協会が設立され,以後,各地に同様の協会の設立が続くのである[6]。

(4) 所得税の歴史

英国は世界に先駆けて所得税を導入した国である。その変遷の過程を簡記すると下記のようになる[7]。英国法人税の特徴は,1965年まで所得税と未分離な状態であったこと等から米国とも異なる独自の進展をみせている[8]。

① 1799年 ピット(William Pitt)の所得税(1799年1月9日に法律成立)(1802年 所得税廃止)
② 1803年:所得税再導入アディントン(Henry Addington)の所得税:シェジュール制(Schedule System)と源泉徴収制(Stopping at source)の採用(1816年 所得税法廃止)
③ 1842年:ピール(Robert Peel)の所得税(3年の臨時税であったものが延長された。)
④ 1853年:グラッドストーン(Gladstone)による新所得税法の制定(1864年に1853年以降の改正を経て恒久税となった。1876年,1894年,1899年の改正)
⑤ 1906年:ディルケ(Dilkes)を委員長とする所得税調査委員会が設置される。
⑥ 1910年:ロイド・ジョージ(Lloyd George)超過所得税(Super Tax)を導入,Finance Actとして制定法化された。
⑦ 1914年:1914年財政法により累進税率の採用と課税所得の範囲拡大,1915年,1916年と増税
⑧ 1915年:戦時特別利得税の創設
⑨ 1937年:1937年財政法により法人課税開始(国防税⇒1947年以降利潤税)
⑩ 1950年:英国税法に外国税額控除創設

⑪ 1965年：法人課税制度（所得税＋利潤税）を単一の法人税という名称による課税（源泉控除法の廃止，所得税と利潤税の統合）
⑫ 1965年：Capital Gain Tax 導入
⑬ 1972年：付加価値税導入
⑭ 1973年：インピュテーション方式採用（1999年廃止）
⑮ 1975年：石油収入税は石油税法により定められた。
⑯ 1988年：Income and Corporation Taxes Act（1988・ICTA）
⑰ 1993年10月：法人税について申告納税制度導入
⑱ 2004年：法人税が所得税から分離して独立
⑲ 2005年：4月6日以降シェジュール制度は個人所得税で廃止（法人税は存続）

2．英国法人税の概要

(1) 根 拠 条 文

現行の英国所得税・法人税法の基本法は，1988年制定法（Income and Corporation Taxes Act of 1988：以下「1988年法」という。），2007年制定の所得税法（Income Tax Act 2007），2008年財政法，2009年及び2010年に制定された法人税法（Corporation Tax Act 2009, Corporation Tax Act 2010）である。

相当の期間基本法であった1988年法の第6条の規定に，「法人税は，会社の利益（profits）に課されるものとする。」と規定され，利益（以下「法人課税対象利益」という。）は，所得（income）と課税対象となる利得（chargeable gain）を意味すると規定されている[9]。

同法第8条には，法人税の概要が規定され，同法第9条には所得の計算に関する規定があり，法人税の計算においては，所得税の原則が適用されることが規定されている。課税対象となる利得については，同法第345条に定義規定がある。

英国，日本及び米国との税法の比較では，日本は法人税法第22条第4項（公

正処理基準），米国は内国歳入法典第446条，英国は，会計処理基準に関する一般規則と同様の規定はないが，英国会社法に規定する「真実かつ公正なる概観（true and fair view）」という概念がある[10]。

また，英国の所得税・法人税は，所得の区分があり，益金・損金という日本の法人税制，所得・控除という米国の法人税制とは異なった形態である。1988年法では，6つのシェジュールに区分されている（同法第15条から第20条まで，シェジュールAからFまでの6区分）。

① シェジュールA：英国国内にある不動産からの賃貸料収入
② シェジュールB：林業からの所得
③ シェジュールC：国又は地方公共団体からの利子
④ シェジュールD：ケースⅠ：事業所得（英国国内における農業を含む事業からの所得）
　　　　　　　　　　ケースⅡ：専門的職業所得（英国国内及び国外の所得）
　　　　　　　　　　ケースⅢ：利息，年金，ロイヤリティー等の定期的な支払金（源泉徴収の対象分を除く）
　　　　　　　　　　ケースⅣ：外国証券からの利子
　　　　　　　　　　ケースⅤ：外国財産からの所得（海外事業所得も含む）
　　　　　　　　　　ケースⅥ：その他所得（他のシェジュール又はケースに含まれないもの）
⑤ シェジュールE：給与所得
⑥ シェジュールF：英国法人からの配当

法人の課税所得の範囲として，上記⑤は個人所得に属するものであることから，除かれることになる。

このシェジュール制度は，個人所得税について，1988年財政法のシェジュール6の2においてシェジュールBが廃止されたのを皮切りに，2005年までに全て廃止されている。他方，法人税に関しては，シェジュールA，D，Fが残されている。

(2) 法人税の納税義務者と課税所得の範囲等

企業会計上の利益 (company's profit) と法人税の課税対象となる会社の利益 (profit chargeable to corporation tax) との関連がここにおける問題となる。以下では英国法人税の概観を見た後に[11]，簡単な例を使用して両者の関連を検討する[12]。

イ　法　人　税　率

英国の法人税の基本税率は，1999財政年度（1999年4月から翌年3月まで）以降30％であったが，2008財政年度に28％，2011財政年度に27％，2012財政年度に24％，2013財政年度に23％，2014財政年度は22％，2015財政年度は20％である。なお，英国の場合，地方税としての法人所得税（日本の事業税或いは法人住民税等に類する税）はない。

ロ　法人の居住形態と課税所得の範囲

法人税の対象となる納税義務者の範囲であるが，会社法によって設立された法人は納税義務者となるが，公共企業，公共団体，収益事業を行う団体，相互保険会社及びユニット・トラスト等も納税義務者となるが，パートナーシップはそれ自体法人税の納税義務者とはならず，各パートナー段階における課税となる。

1988年3月15日までの間，英国における法人の居住形態判定の基準は，法人の取締役会の開催場所その他法人事業に関する指揮監督が行われる場所に居住性があるとする管理支配地主義を採用していたが，それ以降，管理支配地主義と併用する形で，設立準拠法主義が採用されている[13]。しかし，1993年11月30日以降，英国法により英国居住法人とされる法人は，英国の締結している租税条約の規定により他の国の居住法人として扱われる場合，英国居住法人とならないことになった。

法人は，このいずれかの基準に合致する場合，英国居住法人となり，全世界利益が英国において課税対象となる。また，外国法人で英国国内に事業上の拠点である恒久的施設を有する場合，英国の事業活動から生じた所得に対して法人税が課されることになる。

3. 事業所得等における収益項目[14]

(1) 事業所得

事業所得は，原則的に一般に公正妥当な会計原則に基づき，発生主義会計により計算される。

(2) 受取配当

英国居住法人からの配当は，源泉徴収の対象にならない。また，英国居住法人が受け取る配当については，所定の要件を満たす場合免税となる。

4. 事業所得等における控除項目

損金算入の原則として，控除可能なものは，もっぱら事業目的のために支出したものに限定されている。

(1) 棚卸資産の評価

棚卸資産の評価は，企業会計と同様な方法を採用しており，継続適用が要件となる。また，正味実現可能価額との比較による低価法が認められている。期末の評価方法としては先入先出法は認められるが，後入先出法は認められていない。

(2) 減価償却

英国税務会計の特徴の1つが減価償却の扱いであり，企業会計上の減価償却と税務上の減価償却とは，完全に分離されている。すなわち，企業会計上の減価償却の処理とは異なり，税法上では独自に減価償却の取扱いが定められている。その結果，企業会計上の減価償却費（Depreciation）は税務上損金算入が認められず，税法に規定する減価償却方法，減価償却率で計算を行い，税務上の

減価償却費（capital allowance）が損金算入を認められている。

例えば，2009財政年度以降の主要な税務上の減価償却率は，次の通りである。

① 設備・機械等の償却率は，18％である。
② 25年を超える耐用年数のある資産については，償却率8％である。

(3) 役員報酬

英国の税法では，役員報酬と役員賞与の損金算入が認められる。

(4) 欠損金の繰越しと繰戻し

事業損失は，同年度の他の所得或いはキャピタルゲインと通算が可能であり，通算し切れない金額がある場合は，同種の事業所得に対して無期限に繰越しが可能である。また，繰戻しの期間は36か月である。

(5) 源泉徴収制度

英国法人間の利子及び使用料の支払に対する源泉徴収税は，2001年4月1日から廃止されている。

(6) 所得に対するチャージ（Charge on income）

所得計算の特徴の1つは，所得に対するチャージ項目の存在である。この項目は，法人税申告書において，総所得金額を算定後にこの項目の金額を控除することになっている。このように区分する意味は，この項目に属する金額は，源泉徴収の対象となり，かつ，現金の支出時に計上されることから区分が必要となったのである。

5．企業会計と税務会計の関連

シェジュールDのケースIに該当する事業所得の例示となろうが，以下に

簡単な例を示して企業会計と税務会計の関連を検証する[15]。

（例）　英国法人A社の企業会計上の利益は，520,000ポンドである。この利益計算において減価償却費が100,000ポンド，取引先の交際費が5,000ポンド，課税当局からの加算税が800ポンド控除されている。また，同社には税務上の減価償却費が25,000ポンドある。

法人課税対象利益は，520,000ポンドに，100,000ポンド，5,000ポンド，800ポンドを加算した金額である625,800ポンドから，税務上の減価償却費が25,000ポンドを控除した600,800ポンドである。

この上記の計算過程をみると，英国の法人税では，企業会計上の利益に対して加減算して課税所得を算出する仕組みのように思える部分もあるが，法人税申告書の計算過程では，企業会計上の利益計算とは分離した課税所得の計算が行われていることが判る。

また，日本の確定決算主義について，損金経理等の一定の経理を要件とすると理解する狭義説が妥当な解釈であると筆者は考えるが[16]，英国の法人税の計算は，日本における損金経理等の処理もなく，また，米国のように企業会計と税務会計が完全に分離した状態ともいえない独自の形態といえる。

以下，本書は，英国法人税の特徴を歴史的に遡って検討することになる。

6．英国税務会計検討の視点

法人税は，法人の課税所得に課される租税であり，所得税の一形態であるといえる。

そこで，法人税の納税主体は，原則として，法人であるが，わが国の場合，法人格の有無を納税義務者の要件とはしていない。日本の場合は，①公共法人，②公益法人等，③協同組合等，④人格のない社団等，⑤普通法人，に区分されるが，法人格を有しない社団又は財団は収益事業を営む限り法人税の納税義務者となる。

英国の場合，法人課税制度として，所得税と事業利益税を統合して単一の法

人税という名称による課税を行ったのが1965年である。それ以前は，所得税という税目に個人と法人等に対する課税が含まれていたのである。

　以上の事柄を考慮すると，英国法人税制の歴史的検討を行う場合，法人税法の生成と展開という観点からでは法人課税の実態と異なることになる。また，基本的に，法人格を有する法人の課税に限定すると，所得税法の展開に包含されてきた英国法人税の全体像が見えないことにもなろう。

　したがって，本章を含めた本論では，英国のシェジュール制度導入後では，シェジュールＤのケースⅠ：事業所得（英国国内における農業を含む事業からの所得），ケースⅡ：専門的職業所得（英国国内及び国外の所得）及びケースⅤ：外国財産からの所得（海外事業所得も含む）等における法人課税対象利益の算定方法が中心的な課題となる。

　そして，会社法等法制度，職業会計士の増加と企業会計の進展，所得税制の変遷等の3つの領域の関連により，英国税務会計がどのように変化しつつ現在に至ったのかを以下では分析検討する。

7．ピットの所得税法（1799年）の環境

　ピットの所得税導入の時期と1803年にアディントンによる所得税再導入までの間が近いことから，所得税法の内容は別として，政治的・経済的背景，会社設立等に関する法的規制，会計に関連した事項は重なるものと思われるので，以下は，18世紀末から19世紀初頭という区切りで，これらの背景となる諸事象を検討する。

(1)　政治的・経済的背景等

　米国は，英国の植民地であった13州が，1776年7月4日の大陸会議により独立宣言を採択した。英米両国は，1775年4月から戦争を始め，1783年のパリ条約まで戦争状態にあった。

　この時期，フランスでは，1789年7月14日のバスティーユ監獄襲撃に始ま

るフランス革命が進行し，1799年ナポレオンが時の政府を倒すブリュメールのクーデターにより政治権力を把握する時期にこの革命は終わったのである。

1783年12月に，ウィリアム・ピット（William Pitt: 1759-1806年：以下「ピット」という。）は首相になった。元首相のチャタム伯のウィリアム・ピットが大ピットと呼ばれ，大ピットの二男であったピットは小ピットと呼ばれている。ピットはこの後，一時の中断（1801-1804年の間はヘンリー・アディントン（Henry Addington: 1757-1844）が首相であった。）はあるが，約20年間首相の地位に止まったのである。

英国とフランスの間の戦争は，1793年に英国がフランスの革命政府に対して敵対行為に出てからナポレオンの没落まで約23年間続いたのである[17]。この間，1802年のアミアンの和約による停戦と再度の開戦，1805年10月に，フランス・スペイン連合軍と英国軍が衝突したトラファルガーの海戦があり，英国はこの海戦に勝利している。フランスとの戦争は，ナポレオンがエルバ島から脱出後に起った1815年6月のワーテルローの戦いで終結するのである。この23年にわたるフランスとの戦争により，英国国民の受けた経済的な苦痛は大きかったのである[18]。

ピットが首相に就任した段階の役割は，米国との独立戦争による政治的，財政的な痛手を癒すことであり，その後は，対フランス戦争による英国国民の経済的な苦痛を解消することであった。

(2) 会社設立等に関する法的規制

会計の発展に対する株式会社の影響に関しては，著名なものとしてはリトルトン教授の著書[19]があり，株式会社の法制度の観点からは大隅教授の著書がある[20]。

英国では，会社形態の先例として，1553年設立のロシア会社（Russia Company），1600年設立の東インド会社等があり，18世紀末から19世紀初頭という区切りで限定すれば，1720年の南海泡沫会社事件（South Sea Bubble case）を契機として制定された泡沫会社規制法（Bubble Act）が法規制の出発点

となろう[21]。

ピットの所得税の時期には,泡沫会社規制法が適用されて,会社設立が減少傾向にあり,1844年に制定された「登記法(An Act for the Registration, Incorporation, and Regulation of Joint Stock Companies)」の成立までの間,法人格のない事業組織,例えば,パートナーシップ等が事業等の主体であったものと思われる。

(3) 当時の会計事情

複式簿記の歴史としては,1494年に発刊されたルカ・パチオリ著『算術・幾何・比及び比例総攬』に含まれている複式簿記の記述をもって,イタリア式(或いはベニス式)簿記の完成と一般に認識されている[22]。

その後,複式簿記は,17世紀オランダ[23],その後の英国を中心に発展することになるが,18世紀末から19世紀時代は,会計としては簿記書の時代である。特に,この時期の代表的な簿記書としては,1736年に公刊されたジョン・メイヤー(John Mair)の簿記書[24],1789年に公刊されたベンジャミン・ブース(Benjamin Booth)の簿記書[25]が18世紀の前半と後半を代表する簿記書であると評価され,前者は単一仕訳帳制の継承者,後者は複合仕訳帳制の提案者とされている[26]。また,久野教授が19世紀を通じての屈指の名著と絶賛するクロンヘルムの簿記書の公刊は[27],この時期よりも少し遅れた1818年である[28]。したがって,英国の所得税創設時にあっては,簿記理論はあっても,評価論等を含む理論の段階には至っていなかったといえよう。

また,税務に係る職業会計士については,1853年にスコットランドのエディンバラに英国最初の会計士協会が設立されたことから,18世紀末から19世紀初頭の時期,ペン習字や算術の教師,代書人,評価人,周旋人,仲買人,公証人,弁護士,保険技士等の職業を持つ者のうち,簿記会計の技術を備えた者が副業的に監査等の業務を行っていたのである[29]。

8. ピットの所得税法（1799年）の概要

⑴　ピットの所得税法の概要

イ　法　　令

1799年成立の所得税法の前に，ピットは，所得税法の前身といわれている法案を1797年11月24日に議会に提出している[30]。この法案の正式名称は，An act granting to his Majesty an aid and contribution for the prosecution of the war（38 Geo. 3 c. 16）であり[31]，この法律（以下「1798年法」という。）は1798年1月12日に成立している。

ピットが制定した所得税法（以下「1799年法」という。）は②以降の修正分も含めると次の通りである。

① 1799年1月　9日成立（39 Geo. 3 c. 13）

② 1799年3月21日成立（39 Geo. 3. c. 22）

③ 1799年5月10日成立（39 Geo. 3. c. 42）

④ 1799年7月12日成立（39 Geo. 3 c. 72）

ロ　議 会 資 料

1798年12月5日以降の議会における所得税法に関する議論の過程は，イングランドの議会資料集により確認することができる[32]。

ハ　ピット所得税法に関する論稿等

発行年度順による英国の税制に関する古い著書としては，1869年刊行のバクスター著『英国の税制』[33]，1884年刊行のドーウエル著『イングランド税制史』がある[34]。英米独等の所得税の歴史については，セリグマン著の『所得税～所得税の歴史，理論及び実務』（1914年刊行）がある[35]。日本では，汐見三郎著『各国所得税制論』有斐閣（1934年刊行）がある[36]。英国及びドイツの近代税制の研究としては，佐藤進著『近代税制の成立過程』（1965年）がある[37]。英国所得税の歴史については，Sabine, B. E. V., A History of Income Tax（1966年刊行）がある[38]。英国の資本主義の発展と租税の関連に関する研究書

としては，土生芳人著『イギリス資本主義の発展と租税』(1971年刊行) がある[39]。ピットとアディントンの所得税までを範囲とした著書としては，Soos, Piroska E., The Origins of Taxation at Source in England (1977年刊行) がある[40]。

(2) 1798年法の概要

1798年法は，翌年に成立したピットの所得税法の前身であるといわれているが，支出額に基づいて所得を認定する方式を採用している[41]。

1798年法は，納税義務者を3つに区分している。そのため，これは一般的には，トリプル・アセスメント (triple assessment) と称されている[42]。同法は，対象となる者[43]を3つのグループに分けている。

第1グループとして，男子の下僕，馬車，乗馬用の馬等は奢侈品に対する前年度のこれらに対する支出金額について，その金額に応じて4分の1倍から最高5倍までを乗じた額を税額とした。

第2グループとして，馬，窓，掛時計，懐中時計等に対する前年度のこれらに対する支出金額について，その金額に応じて4分の1倍から最高5倍までを乗じた額を税額とした。

第3グループは，宿泊所，店舗に対する支出金額について，その金額に応じて10分の1から2倍までを乗じた額を税額とした。

しかしながら，納税額は年間所得 (annual income) との関連により調整されることになっていた (1798年法Ⅳ)。年間所得が60ポンド未満であれば免税，60ポンド以上に所得がある場合は，その所得の金額に応じて税額の上限が定められていた。そして，年間所得が200ポンド以上である場合，所得金額の10%が上限額であった。

問題は，同法における年間所得の算定に関する規定 (同法末に規定) である。その規定は9つに分類されている。そのうちの第8ケースが，自由業者，営業者等の所得に関する規定である[44]。なお，それ以外の第1のケースから第7のケースまでは土地或いは家屋の賃貸等に係る所得の分類であり，第9のケー

スは，年金，受取利子等の所得である。

　所得算定の際に控除できる 5 つの項目が列挙されている。① 支払利子，② 扶養控除の金額，③ 1798 年 4 月 1 日に終了する年度に賦課された税額，④ 教会維持税等の公課等，⑤ 所得に課される年次の支払金額，である。この 1798 年法の所得に関する規定を見る限り，処分可能な金銭等の金額を所得と称しているように理解できるのである。

　そして，この 1798 年法がピットの所得税法へと継承されるのである。

(3) 1799 年法の所得区分

　1799 年法では，まず，所得が 4 つに区分され，さらに，19 のケースに細分化されている[45]。

　第 1 区分は，土地等からの所得で，この第 1 区分は 14 のケースに細分化されている。

　第 2 区分は，動産，事業，自由業，役務提供等からの所得で，この第 2 区分は 2 つのケースに細分化されている。この 2 つのケースの 1 つである 15 ケースが事業等からの所得である。

　第 3 区分は，英国国外からの所得で 2 つのケースに細分化されている。

　第 4 区分は，第 1 ～第 3 までに分類されなかったその他の所得である。

(4) 所得税の計算

　所得税の計算書の様式は 1799 年法に付属している。この計算書によれば，所得欄（Description of Property from which Income arises）は，上記(3)に示した 19 のケースが記載されており，この 19 のケースの合計金額から控除額を差し引いて課税所得を計算する様式である。控除項目については，土地等に係る土地税（land tax）及びその他の関連する支出，修繕費等，支払利子等が記載されている。

　第 2 区分の 15 ケースは，事業等からの所得であるが，この所得税の計算方式は，各種所得を総合した金額を課税する方式である。また，控除の項目も，

1799年法が1項目増加しているが,基本的に1798年法の形式を踏襲したものである。

(5) 納税義務者と課税所得の範囲

納税義務者は,次のように規定されている[46]。

① 英国に居住しない英国臣民(subjects)[47]は,英国に所在する財産から生ずる所得が英国における課税所得の範囲となる。

② 英国に居住する全ての者(person),英国に所在する政治団体,法人(corporate)形態の団体,会社(company)形態の団体,同業者組合,法人形態の有無にかかわらず人々の集まりは,その所得発生形態にかかわらず,全ての所得が英国における課税所得の範囲となる。

この上記の規定からすると,者は,個人を指しており,それ以外の団体等も納税義務者で,団体等の課税上の居住形態は,英国に所在するか否かにより判定されている。この時期では,英国において会社法の整備が行われていないことから,法人或いは会社形態に対する課税が法人課税として行われていたとはいえないであろう。また,前述の所得計算においても,法人課税という内容はないのである。

(6) 所得税率

所得税率は,10%を原則として,免税点は年間60ポンドである。そして,60ポンドから2,000ポンドまでの所得に対しては,一定の軽減措置を講じたのである。例えば,60ポンドから65ポンド未満までが所得の120分の1(約0.8%)である。また,子弟がある場合,その者の所得が60ポンドから400ポンド未満で1人当たり5%の減税等,その者の所得に応じて減税の率が定められている。

9. アディントンの所得税法（1803 年）

⑴　アディントンの所得税法の背景と概要

　ヘンリー・アディントンは，ピットの後を継いで英国首相になり，1801 年 3 月 17 日から 1804 年 5 月 10 日までその職にあった。アディントンの後は，再度ピットが首相となっている[48]。

　法案は 1803 年 8 月 11 日に成立している[49]。このアディントンの所得税法（以下「1803 年法」という。）の特徴の第 1 は，所得をシェジュール A から E までの 5 つに分類していることである[50]。しかし，この所得を分類すること自体は，1799 年法においてもシェジュールという名称はなかったが，既に行われていたことである。特徴の第 2 は，1799 年法が総合課税方式であったのに対して，1803 年法は，源泉徴収方式を取り入れたことである。そして，この 1803 年法により確立された課税方式がその後の英国所得税・法人税の課税方式として踏襲されるのである。

⑵　シェジュール D の所得

　本書は，法人税制を対象としていることから，事業等からの所得の分類であるシェジュール D の所得を以下では検討する。

　イ　シェジュール D の所得に係る納税義務者

　国王陛下の臣民であるかどうか，英国の居住者であるかどうかにかかわらず，英国における財産或いは事業等から年間に生じた利益又は利得が課税対象となる。

　ロ　シェジュール D の所得の分類

　シェジュール D の所得は 6 つのケースに区分されているが，第 1 のケースが，事業，製造業からの所得である。この第 1 のケースは，さらに次の 4 段階に分けられている。

　①　所得は前 3 年間の平均として計算される。

② 納税義務者は，全ての個人，団体，政治団体，法人，同業者組合，協会，会社，クラブ等で，英国内外において，これらの者により活動しているものである。
③ 事業用設備の修繕費用等は控除できない。事業に使用する道具等の修繕費の控除は，前3年間の平均額を上限とする。
④ 年次に支払う利子は控除できない。

そして，このシェジュールDの所得には源泉徴収による徴税方法が適用されなかったのである[51]。

なお，60ポンドが免税点であり，税率は，1ポンド当たり1シリングであり，60ポンドから150ポンドまでの所得について税の軽減が行われた。

ハ 源泉徴収の方法

シェジュールAの所得の場合，借地人等が地代等を支払う場合，20シリング当り1シリングの金額（税率換算すると5％）が控除される。シェジュールB以降についてもシェジュールDを除いて源泉徴収方式が実施され，1799年法における総合課税方式が変更されたのである[52]。

(3) 1803年法の特徴

1799年法の原型はどこにあったのかという点は，オランダの強制公債が先例といわれている[53]。この制度は，名目上借入金の形態であるが，各人の所得に借入金を割り当てるもので，所得最低限，所得の3年間平均，児童控除，自己申告制度等，1798年法（トリプル・アセスメント），1799年法と類似する点が多い。

次に，1799年法が廃止され，1803年法に改正された理由である。1799年法は導入当初から不評であった等の事情があったのである[54]。

そして，1803年法が1799年法と最も異なる点は，源泉徴収による徴税方法への変更である。この点に関して，2つの理由があげられている。1つは，1799年法が総合課税方式を採用していたことである。その結果，1799年法は，個人の財産の金額全てを公表することになったが，アディントンの考えではこ

れが 1799 年法の最大の欠陥という認識である[55]。第 2 の点は，所得の捕捉率と徴税効率が良いことである。例えば，1799 年法による税収は，約 600 万ポンドであるが，1799 年法より税率が半減している 1803 年法の税収は，1799 年法適用時の税収の半分以上である[56]。

この源泉徴収による徴税方式は，1692 年に創設された土地税（Land Tax）にあり，この方式が 1797 年の同法に引き継がれてきたことで，所得税にこの方式を導入したのである[57]。

10．小　　括

1799 年法により所得税が導入され，1803 年法により，シェジュール制度と源泉徴収による徴税方式が創設され，この時期は，英国所得税の骨格が定まった時期ともいえるのであるが，本論の目的である税務会計という法人税の計算構造の観点からは，目立った事項は見当たらないのである。

1) 米国の税務会計史については，拙著『米国税務会計史―確定決算主義再検討の視点から―』中央大学出版部　2011 年 5 月，拙著『現代米国税務会計史』中央大学出版部　2012 年 5 月。
2) 星川長七『英国会社法序説』勁草書房　1963 年。
3) 山浦久司『英国株式会社会計制度論』白桃書房　7 頁。星川　同上　241 頁。
4) Garcke, E & Fells, J. M., Factory Account, Their Principles and Practice, 1987. なお，同書については，坂本藤良『近代経営と原価理論』有斐閣　1970 年　114-117 頁。
5) Dicksee, Lawrence R., Auditing : a practical manual for auditors, London Gee, Pixley, Francis W., Auditors : their duties and responsibilities : under the joint stock companies acts and the building societies, friendly societies, and industrial and proficient societies acts, London : Henry good & son 1887.
6) 山桝忠恕『監査制度の展開』有斐閣　1961 年　16-52 頁。
7) この年表作成に関しては，次の書籍を参考とした。Seligman, Edwin R. A., The Income Tax-History, Theory and Practice of Income Taxation (1914), Reprinted by Kelly (1970). 汐見三郎『各国所得税制論』有斐閣　1934 年。加藤清『各国租税制

度概説』日本税務協会　1949 年。
8) 米国の法人税については，拙著『米国税務会計史―確定決算主義再検討の視点から―』中央大学出版部　2011 年 5 月参照。
9) 1988 年法は，その後に成立した財政法により一部改正されているが，内国歳入関税庁（HM Revenue & Customs）作成の法人税に関する手引においても，同様の説明がある。
10) 山浦　前掲書　541-549 頁。千葉準一『英国近代会計制度―その展開過程の探究―』中央経済社　1991 年　第 10 章。
11) Ernst & Young, The 2010 worldwide corporate tax guide. HM Revenue & Customs, Corporate and Business Tax (2013).
12) Accountancy Students（http://www.accountancy students.co.uk/professional_bodies/print/561/）（2012 年）。
13) Finance Act 1988, Sec. 66.
14) 英国の法人税申告書（CT600：以下「申告書」という。）に関する歳入関税庁の解説書（Company tax return form Guide (2007) to form CT600 Version 2）によれば，法人税の税額計算は次のように行われている。なお，1993 年 10 月から法人税について申告納税制度が導入されていることから，それ以前の賦課課税制度の時期における法人税申告書とはその役割が異なっているものと思われる。

　法人税申告書の法人税計算の主たる項目は次の通りで，以下①からの順序に従って税額計算が行われることになる。
① Turnover 欄
② Income 欄
③ Chargeable gains 欄
④ Deductions and relief 欄
⑤ Tax calculation 欄
⑥ Reliefs and deductions in terms of tax 欄
⑦ Calculation of tax outstanding or overpaid 欄
⑧ Tax reconciliation 欄

　特に，企業会計と税務会計との関連では，事業所得及び専門的職業所得が焦点となるが，シェジュール D 以外の所得についても Income 欄に記入されることになる。
① 事業所得及び専門的職業所得の総収入額が Turnover 欄の 1 に記入される。
② 事業所得及び専門的職業所得の法人課税対象利益（企業会計上の利益に対して税務上の調整を加えた金額）が Income 欄の 3 に記入される。
③ 繰越損失額が Income 欄の 4 に記入され，法人課税対象利益から繰越損失額を控除した金額が Income 欄の 5 に記入される。

15) Accountancy Students.
16) 拙著『米国税務会計史―確定決算主義再検討の視点から―』8-9 頁。
17) 今井登志喜『英国社会史(下)』1964 年　東京大学出版会　28 頁。
18) 1815 年の間接税収は 6,700 万ポンド，直接税収は 2,500 万ポンドであった（同上 32 頁）。
19) Littleton, A. C., Accounting Evolution to 1900, Russell & Russell, 1966, Part II XIII. 片野一郎訳『リトルトン会計発達史』同文舘　1978 年　後編第 13 章。
20) 大隅健一郎『新版　株式会社法変遷論』有斐閣　1987 年。
21) 南海泡沫会社事件については，山桝　前掲書　19-20 頁，Hasson, C. J., The South Sea Bubble and Mr. Snell, The Journal of Accountancy, Vol. 54 August 1932. 南海泡沫会社事件とは，南海会社の投機恐慌のことで，その反動として，泡沫会社条例が制定されて，株式会社等の会社設立が減少するのである。また，この事件は，チャールス・スネル博士によるソーブリッジ商会の財政状態を調査した報告書が作成されたことで，監査の発展の歴史における先駆的な出来事として取り上げられている（山桝　前掲書　19 頁）。
22) Littleton, A. C. op. cit., PART I, chapter V.
23) オランダにおける一般商品勘定の成立を期間損益計算とする見解は，山下教授の著書に示されている（山下勝治『損益計算論』泉文堂　1974 年）。
24) Mair, John, Book-keeping Moderniz'd or Merchant-Accounts by Double entry, according to the Italian Form, reprinted by Arno Press 1978. この復刻版の序文によれば，この本は，エジンバラで 1736 年から 1765 年の第 8 版まで出版され，ダブリンにおいても 1737 年以降 6 版が出版されている。
25) Booth, Benjamin, A Complete System of Book-keeping（タイトル全体は非常に長いものであるので以下省略する。タイトルの全体は，久野秀男教授の著書（『英米（加）古典簿記書の発展史的研究』学校法人学習院　1979 年　223 頁）参照。
26) 久野　同上　23 頁。
27) Cronhelm, F. W., Double Entry by Single etc. 久野　同上　255 頁。
28) クロンヘルムの簿記書については，リトルトン教授も高く評価しているが，原価会計と結びつきについては批判的である（Littleton, A. C. op. cit., p. 334）。
29) 山桝　前掲書　20 頁。
30) トリプル・アセスメントが所得税の前身であるという見解は，次の文献に示されている（Soos, Piroska E., The Origins of Taxation at Source in England, IBFD Publishing, 1997, p. 145. 佐藤進『近代税制の成立過程』東京大学出版会　1965 年　97 頁）。
31) 法令資料は，次の資料を使用した（The statutes at large from Magna charta, to the end of the eleventh Parliament of Great Britain, anno 1761 continues to 1806/ by

Danby Pickering, Vol. 39.：以下「Pickering's Statutes at Large」という。)。なお検索にある Geo. 3 は当時の国王 George III の意味である。

32) The Parliamentary History of England, the earliest period to the year 1803. Vol. 34 (AMS Press. Inc. New York 1966).

33) Baxter, Dudley, The taxation of the United Kingdom, Macmillan and Co. 1869 (Reprinted by Pickering & Chatto, 2012).

34) Dowell, Stephen, A history of taxation and taxes in England, Longman Green, 1884, vol. 2, reprinted by Frank Cass & Co. Ltd. 1965.

35) Seligman, Edwin R. A., The Income Tax-History, Theory and Practice of Income Taxation (1914), Reprinted by Kelly (1970).

36) 汐見三郎・佐伯玄洞・柏井象雄・伊藤武夫著『各国所得税制論』有斐閣　1934年。

37) 佐藤進　前掲書。

38) Sabine, B. E. V., A History of Income Tax, George Allen & Unwin Ltd. 1966. この著者には，Sabine, B. E. V., A short history of Taxation, Butterworths 1980. がある。

39) 土生芳人『イギリス資本主義の発展と租税—自由主義段階から帝国主義段階へ—』東京大学出版会　1971年。この他に，小山廣和『税財政と憲法—イギリス近・現在の点描』有信堂高文社　2003年　第7章が「イギリス所得税の成立と源泉課税制度の導入」である。

40) Soos, Piroska E., The Origins of Taxation at Source in England, IBFD Publishing, 1997.

41) Ibid. p. 145.

42) 1798年法にこの名称はないが，一般に使用されている（Soos, ibid. p. 145）。

43) 1798年法のI，II，IIIにそれぞれの区分が規定されているが，対象となる者は，全ての者（every person）と表記されている。

44) Pickering's Statutes at Large, Vol. 41 Part. 2 p. 578.

45) 39 Geo. 3 c. 13.

46) 39 Geo. 3 c. 13 II.

47) 英国国王の領土内で出生した者は，英国臣民となる（宮内紀子「1948年イギリス国籍法における国籍概念の考察：入国の自由の観点から」『法と政治』第62巻第2号，2011年7月　169頁）。

48) ピットとアディントンは幼少期から友人であった（http://www.victorianweb.org/history/pms/adding.html）。

49) 43 Geo.3 c. 122. この法律は一般的には Income Tax Act of 1803. という名称を付されているが，法案の正式名称は次の通りである。An act for granting to his Majesty, until the sixth day of May next after ratification of a definitive treaty of peace,

a contribution on the profits arising from property, profession, trades, and offices.
50) 1803年法のシェジュール制度は，Aが地代等の所得，Bが農地借地人の所得，Cが配当等の所得，Dが自営業，他に区分されない項目等からの所得，Eが公務員の給与，年金等の所得，である。
51) Seligman, Edwin R. A., op. cit., p. 96.
52) 当時の所得税の税収は次の通りである（Seligman, Edwin R. A., Ibid. p. 115）。

（単位：ポンド）

1798 年（Triple Assessment）	1,855,996
1799 年	6,046,624
1800 年	6,244,438
1801 年	5,628,903
1802 年	—
1803 年	5,342,907
1804 年	4,111,924
1805 年	6,429,599
1806 年	12,822,056

上記の統計数値によると，源泉徴収方式を導入し，以前より効率の良い徴税方式とした1803年法の適用時期に税収が減少しているのは，徴税方式の効率ではなく，1803年法のほうが税率を引下げたためと思われる。1806年に税収が増加するのは，税率が前年より倍になったのが原因である。ピットの所得税は，1799年税収見積もりは，1,000万ポンドであったが，実際は約600万ポンドであり，1800年についても見積額は700万ポンドであったが，実際は約600万ポンドであった（Cf. Sabine, B. E. V., A short history of Taxation, Butterworths 1980, p. 117）。
53) 佐藤進　前掲書　103頁。
54) Farnsworth, A., Addington, author of the modern income tax, Stevens & Sons Limited, 1951, p. 33.
55) Ibid., p. 52.
56) 52）の税収の表参照。
57) Farnsworth, A., op. cit., p. 46.

第 3 章

ピールの所得税から 19 世紀末の間の変遷

はじめに

　1792 年のフランス革命以降の混乱期にナポレオンが台頭し，1815 年 6 月のワーテルローの戦いでナポレオンが敗れるまでの間，英国とフランスは戦争状態（いわゆるナポレオン戦争）にあった。この間の戦争による財政需要が英国において所得税を創設させたのである[1]。前章は，1799 年ピットの所得税，1802 年の所得税廃止，そして，1803 年の所得税再導入（アディントンの所得税）によるシェジュール制と源泉徴収制の採用までを検討の対象とした。

　このように戦費調達目的で導入された所得税は，ナポレオン戦争が終結した翌年の 1816 年に廃止され，1842 年にピール（Robert Peel）[2]により，3 年の臨時税としての所得税が再導入されたが，景気の悪化と 1853 年に始まったクリミア戦争[3]による財政需要により所得税が廃止されず，その後，恒久税として発展するのである。

　本章は，1842 年にピール第 2 次内閣による所得税の再導入（以下「1842 年法」という。）以降の時期を対象とするが，検討の対象は，英国の所得税法における法人課税であり，法人課税における課税所得計算と企業会計の関連である。さらに，19 世紀中頃以降は，英国において会社法の整備[4]が進むと共に，監査制度等[5]の発展のあった時代である。本章における時代区分は，1842 年法から 19 世紀末までである。

1. 19世紀における所得税の展開の概要

⑴　3 区 分 説

1842年のピールの所得税以降の19世紀における所得税の英国における展開について，土生芳人氏は3つの時期に分けてその特徴を述べている[6]。

第1期は，1842年から1870年代中頃までの間で，所得税が臨時税とみなされていた時代である。

第2期は，1870年代中頃から1880年代までの間で，所得税が臨時税から恒久税に移行した時代である。

第3期は，1890年代から世紀末までの間で，所得税が恒久税として定着し，財源としての重要性が認識され，財政上の地位が高まってきた時期である。

ピールの所得税以降から世紀末までの間に，1853年にアバディーン連立内閣の蔵相であったグラッドストーン（Gladstone, William Ewart）が新所得税法の制定を行うが，彼は，その後，以下のように4次にわたり英国首相として内閣を組閣している。

①　第1次内閣：1862年12月〜1874年2月
②　第2次内閣：1880年　4月〜1885年6月
③　第3次内閣：1886年　2月〜1886年7月
④　第4次内閣：1892年　8月〜1894年3月

グラッドストーンは，所得税を恒久税とすることに終始反対していた[7]。しかし，反対する理由として，米国のように憲法上の規定との抵触という法律上の問題ではなく[8]，あくまでも財政上の観点が重視されている。

⑵　ピール所得税以降の所得税制の変遷[9]

イ　第　1　期

前出の土生氏の3区分説に基づけば，第1期は，1842年のピールの所得税法（Income Tax Act of 1842）から1870年中頃までである。

ロ 第 2 期（1870年代中頃から1880年代）

第2期は，1870年代中頃から1880年代に成立した所得税法である。

ハ 第 3 期

第3期は，1890年代から世紀末までに成立した所得税法である。

2. 1842 年 法

(1) 概　　要

　1842年に所得税が再導入された背景としては，財政赤字の克服等が原因であったが，ピール自身も元々所得税導入に反対していたことから，適用期間を3年に限定したものであった[10]。

　1842年法は，1842年6月22日に成立し，その適用期間は，1842年4月6日から1845年4月6日までの3年間である。

　全体は，193条から構成され，所得区分は，シェジュールA，シェジュールB，シェジュールC，シェジュールD，シェジュールEの5分類である[11]。

　シェジュールAに係る規定は，1842年法第60条以降にあるが，土地，家屋，相続した不動産等，世襲した財産等についての不動産収入，賃貸していない場合は，賃貸したと仮定した場合の収入相当額が課税対象となる。

　シェジュールBに係る規定は，1842年法第63条以降にあるが，土地を占有している農民等（借地農）に係る収入が課税対象となる。

　シェジュールCに係る規定は，1842年法第88条以降にあるが，利子，配当等に係る所得が課税対象となる。

　シェジュールDに係る規定は，1842年法第100条以降にあるが，主として，商業或いは製造業等から生じる所得が課税対象となる。

　シェジュールEに係る規定は，1842年法第146条以降にあるが，給与，報酬の課税である。

　なお，税率は，1ポンド当たり7ペンス（約3％）の単一税率であるが，その後，財政状態が悪化した段階で税率の引き上げが行われている。

(2) シェジュールDに係る規定

1803年法と1842年法のシェジュールDに係る規定を比較すると、1803年法第84条は、次のような6つの形態に分けて規定している。

① 商業又は製造業の課税
② 自由職業所得の課税
③ シェジュールAで課税されない評価が不明瞭な財産に係る所得
④ アイルランド等の株式からの所得
⑤ アイルランド等において生じた自由職業所得の課税
⑥ その他の利益に対する課税

1842年法第100条では、6つの形態に分ける点では1803年法と同じであるが、1842年法では、特に本書と関連の深い上記①、②の規定の内容が改正されている。

1842年法の形態1のルール1の前段部分は、1803年法と同じである。前段部分において利益金額は前3年間の平均として計算されることを規定しているが、後段部分では、その3年の期間中或いは申告年分の設立或いは開業の場合、前者の場合は1年をベースにし、後者の場合はシェジュールDの第6ケースのルールを準用することになっている。

形態1のルール3は控除できない項目に関する規定である。このルール3も前段部分は、1803年法と同じであり、事業用設備の修繕費用等は控除できないこと及び事業に使用する道具等の修繕費の控除は、前3年間の平均額を上限とすることが規定されている。後段部分は、1842年法の改正部分であり、事業に関連のない損失、資本取引に係るもの、設備に係る資本的支出等の規定が増えている。

3. 1853年新所得税法（グラッドストーンの新所得税法）

1853年新所得税法（以下「1853年法」という。）は、1853年6月28日に成立し、全59条から構成されている。

シェジュールDに係る規定に関して，1842年法の規定と比較すると，1842年法では，グレート・ブリテン（Great Britain）に居住する者という文言であったが，1853年法では，その地域が連合王国（United Kingdom）[12]に拡張されている他に，条文（1853年法第2条）の文言自体も一部修正されている。

商業上の年次利益或いは利得については，連合王国に居住する者（person）に対して，その財産等の所在地にかかわらず全てを英国において課税し，自由職業所得についても，連合王国に居住する者について，その役務提供地にかかわらず全てを英国において課税することを定めている。

英国に居住しない者については，英国国内における財産及び役務提供から生じた所得に対して課税する。そして，他のシェジュールで課税対象とならない利子等について，このシェジュールで課税することを定めている。なお，この非居住者に係る規定は，1842年法にも同様のものがある。

4．1878年関税及び内国税法
（Customs and Inland Revenue Act of 1878）

(1) 減価償却に関する規定

1878年関税及び内国税法（以下「1878年法」という。）は，同法第12条に，減価償却に関する規定を初めて設けたのである。

減価償却の対象となる資産は，機械及び設備（machinery or plant）であり，企業活動に使用されて摩損（wear）或いは破損（tear）した場合，その価値の減少として合理的な金額を控除することが認められていた。

(2) 減価償却に関する1876年の判例

1878年法の直前に出された判例[13]について，ここで検討を行うことで，当時の減価償却に関する問題点を探ることとする。

適用対象となった条文は，1842年法第100条のケースⅠ，ルール3である。対象となった事業年度は，1874-1875年であり，その年分に行った課税当局の

賦課決定が訴えの対象であり，納税義務者は，製鉄業を営むアンドリュー・ハンディサイド社（Andrew Handyside & Co.：以下「H社」という。）である。

H社は，建物，固定設備及び機械に関する減価償却を請求したが認められなかった。その理由の1つは，1842年法第159条に同法に規定のない控除を認めないと定められていたからである。

⑶ 1878年法第12条適用に関する1880年の判決
1878年法により機械及び設備とその適用範囲は限定されているとはいえ，所得税法において減価償却費の控除が認められたのである。

カレンドニアン鉄道会社事案[14]は，その適用となる所得税法が1878年法第12条である。1880年11月の判決では，資産の価値の下落の有無が争点となり，本事案では第12条にある価値の減少がないと課税当局が判断を下した。その理由は，減耗により生じる損失に見合うだけの修繕及び改良の金額の控除があるとしている。また，課税当局は，修繕を要しない新設備に対する減価償却をも認めていない。判決では，会社側の訴えは認められなかった。

⑷ 1878年法第12条適用に関する1894年3月の判決
バーンリー船会社事案[15]は，前出のカレンドニアン鉄道会社事案と同様に，1878年法第12条の適用に関して，資産の価値の下落の有無を争点とした1894年7月の判決である。会社は，所有船舶の減耗による減価償却とこれとは別に陳腐化及び市場価値の下落による船舶の収益能力の損失を要求した。

判決では，船舶の減価償却は課税当局の計算が認められたが，それ以外の損失等に関する請求は棄却された。

⑸ 1878年法第12条適用に関する1899年の判決
キューナード汽船事案[16]は，1872年法第12条の文言であるその事業年度中（during the year）の解釈が争点の事案である。対象年分は，1897-1898年である。

同社の対象年分前3年間の減価償却前の利益は次の通りである。

　　　（減価償却前の利益金額）　　　　（減価償却費の控除額）
① 　1894 年： 87,492（ポンド）　　　137,173（ポンド）
② 　1895 年：138,912（ポンド）　　　135,790（ポンド）
③ 　1896 年：241,195（ポンド）　　　130,486（ポンド）
（3 年間計）　467,599（ポンド）
（年平均額）　155,866（ポンド）

以上の結果，課税当局の計算では，1897-1898 年分の利益は，25,380 ポンド（155,866 – 130,486）である。

これに対して，会社側の計算は，上記①から③までの減価償却前の利益金額の合計額である 467,599 ポンドから 3 年間の減価償却費の控除額の合計額 403,449 ポンドを差し引くと，64,150 ポンドとなり，3 年間の平均額は 21,383 ポンドとなると主張した。

判決は，課税当局の計算を支持したのである。すなわち，会社側が主張したように，3 年間の平均額ではなく，その年分中の意義は，3 年間の減価償却前の利益金額の平均額から，前年度の減価償却費の控除額を差し引いて計算ということであった。

(6) 1878 年法 12 条適用に関する 1899 年 6 月の判決

Leith, Hull, and Hamburg Steam Packet Company 事案[17]は，1842 年法の適用により，1893 年から 1895 年末までの 3 年間の利益の平均金額により，1896 年 4 月〜1897 年 4 月の事業年度を算定し，1878 年法第 12 条適用により，当該年分における船舶の価値の減少を示す合理的な控除金額を差し引くことについては，原告と課税当局間において争いはない。

この事案は，課税当局が賦課決定を行う際に使用した計算が妥当であるかどうかが争点となったものである。

(7) 1878年法第12条適用に関する1900年の判決

British India Steam Navigation Company, Limited（以下「BI社」という。）事案[18]は，課税当局が使用した年6％の償却率が過少である減価償却率等が争点となったものである。対象年分は，1896年4月5日までの年分と，1897年4月5日までの年分である。

裁判において，BI社は，1871年から1894年までの間年率9％により減価償却を行っていたとしている[19]。

(8) 小　　括

1842年法に基づいたシェジュールDの利益計算は，前3年の平均金額により算定されるもので，その計算過程は，キューナード汽船事案で明らかである。

所得税法上の減価償却については，1878年法第12条が初めての規定であるが，減価償却資産を多く所有する鉄道会社或いは船会社等では，このような法律上の規定の有無にかかわらず，様々な方法等により減価償却が行われていたのである。以下では，当時の会社における会計等の状況を考慮することで，19世紀後半の所得税とそれを取り巻く諸条件等を考察する。

5．法人の利益に係る1883年の判決

米国の税務会計史では，所得税導入時期の20世紀前半において，所得（income）概念をめぐる議論が訴訟等の場で行われている。その代表的な判決が1920年のマコンバー事案の最高裁判決である[20]。

これに対して，英国の所得税法である1842年法のシェジュールDでは，「年間の利益（profits）又は利得（gains）」という文言があり，Mersey Docks and Harbour Board事案（以下「MDHB社事案」という。）は[21]，この同法における利益の意義が争われた訴訟がある。

MDHB社は，1857年に議会が制定した私法律（Mersey Docks and Harbour Act

1857）によりリバプール（Liverpool）とバーケンヘッド（Birkenhead）に所在するドックを併合するために同法により設立された会社である。そして，同法により，ある公益信託がその管理支配の権限を付与されたのである[22]。

1873年制定された所得税[23]では，1873年4月6日以降開始される事業年度について，シェジュールA及びCにより課税対象となる旨規定された財産，利益そして利得について，1.25％の税率[24]が適用となる。本事案において主として検討させたのは，1842年法第60条に規定されているシェジュールA・No. IIIの適用である。

シェジュールAは，不動産の賃貸及び土地等を所有することから生じる利益に対して課税することを規定している（1842年法第40条）。

賦課決定の計算方法は，3つに分かれている。第1分類は一般規定で，第2分類及び第3分類に含まれないものである。この第1分類における算定方法は，課税対象の年次の評価額を基礎とするのである。第2分類は借地農等からの収入であり，課税対象となる金額は，実際の収入額である。第3分類は本事案（ドック業）に適用となる項目であり，課税対象となる金額は，賦課決定年の前年に取得した利益の金額であり，その利益の金額は，そのドックの所有者において控除される支払家賃等を控除しない利益全額である[25]。なお，1942年法第60条に規定するシェジュールAの適用となる企業等である場合，シェジュールDの規定が適用となる[26]。

1883年の貴族院判決は，1881年の控訴院判決を支持しており，収入に係る費用を控除した残額である剰余金額は利益であるという判断を下している。

6. 英国会社法等と会計関連規定

(1) 会社法等の沿革

税制以外に，会社計算を規制する法律は会社法である。以下は，第1章において述べたことと重複するが，英国における会社法の変遷を簡記すると次のようになる。

① 1720年：泡沫会社規制法（Bubble Act）の成立

② 1844年：「登記法（An Act for the Registration, Incorporation, and Regulation of Joint Stock Companies）」（7 & 8 Vict, c, 110）（以下「1844年登記法」という。）の成立。この法律により英国では準則主義に移行したのである[27]。

③ 1855年：「有限責任法（An Act for Limiting the Liability of Members of certain Joint Stock companies）」（18 & 19 Vict. c, 133）（以下「1855年有限責任法」という。）により初めて社員の有限責任が認められた[28]。

④ 1856年：「会社法（An Act for the Incorporation and Regulation of Joint Stock Companies and other Associations）」（19 & 20 Vict. c. 47）（以下「1856年会社法」という。）は，1844年登記法及び1855年有限責任法を廃止し，これに代えて制定された[29]。

⑤ 1862年：「会社法（An Act for the Incorporation, Regulation and Winding-up of Trading Companies and other Associations）」（25 & 26 Vict. c. 89）（以下「1862年会社法」という。）は，英国の近代会社法成立といえる[30]。

⑥ 1908年：「会社総括法（Companies Consolidation Act）」（1908 c. 69）は，1862年法制定後の改正等を総括統合した[31]。

この時期の会社法と企業会計の関連については，リトルトン教授の『会計発達史』PART Ⅱの第13章「株式会社の影響」，第14章「減価償却」，第15章「有限責任」[32]において，資本と利益の区分，配当の原資となる利益計算が焦点となることが指摘されている。また，前出の英国会社法と会計制度については，山浦久司教授の著書『英国株式会社会計制度論』[33]では，1844年登記法，1855年有限責任法，1856年会社法について，会計制度との関連が検討されている。また，英国のヤーメイ教授は，リトルトン教授の検討した年代よりも後に英国判例法において会社の配当についてどのような判決が出されたのかを検討している[34]。

前出の英国会社法の整備は，19世紀中頃に行われるのであるが，株式会社がめざましい発展をするのは，19世紀の最後の数十年間といわれている[35]。

(2) 1844年登記法における会計関連規定

同法第34条には会計帳簿（Account Books）の規定，同第35条には帳簿の締切及び貸借対照表の検査についての規定，同第36条には取締役の貸借対照表の作成義務に係る規定がある。また，同第38条以下は監査人に関する規定である。なお，第36条に規定のある貸借対照表については，完全かつ公正な（full and fair）な貸借対照表を作成すると規定されている。しかし，同法末に同法条文に係る細則が添付されているが，会計関連に関するものは見当たらない。

(3) 1856年会社法

1844年法登記法とは異なり，この法律では，法律の表Bに貸借対照表の様式が添付されている。この貸借対照表は，日本において使用されているものとは貸借が逆の英国式である[36]。

表Bの貸借対照表における資産項目は，会社所有の財産（不動産及び動産），債券，現金及び投資であり，負債・資本項目は，資本金，債務，積立金及び配当原資となる損益から構成されている[37]。

1844年登記法とは異なり，1856年会社法には，最後に規則があるが，これについては，次の1862年会社法において述べることとする。

(4) 1862年会社法

この法律は，本書で取り上げた1844年登記法，1855年有限責任法，1856年会社法等を含む既に制定された17の会社法関連法規を総括したものであり，その一覧表は，同法の第3シェジュールに掲げられている。

そして，上記の(3)で述べたように，1856年会社法と同様に，1862年会社法の第1シェジュール・テーブルAの72から77までが配当に係る規則，78から82までが会計帳簿等に係る規則，83から94までが監査に係る規則である。また，様式として添付されている貸借対照表は，1856年会社法と同じものである。以下では，配当と会計帳簿等に係る規則の内容について述べる。

イ　配　　当

配当についての主たる規則は，次の通りである。なお，文末の数字は，1862年会社法の第1シェジュール・テーブルAにある規則の番号である。

① 取締役は，株主総会の承認を得てその持株数に応じて株主に対する配当を宣言することができる (72)。
② 配当は会社の事業から生じた利益 (Profits) 以外から支払うことはできない (73)。
③ 取締役は，配当宣言をする前に，偶発事象への対応，配当の平均化，会社の事業に関連する設備の維持管理等のために，利益を留保することができる (74)。
④ 取締役は，株主の会社への支払うべき金額と配当を相殺できる (75)。

ロ　会計帳簿等

会計帳簿についての主たる規定は，次の通りである。なお，文末の数字は，1862年会社法の第1シェジュール・テーブルAにある規則の番号である。

① 取締役は，会社の商品在庫，現金収支の金額と摘要，会社の債権債務について，真実の会計帳簿を記帳すること。会計帳簿は本店に保管し，株主が閲覧できるようにすること (78)[38]。
② 取締役は，株主総会3月前までに，前年度の損益計算書 (Statement of the Income and Expenditure) を1年に少なくとも1回作成し，株主総会に提出しなければならない (79)。
③ 損益計算書の模範的な様式はないが，発生源泉別に区別した総収入金額 (the Amount of gross Income)，設備，人件費及びその他の事項に関する費用を区分して総費用の金額を表示し，年次の収入と対応する全ての費用項目は勘定記入され，株主総会に損益の残高が示される。数年にわたり支出すべき費用が，いずれの年度において支出されている場合，その処理を行った理由を付記する必要がある (80)。
④ 貸借対照表は，毎年作成され株主総会に提出される。貸借対照表に含まれるものは，会社の財産と債務の要約であり，その様式は，第1シェジュ

ール・テーブル A に添付されている (81)。

　ハ　小　　括

　以上のイ及びロにおいて記載した事項から判明したことは，1862 年会社法において，配当，財務諸表等に関する基本的な事項が規定されていたことであり，以上の原資料の検討を踏まえて，この時期を対象とした英国会社会計に関する論文（以下「当該論文」という。）の検討を行う[39]。

　1844 年登記法に関する当該論文の記述は，損益勘定の作成及び貸借対照表の様式等の特定化等の規定がないことを指摘している[40]。1856 年会社法のテーブル B（以下「テーブル B」という。）における規則は，会計及び監査に関して 1844 年登記法よりも進歩したもので，この規則は，1862 年会社法のテーブル A 及びその改正されたものが，その後の総括会社法に引き継がれて 1948 年法に至るのである[41]。

　また，当該論文は，テーブル B に損益勘定の標準様式が含まれていないが，費用が 1 年を超えて処理する場合等，重要な規定が含まれていることを指摘している[42]。

7．配当に係る判例

　この項では，英国における配当に関連する判例を検討することにより，リトルトン教授が指摘したように，株式会社制度の進展につれて株主への配当原資の確定の観点から，資本と利益の区分が行われたということに関して，実際，司法においてどのように判断されたのかを検証する。

（1）　マーカンタイル社事案（1869 年判決）[43]

　マーカンタイル社（Mercantile Trading Company, Limited：以下「M 社」という。）は，1862 年会社法により 1863 年 6 月に設立され，米国（当時の米国は南北戦争中であったが，M 社の交易相手は南部連合政府であった。）との交易を目的とした会社である。M 社は，法定資本が 150,000 ポンドであったが，払込資本額は

112,000ポンドであった。1862年会社法のテーブルAの規則73において，配当は会社の事業から生じた利益（Profits）以外から支払うことはできない，と定められているが，M社の会社定款第5条では，取締役は，会社に出資した資本について配当を支払う。それは，株主総会の決議を条件として，当該資本の5％相当の配当を支払うのに十分な会社利益が生じた場合となっていた。

購入する船舶についてM社の取締役は南部連合政府と契約し，代金の3分の2を南部連合政府が負担し（その代金は綿花で支払われる。），M社は3分の1を負担することになった。船のうち何隻かは拿捕又は沈没となったが，交易は成功し，1864年2月末までの期間におけるM社の貸借対照表に表示された利益は，5月段階で，42,718ポンド15シリング2ペンスであった。取締役は，払込資本金112,000ポンドについて，25％の配当として28,000ポンドを支払うこととして，その配当は，5月17日の株主総会で承認された。この貸借対照表は，銀行（Agra and United Service Bank：以下「AU銀行」）の取締役に提出され会計士により検査された。その結果，配当の上限は21,000ポンドで，勘定上では5,000ポンドが既に引き出されており，取締役のストリンガー氏は配当を3,560ポンド過大に受け取っていた。

南北戦争が終了し，南部連合政府の敗退によりM社の債権は無価値となり，同社は，清算することになった。AU銀行の業務を引き継いだ銀行（Agra and Masterman's Bank）が唯一の債権者であった。清算人は，ストリンガー氏に対する配当3,560ポンドの払戻しの手続きが採られた。その理由は，貸借対照表が誤っていたこと及び配当が会社の資本から支払われたことであった。貸借対照表上の問題点は，南部連合政府への債権額を減額していないこと，南部連合政府への綿花の請求権は実質的に無価値であるのに計上していたこと，船舶に関する南部連合政府の保障額を前提に，3分の1の損失を計上していたこと，の3点である。

判決は，貸借対照表が誤っていないという判断をし，配当は利益から支払われたことを認めたのである。

この時期の会社配当とそれに関連する判例を研究したヤーメイ教授の論

文[44]によれば，この判決では，会社による貸借対照表が真正な（in good faith）評価（estimate）により作成してある場合，これを裁判所が支持した，と論評している。その原因としては，資本維持（capital maintenance）のルールが当時は確立していなかったことがあげられている。

ヤーメイ教授の見解では，資本維持のルールが確立するのが，1889年の判決[45]であるとしている[46]。

(2) リー事案（1889年）控訴審判決[47]

この判決は，法律及び判例において明確ではなかった「維持すべき資本」について，新しい判断を示したことが評価されている[48]。

イ 事実関係

被告である Neuchatel Ashalte Co（以下「N社」という。）は，1862年会社法により1873年7月9日に設立された。同社は，スイスのヌーシャテル州政府から瀝青炭等の採掘権を与えられた6つの会社からこれらの権利を買い取った。この採掘権は，1867年から1887年の20年間であり，1877年にこの契約は1907年まで延長されている。

N社は，設立直後の1873年7月17日の契約により，資産譲渡会社から，採掘権と全ての資産を購入し，株式により対価を支払った。N社発行の株式は，額面いずれも10ポンドの優先株式35,000株と普通株式80,000株で資本金としては1,150,000ポンドになったが，1,300株の優先株は　資産譲渡会社の株主に分けられた。会社の定款は，取締役に鉱山等の減耗資産の償却費を控除する権限を与えたが，そのような処理を行うことを定款では強制していなかった。

N社は，1885年12月末現在，1株当たり9シリングとなる利益17,140ポンド13シリング2ペンスを取得していた[49]。原告の訴えは当該年度の配当を支払うことを停止することであった。その訴えの内容は，N社の採掘権は，減耗資産であり，その損失分は，32,736ポンドになっている。この損失の処理なくして配当を行う資金は会社にないというのが原告の主張である。第一審は，原告側敗訴となり，控訴したのが本裁判である。

ロ　判　　　決

　本件については，コットン判事（Cotton LJ），リンドレイ判事（Lindley J.），ロープス判事（Lopes LJ）の判決文が示されているが，いずれも原告の訴えを却下している。問題の焦点は，鉱業会社のような場合，会社の資産が減耗する場合の配当の計算方法である。

　以上の裁判官による判決を検討する前に，既に明らかになっている点を整理すると，次の通りである。

① この判決において検討対象となる会社法は，1862年会社法である。
② 1862年会社法には，配当は利益から払われることが規定されているが，どのように配当原資を計算するか等の詳細に関するものはない。
③ 本事案は，鉱業権に係る事案であるが，鉱業資産に関する減価償却を配当において考慮するという発想はない。

　この判決において，リンドレイ判事は次のように述べている。

　鉱業会社が設立されると，その資産は減耗する鉱業資源である。これらの会社は，鉱業に係る原価を上回る売上を得た場合，配当ができることになる。このように鉱業生産物を販売することはある意味で資本の減少ということにもなる。会社の資本である財産の販売から生じた資金について配当できないという仮定は誤りである。

　このリンドレイ判事の判決について，ヤーメイ教授は，この判決が配当に関する新しい理論を構築したとはいえないが，会社財産の価値の減少を考慮しない実務を承認した点を評価している[50]。

ハ　評　　　釈

　会計士によるこの判決に関する評価では，1862年会社法のテーブルAの79と80において，損益計算における収益と費用の対応が規定されているが，資産評価，減価償却に関する規定はないことが指摘されている[51]。

　本章において既に述べたように，1878年法第12条に，減価償却に関する規定を初めて設けたのであるが，その対象となる資産は，機械及び設備のみであった。このことは，会社の資産である機械及び設備以外の固定資産に関する評

価を考慮していないということになる。

　本判決は会社法における配当に係る判決であることから，1878年法が直接関連する事項ではないが，会計士により，減耗資産の償却が指摘されていることは，会社法及び税法における会計処理の規定よりも，会計実務がより発展したことを窺わせるものである。

1) フランスは，所得税の導入が遅く，その創設は1914年である（汐見三郎・佐伯玄洞・柏井象雄・伊藤武夫著『各国所得税制論』有斐閣　1934年　155頁）。
2) ロバートピールは，1834年から1835年に第1次内閣，1841年から1846年に第2次内閣を組閣している。所得税の再導入はこの第2次内閣の時期である。
3) 1853年から1856年までの間，英仏，オスマン帝国及びイタリアにあったサツデーニャ王国の同盟軍がロシアとクリミヤ半島を中心として戦った戦争である。
4) 英国における会社法の沿革の概要は第2章に掲げたものを再掲すると次の通りである（参照：大隅健一郎『新版　株式会社法変遷論』有斐閣　1987年　75-88頁，星川長七『英国会社法序説』勁草書房　1963年　第5章，第6章）
　① 1720年：泡沫会社法（Bubble Act）
　② 1825年：泡沫会社法廃止
　③ 1844年：「登記法」の成立によりこれまでの特許主義から準則主義に移行
　④ 1855年：「有限責任法（Limited Liability Act）」
　⑤ 1856年：「会社法（the Joint Stock Company Act）」
　⑥ 1862年：「会社法（Companies Act）」
5) 英国における職業会計士の協会設立は，次の通りである（参照：山桝忠恕『監査制度の展開』有斐閣　1961年，37-39頁）。
　① 1853年：スコットランドのエジンバラに英国最初の会計士協会が設立された。
　② 1870年：イングランド（リバプール）に協会設立。
　③ 1870年：ロンドンに協会設立。
　また，会計士の機関誌としてアカウンタント（Accountant : a medium of communication between accountants in all parts of the United Kingdom）が1874年に創刊されている。
6) 土生芳人「19世紀末期におけるイギリス所得税の発展」『政治学と経済学の諸問題』所収　岡山大学法経学会編集　1959年　191-193頁。
7) 同上　191頁。また，小山教授は，19世紀後半は「グラッドストーンの時代」として特徴づけられる，と述べている（小山廣和『税財政と憲法』有信堂高文社　2003年　170頁）。

8) 米国では，1895年のポロック事案に対する最高裁判決が所得税に対する違憲判決を出したことで，1913年の憲法修正第16条の成立までの間，所得税の導入ができなかった（矢内一好『米国税務会計史』中央大学出版部　2011年　59頁）。
9) Chitty's statements of practical utility, Vol. 11. Sweet & Maxwell, 1912, pp. 23-187.
10) 佐藤進『近代税制の成立過程』東京大学出版会　1965年　162頁。
11) 1842年法は，1806年法を再製したものといわれている（Sabine, B. E. V., A short history of Taxation, Butterworths 1980, p. 123）。
12) グレート・ブリテンは，イングランド，ウエールズ，スコットランドを含み，1800年に成立した連合法（The Act of Union 1800）により，連合王国（United Kingdom）となっている。
13) Forder v. Handyside (1876), 1 Ex. D 233.
14) Calendonian Railway v. Banks (Surveyor of Taxes) (1880), 1 TC 487.
15) Burnley Steamship Company f. Aikin (Surveyor of Taxes) (1894), 3 TC 275.
16) Cunard Steam Ship Company v. Coulson (1899), 1 QB 865.
17) Leith, Hull, and Hamburg Steam Packet Company v. Musgrave (Surveyor of Taxes) (1899), 4 TC 80.
18) British India Steam Navigation Company, Limited, v. Leslie (Surveyor of Taxes) (1900) 4 TC 257, 17 TLR 104.
19) 1830年から1870年の間に鉄道会社の会計を論じているポリンズの論文（Harold Pollins, "Aspects of Railway Accounting Before 1868" in A. C. Littleton and B. S. Yamey, ed, Studies in the History of Accounting, Arno 1978, pp. 332-355）によれば，この時期には，鉄道会社の経営者と会計担当者に対する詳細なガイドラインはなく，実務上では様々な減価償却方法が採られていた（Harold Pollins, ibid., p. 343.）。
20) マコンバー夫人は，株式配当は，憲法修正第16条の意味する所得（income）ではないと主張した（矢内一好　前掲書　82頁）。
21) 貴族院判決（Mersey Docks and Harbour Board v. Lucas (1883), 8 App Cas 891）。控訴院判決（Mersey Docks and Harbour Board v. Lucas (1881), 1 TC 385）。
22) www.legislation.gov.uk/ukla/1992/10/introduction/enacted（2012年8月収集）。
23) Customs and Inland Revenue Act 1873 (36 & 37 Vict. c. 18.).
24) 1ポンドに対して3ペンスの率で課税されるとしていることから，当時は，1ポンド＝20シリング＝240ペンスであったことから，1.25％と算定した。
25) Snelling, W.E., Income Tax and Super-Tax Practice : including a dictionary of income tax, specimen returns, tables of duty, etc., etc., Sir Isaac Pitman. p. 190.（出版年数不明）。これについては次のように理解した。支払家賃の場合，支払者は源泉徴収を行い，その支払家賃を課税利益から控除しない。他方，受取家賃の側は，既に課税済み利益であることから，当該受取家賃を利益から控除する。

26) Revenue Act, 1866 (29 & 30 Vict. c. 36, s. 8).
27) The statutes of the United Kingdom of Great Britain and Ireland, 7 & 8 VICTORIA, 1844, pp. 807-844. 大隅健一郎　前掲書　1987 年　82 頁。
28) The statutes of the United Kingdom of Great Britain and Ireland, 18 & 19 VICTORIA, 1854-55, pp. 820-825. 大隅同上　83 頁。
29) The statutes of the United Kingdom of Great Britain and Ireland, 19 & 20 VICTORIA, 1856, pp. 170-215. 大隅同上　85 頁。
30) The statutes of the United Kingdom of Great Britain and Ireland, 25 & 26 VICTORIA, 1862, pp. 434-515. 大隅同上　87 頁。
31) 同上　87 頁。1982 年以降 1908 年までの間，会社法（Companies Act）というタイトルの法律としては，次のものがある（タイトルの異なるものは除いてある。）。① 1867 年法，② 1877 年法，③ 1879 年法，④ 1880 年法，⑤ 1886 年法，⑥ 1907 年法，である。
32) Littleton, A. C., Accounting Evolution to 1900, Russell & Russell, 1966, pp. 205-248（片野一郎訳『リトルトン会計発達史』同文舘　1978 年　308-370 頁）。
33) 山浦久司『英国株式会社会計制度論』　白桃書房　1993 年　第 1 章。
34) Yamey, B. S. "The Case Law Relating to Company Dividends" in B. S. Yamey, ed, Essays on the History of Accounting, Arno 1978, pp. 428-442.
35) 土生芳人　前掲論文　196 頁。また，同論文（197 頁）によれば，英国における登録会社数は，1885 年で 9,344 社，1890 年で 13,323 社，1895 年で 19,430 社，1900 年で 29,730 社と，19 世紀最後の 15 年間において会社数は約 3 倍になっている。
36) 英国式貸借対照表については，高寺貞男『会計政策と簿記の展開』（ミネルヴァ書房　1971 年）の 22 章以下にその起源等を巡る検討が行われている。
37) この貸借対照表の様式については，山浦，前掲書 28 頁に引用がある。
38) 1856 年会社法テーブル B の 69 では，当該各勘定は，複式簿記の諸原則により，現金出納帳，仕訳帳，元帳が記帳されなければならない，と規定されており，1862 年会社法の規定にはこのような規定はなく，両者は相違している。
39) Edey, H. C. and Panitpakdi, Prot, "British Company Accounting and the Law 1844-1900" in Littleton, A. C. and Yamey, B. S., Studies in the History of Accounting, Arno Press, 1978, pp. 356-379.
40) Ibid., p. 357.
41) Ibid., p. 362.
42) Ibid., p. 366.
43) Re Mercantile Trading Co. (Stringer's case), 4 Ch App 475.
44) Yamey, op. cit., p. 431.
45) Lee V. Neuchated Ashalte Co. and others (1889), All ER. Rep. 947. なお，この事案

については，Glasgow Institute of Accountants Debating Society, "Obligation of company to provide for depreciation of wasting aseets before declaring devidends" The Accountant, December 14, 1889, pp. 676-682. が詳しく論じているので，後者を補完資料とする。

46) 1869年のM社判決以降，配当に関連する判決としては，1870年（6 Ch App 104），1882年5月（21 Ch D 149），1882年7月（21 Ch D 519）1887年（12 App Cas 409）等がある。

47) Lee V. Neuchated Ashalte Co. and others (1889), All ER. Rep. 947. なお，原告は，Chas. Jno. Lee という氏名の勅許会計士である（The Accountant, April 6, 1889, p. 178）。

48) Yamey, op. cit., p. 432.

49) N社は，17,140ポンドの利益を取得したが，権利更新のために留保として1,000ポンドをこの利益から差し引いており，残高16,140ポンドは，優先株主への配当の支払に充てられた。この処理における問題点は，減耗償却費の計上は行っていないことであるという指摘がある（Cf. Glasgow Institute of Accountants Debating Society, op. cit., p. 676）。

50) Yamey, op. cit., p. 433.

51) Glasgow Institute of Accountants Debating Society, op. cit., p. 677.

第 4 章

1900 年から 1910 年の間の変遷

はじめに

　本章は，英国税務会計史のうち，20 世紀最初の 11 年間（1900-1910 年）を対象とする。このような時代区分にした理由は，次の 10 年間（1911-1920 年）が第 1 次世界大戦の時期となり，増税の時期であり，「所得に関する王立委員会」（Royal Commission on the Income Tax, 1919-1920）の報告書により多面的に所得税が再検討されたこと等から，次の 10 年間を別にしたのである。

　1910 年までの時期における所得税に係る顕著な事象については，次の項において略記するが，本章は，法人の実務を中心として，個人及び法人の所得税の実際を検討対象とする。

1. 1900-1910 年までの所得税の変遷

(1) この時期の所得税関連法

　この時期は，第 1 次大戦（1914-1918 年）前の時期であり，その後は増税となる戦時財政に移行する期間である。なお，この時期の所得税法は，1842 年法が基本法であり，1842 年法以降，1853 年新所得税法（グラッドストーンの新所得税法）によるアイルランドへの適用拡大，1878 年法による減価償却規定の創設後，1894 年財政法，1890 年関税及び内国税法及び 1898 年財政法による一部改正等があり，1910 年財政法により累進付加税（super-tax）が課されることになった。

(2) 単一税率から累進税率への変遷

この時期における顕著な事象の1つは、累進税率が所得税に導入されたことである。

1842年法における税率は、3％（1ポンドに対して7ペンス）[1]であり、クリミヤ戦争時には、7％（1ポンドに対して1シリング4ペンス）であり、1890年から1892年[2]までは2.5％、1893年は3％、1894年から1899年までは約3.3％（1ポンドに対して8ペンス）であった。

1900年は5％、1901年は6％、1903年が1ポンド当たり11ペンス、1904年から1906年は5％であった。1907年に勤労所得に対する軽減税率を導入し、1909年以降、税率が多元化している。

(3) 勤労所得（earned income）とその他の所得（unearned income）の区別

1907年財政法により、勤労所得とそれ以外の所得は前者についての税負担を後者の所得よりも軽くすることとした。

(4) 累進付加税（super-tax）の導入

累進付加税（super-tax）は、1910年財政法により課されることになったが、1909・1910財政年度から1913・1914財政年度の間、5,000ポンドを超える全ての所得に課されることになった。英国はこの後に、いわゆる戦時財政として増税期に入ることになる。

さらに、超過利潤税（excess profits duty）が1915年財政法、1916年財政法及び1917年財政法により規定されて導入されている。なお、この税目については、次章で述べることとする。

(5) 国際税務に関する判例

1905年に控訴院、1906年に最高裁にあたる貴族院において、デビアス（DE BEERS）事案[3]の判決が出されている。英国における法人の居住性に関する判例は、これよりも古く19世紀後半にもあるが[4]、この時期は、英国において

も国際税務問題が顕在化する時期である。英国における外国との二重課税の調整は1916年財政法により始まる[5]。

2. 勤労所得に対する軽減税率の適用[6]

この時期の所得税率の変遷は前述の通りであるが，1907年財政法第5款所得税第19条において，勤労所得とその他の所得の間において，前者の税負担を軽減する税率を採用した。この第19条に規定する対象者は次の通りである。
① 個人
② 適用要件は，全ての源泉からの所得が2,000ポンド以下であり，かつ，その所得のいずれかの部分が勤労所得である。
③ この年度の所得税率は，1ポンド当たり1シリング（税率：5％）であるが，勤労所得に対する軽減税率は，1ポンド当たり9ペンス（税率：3.75％）である。

第19条第7項において，所得（income）については，所得税に定める規則等に従って算定される所得を意味するとのみ規定して，明確な概念に係る説明はない。

勤労所得は，個人の取得した利益から支払われた人的役務提供による所得，個人の取得した利益から支払われた人的役務提供による所得を基因とする財産からの所得，自由職業，商業，製造業等からの所得で，個人又はパートナーシップ（事業等を行うパートナーの場合）の活動から個人として生じる所得のことである。

3. 累進付加税の導入による税率の累進化

前記2において，勤労所得の軽減税率について記述したが，1910年財政法第4款[7]第65条，第66条及び第67条において，税率は次のように定められている。

① 1909年4月6日以降に始まる課税年度における所得税税率は，1ポンドに対して1シリング2ペンス（税率：約9％）である。

② 累進付加税は，個人の所得が5,000ポンドを超える場合，3,000ポンドを超える金額に対して1ポンド当たり6ペンス（税率：2.5%）が所得税に加算される。

③ 1907年財政法に規定された勤労所得への軽減税率の適用について，全ての所得が2,000ポンドを超えるが，3,000ポンド以下である場合の勤労所得は，1ポンド当たり1シリング（税率：5％），全ての所得が2,000ポンド以下である場合の勤労所得は1ポンド当たり9ペンス（税率：3.75%）であり，2,000ポンド以下の勤労所得については，1907年財政法と同じ税率ということになる。

このような増税に至った背景としては，英国における軍事費及び社会保障費等の予算の拡大が考えられる。例えば，1893年の軍事費が3,340万ポンドであったのに対して，10年後の1903年には7,220万ポンドになっている[8]。ちなみに，日本語の「ド級（弩級）」という新語を生み出し，各国の海軍関係者を驚かせた英国戦艦ドレットノートは，1905年に起工されている。

税率の累進化への立法の過程は，1906年5月4日に17名の委員から構成された委員会（議長はSir Charles W. Dilke）が発足し，1906年11月29日に報告書を提出している。この報告書では，第1案として申告納税方式，第2案として累進付加税の導入，第3案として累退税率が検討されたが，既存の源泉徴収制度を維持しつつ歳入の減少を生じさせない方法として第2案が高額所得に対する付加税として実践的であるとしたのである[9]。

また，同委員会において，勤労所得とその他の所得の区分が検討されている。勤労所得について，個人企業からの所得を勤労所得としたのは，同委員会において，株式会社からの所得は投資所得として勤労所得以外に分類したためである[10]。

4. 国際税務に関する用語

　国際税務の問題が問題として広く普及するのは，第1次世界大戦終了後の1920年代であり，国際連盟主導のモデル租税条約が作成されるのは1928年である。しかし，それ以前においても，各国個別に国際税務問題が顕在化していたことは事実であり，英国も19世紀から個人或いは法人等に関する国際税務問題があったことは，判例等から推測できることである。国際税務に関連する用語として，検討を要すると思われるものを列挙すると次の通りである[11]。

① 居住判定（residence）
② 国外源泉所得（foreign income）
③ 外国税額（foreign taxes）
④ 外国人（foreigners）

(1) 法人の居住形態の判定

　英国居住者の所得税における課税所得の範囲は，英国国内源泉所得と国外源泉所得のうち英国に送金された利益であったが，1914・1915年以降，所定の所得を海外に留保していても課税となった。英国非居住者は，国内源泉所得のみが課税所得となる。

　英国居住法人が，英国内に事務所を有し，海外において事業活動を展開している場合，この居住法人は，全ての利益が英国で課税となる。英国非居住法人は，英国国内源泉所得のみが課税対象となる。

　所得税法は，1842年法第39条に個人が一時的に海外に出た場合は，居住者とすることが規定されている。また，外国居住者が英国に一定期間滞在する場合，2か月の英国滞在であっても英国居住者とされた判決がある[12]。

　法人の場合の居住形態の判定は，外国国籍の個人であっても英国に居住している場合に英国居住者となることに準じて，デビアス事案では，実際の経営が行われている場所として経営管理の場所を判定基準とした[13]。このデビアス

事案に係る所得税法の規定は，1853年法第2条のシェジュールDの規定であるが，この規定だけでは法人の居住性は，設立場所（南アフリカ）ではなく実際の事業が支配されている場所であると判断することができず，デビアス事案の判例（1904年判決）により，管理支配地（英国のロンドン）を居住法人判定の基準とすることが明確になったといえる。デビアス事案以前の1897年判決の事案[14]では，ノルウェーで設立された船会社で，株主名簿及び会計帳簿の所在地，株主総会開催地，経営を執行する取締役，いずれもノルウェーに所在しているが，傭船及び船賃の受払いは，英国のグラスゴー居住者が行い，経費或いは配当の支払いまでその資金を管理していた。判決では，法人は，英国居住法人ではないが，英国国内において取引を行い利益を上げていたことから，グラスゴー在住の代理人は英国で生じた利益に所得税が課されることになった。他には，法人の設立地と事業を行う場所が異なることをもって，所得の発生地で課税を受けるべきという主張を行った事例等がある[15]。また，この判決とは逆に，英国企業がエジプトに保有するホテルについて，その事業活動は英国において行われていないという判断が示されている[16]。

(2) 個人の住所に関する判例[17]

年代としては後になる1928年の最高裁にあたる貴族院判決（House of Lords）に英国の住所に関するものがある。この問題の焦点は，所得税法が住所に関する明確な定義をおいていないことになり，その空白を判例が埋める形になっている。

イ　Lysaght事案

英国法人（John Lysaght, Ltd.）の役員であるL氏は，イングランドに居住して法人の経営を行っていたが，1919年に一線を退き，アイルランドに転居したが相談役となり，1920-1925年の間，定期的にイングランドを訪れてホテルに滞在して毎月開催される取締役会に出席すると共に，イングランドにある当該法人の支店を視察している。L氏の家族はアイルランドに居住している。L氏のイングランド滞在日数は，1923年4月5日の課税年度で101日，1924年度

で 94 日，1925 年度で 84 日，1926 年度（1925 年 9 月 25 日まで）で 48 日である。なお，同氏のイングランド訪問は全て役員としての仕事の関係のみであり，妻を同道したことはない。L 氏は，英国の通常居住者（ordinary resident）又は居住者（resident）ではないと主張したが，特別委員会（special commissioners）は通常居住者又は居住者であるとした。判決は国側の主張が認められている。

　ロ　判決の背景

個人が通常居住者に該当するか否かを争われた背景には，1918 年所得税法第 46 条(1)の規定の適用がある。この規定は，債券の利子非課税に係るもので，その適用要件は，当該利子の受益者が英国の通常居住者ではないこととなっている。

現在の英国所得税法では，居住者（residence），通常居住者（ordinary residence）及び永住者（domicile）という区分がある。

居住者については英国国内における 1 課税年度における物理的滞在日数が 6 か月を超える場合，居住者となる。

また，居住者は必ずしも通常居住者というわけではない。通常居住者の場合は，永続して習慣的に居住している個人のことである。

後には，居住者，通常居住者等の概念は，所得税法に規定されたが，その以前は，判例法により判断されていたのである。

(3)　国外源泉所得

法人の場合，その事業を外国で行っていたとしても，事業の管理の場所が英国国内である場合，外国法人にはならない。国外源泉所得に関する処理は，1913・1914 年までとそれ以降では異なっている。1913・1914 年までは，国外源泉所得を英国に送金した場合，英国における課税所得となった。結果として，英国に送金されない国外源泉所得は，課税対象ではなかった。例えば，海外への融資に係る受取利子を英国に送金せず，会計帳簿には受取利子を記入した場合，送金とはされなかった[18]。しかし，1914・1915 年以降，所定の所得は海外に留保していても課税になったのである。

(4) 外 国 税 額

外国及び英国の海外領土において利益に課された所得税は，英国においてその所得が二重課税となることから，英国の所得税の課税所得の計算上，控除することになる。また，国際的二重課税の救済については，1916年財政法[19]に，海外領土の二重課税の調整規定が設けられた。この規定によれば，英国と植民地の双方で所得税を納付した者は，英国の所得税率17.5%を超える税額と植民地所得税のいずれか小さい金額の還付を受ける措置を講じた。その後，1920年の財政法により英連邦内税額控除制度（Dominion income tax relief）が導入された。

事例としては，1909年のダーバン社事案判決がある[20]。この会社は，南アフリカで金鉱鉱山を経営していたが，鉱山からの生産物に10%の租税を課されたのである。当時は外国税額控除の規定が整備される以前であったため，シェジュールDにおける所得計算において，南アフリカで納付した税額を控除することが認められたのである。

(5) 外 国 人

英国の場合は，日本と同様に，国籍による納税義務者の区分を行っていない。課税上問題となる点は，その者が英国居住者であるのか，英国非居住者であるのかということである。

5. 事業年度，課税所得の計算等[21]

(1) 事 業 年 度

所得税の事業年度（financial year）は，4月6日から翌年の4月5日までである。例えば，1917・1918事業年度は，1917年4月6日から1918年4月5日までということになる。納税は，1月1日現在で行うのであるが，1917-1918年の事業年度の場合，1918年1月1日がこれに当たることになるが，この時点では，事業年度が終了していないことから，所定の法定所得（statutory income：以下「法定所得」という。）に基づいて納税することになる。

(2) 課税所得の計算(1)

この法定所得は，事業等から生じるシェジュールDに分類される所得であるが，1917-1918 年の事業年度の場合，1914-1915 年，1915-1916 年，1916-1917 年の 3 事業年度の平均利益ということになる。後日，1917-1918 年の実際の利益が算定されることになるが，この金額は当該事業年度における納税に関して重要視されていないことになる。

この法定所得は，実際利益（actual profits）をベースにして算定されるのであるが，利益ではなく損失（loss）の年分がある場合については，異なる計算方法が採られることになる[22]。

例えば，各年分の実際損益の額は次の通りである。

① 1912・1913 年が利益 4,400 ポンド
② 1913・1914 年が利益 3,100 ポンド
③ 1914・1915 年が利益 1,200 ポンド
④ 1915・1916 年が損失　900 ポンド

1915・1916 年の法定所得の計算では，上記①②③の平均利益は，2,900 ポンド（(4,400 + 3,100 + 1,200) ÷ 3）である。この計算方式によると，実際の損益は，損失 900 ポンドであるにもかかわらず，2,900 ポンドの利益ということになる。

過去 3 事業年度の平均利益から当期の法定所得を算定する方式では，上記の例にある 1915・1916 年が損失 900 ポンドは，1916・1917 年，1917・1918 年，1918・1919 年における法定所得計算に含まれることが原則的な方法である。

しかし，上記のような場合，事業者は次のように原則的な法定所得方法を採用しないことができたのである[23]。

① 1915・1916 年の法定所得 2,900 ポンドから 900 ポンドを控除して，2,000 ポンドを法定所得とする。
② 1916・1917 年，1917・1918 年，1918・1919 年における法定所得計算に

損失である 900 ポンドがないものとして計算する。

上記と異なる例として，法定所得が損失となる次のような場合である[24]。

① 1913 年の利益：100 ポンド
② 1914 年の利益：200 ポンド
③ 1915 年の損失：600 ポンド
④ 1916 年の利益：500 ポンド

上記の結果，1913 年〜1915 年の間の平均損益は，損失の 100 ポンドとなり，1916 年の法定所得はゼロになる。1914 年〜1916 年の間の平均損益は，33 ポンドとなり，1917 年の法定所得は 33 ポンドとなる。

(3) 開業時の課税所得計算

開業時の課税所得計算は，例で示すと次の通りである[25]。

① 開業は 1913 年 1 月 1 日で，決算は同年 12 月 31 日である。
② 暦年ベースで，1913 年は 1,120 ポンド，1914 年は 1,340 ポンド，1915 年は 870 ポンド，1916 年は 1,030 ポンドである。
③ 法定所得計算は，1912・1913 年（1912 年 4 月 6 日から 1913 年 4 月 5 日）を基準とすることから，1912・1913 年は，特別な理由がない限り，暦年利益の 4 分の 1 である 280 ポンドと計算するが，この金額には課税されない。
④ 1913・1914 年は，1,120 ポンドと 1914 年の四半期分ということになる。

6．実際損益の算定

前項でも述べたように，当時の英国の所得税課税は，事業年度終了後に当該事業年度の利益に対して税額計算をする方式ではない。過去 3 事業年度の平均額を法定所得としてその所得に係る税額を納税するものである。

次に問題となるのは，法定所得算定の基礎となる各事業年度の実際損益の算定方法である。この算定方法は，基本的に，会計帳簿上の損益の金額に所得税

法の規定に従って加算或いは減算を行うものである。

　最も典型的な例は，① 事業者が損益勘定を記帳していた場合，② 現金勘定のみを記帳していた場合，③ 記帳のない場合の法定所得計算ということになる。以下では，それぞれの場合において，どのように調整計算が行われるのかを検証する[26]。

　この事業者の損益勘定の概要は次の通りである。なお，単位はポンドである。

（貸方項目）
① 売上総利益　　　　　1,746
② 受取配当金　　　　　　18　（貸方合計）1,764

なお，受取配当金は源泉徴収済みである。

（借方項目）
① 支払利子　　　　　　　20（注記1）
② 支払地代　　　　　　　15
③ 賃金　　　　　　　　 320
④ 不動産税　　　　　　　40
⑤ 所得税　　　　　　　　57
⑥ 修繕費　　　　　　　　21
⑦ 電気代　　　　　　　　33
⑧ 年金　　　　　　　　 200
⑨ 設備の減価償却費　　　25
⑩ 機械の減価償却費　　　10
⑪ 資本に係る利子　　　　70
⑫ パートナーへの給与　 550
⑬ 営業権償却費　　　　　50
⑭ 貸倒引当金繰入　　　　30（注記2）
⑮ 当期純利益　　　　　 323　（借方合計）1,764

(1) 注記1と注記2について

注記1は，受取利子（源泉徴収済み）が£15，支払利子が£10と抵当権付借入の支払利子が£25という内訳である。

注記2は，期首貸倒引当金残高£120，期中貸倒損失額£43，償却債権取立益£23で，£30を繰り入れた。

(2) 調整加算項目

調整加算額（単位：ポンド）は次の通りである。

①支払利子 (25)，②支払地代 (15)，③所得税 (57)，④年金 (200)，⑤設備の減価償却費 (25)，⑥機械の減価償却費 (10)，⑦資本に係る利子 (70)，⑧パートナーへの給与 (550)，⑨営業権償却費 (50)，⑩貸倒引当金繰入 (30)，⑪償却債権取立益 (23)，⑫新石炭小屋費 (4)，以上で調整加算合計額£1,059である。

(3) 調整減算項目

調整減算額（単位：ポンド）は次の通りである。

①課税済受取配当金 (18)，②課税済受取利子 (15)，③貸倒引当金を充当した貸倒損失 (43)，設備に係るシェジュールAの査定額 (100)，以上で調整減算合計額は£176である。

結果として，当期純利益 (323) ＋調整加算合計額 (1,059) －調整減算合計額 (176) で，差引金額は，£1,206である。

(4) 課税利益額

上記で算出された£1,206が所得税における課税利益となり，3年間の平均利益計算において使用される金額となるのである。

7. 申　告　等

　法人申告書（シェジュールD：Specimen Return No. 12）は，次のような様式となっている[27]。

(1) 所得の種類（Section A）
① 事業等の所得
② 源泉徴収されていない利子所得
③ 海外領土及び外国の債券からの所得（英国において源泉徴収されていない所得）
④ 海外領土及び外国からの株式等からの所得（英国において源泉徴収されていない所得）
⑤ 上記以外の財産又は利益

上記①〜⑤までの金額の合計額からこの金額算定で控除していない減価償却額を差し引いて純額を記入する。
　例えば，1917・1918年分の法人の所得の記載は次のようになる[28]。
① 1914年　6,843ポンド
② 1915年　6,927ポンド
③ 1916年　7,044ポンド

　3年分の合計額は20,814ポンドであり，その3分の1は，6,938ポンドである。法人は，機械に係る減価償却費635ポンドを控除することができる。差引純額は，6,303ポンドとなる。なお，1906年までの税率は単一の5％である。

(2) 宣　誓　文
　この申告書が完全かつ真正な申告書（a full and true Return）であることを宣誓し，日時，署名等を記入する。

8. 累進付加税の導入

累進付加税は，1910年財政法[29]により創設された税である。

一般に所得税の増税を図る場合に，最高税率の引き上げ等という税率構造の改正以外に，所得税の税率に付加税を加算する方式と超過利潤税或いは戦時利得税の方式がある。付加税は，一定の税率の加算であるが，超過利潤税或いは戦時利得税は，戦時における企業の超過利潤を税として徴収することを目的としたものであるが，厳密にいえば，課税標準の算定方法は，投下資本の一定割合を適正な所得と想定し，純所得がその適正な所得を超過する額に課税をする超過利潤税の課税方式と，戦前の一定期間の平均所得を超える所得を戦時所得として課税する戦時利得税の方式がある。

超過利潤税は，既に述べたように1915年財政法により創設されるのであるが，1910年創設の累進付加税とは，税の増収を図る手段である点では共通しているが，その性格では異っているのである。

累進付加税の概要としては，全ての所得が，5,000ポンドを超える所得に対して，1ポンド当たり6ペンス（税率2.5％）の累進付加税の課税が行われることになるが，3,000ポンドまでは課税対象とはならない。

9. 企業会計と課税所得計算の関連性

(1) 概　　要

米国の税務会計（法人税の課税所得計算）では，企業会計と課税所得計算は，独立した形である分離型となっている[30]。これに対して，日本の税務会計は，企業会計上の利益に基づいてこれを調整して課税所得を導き出す統合型である。

英国は，企業会計により算定される法人の作成する損益計算書上の利益と課税所得の金額に直接的な関連性がない。本書において既に述べたように，法人

の事業所得であるシェジュールDの法定所得計算では，その対象となる過去3事業年度の利益金額算定において，損益計算における利益はその基礎となる数字となるが，3事業年度の利益を合計してそれを3分割した法定所得が課税所得となるために，英国の場合も，米国とはその背景が異なるが分離型である。

そこで，焦点となるものは，なぜ，過去3事業年度の利益の平均額を課税所得とするという方式を英国が採用したのかということである。

この方式は，1803年制定の所得税法（以下「1803年法」という。）第84条のシェジュールDの課税所得に直前3事業年度の平均額（a fair and just average of three years）によることが規定されている。このいわゆるアディントンの所得税がこの方式の嚆矢といえる。

この方式は，現代の視点から見れば，直前3事業年度に欠損がある場合は，その欠損金額が3年間の平均額を引下げる効果があることから，欠損金の繰越控除に類似する効果を持つといえる。また，直前3事業年度の平均所得額を法定所得とする方式は，仮決算による中間申告と似たようなものともいえるのである。

⑵　1803年法のシェジュールD

1803年法のシェジュールDは，以下の6つの形態に分類されている。

① 　商業，製造業等からの所得（この場合の課税所得は直前3事業年度の平均額である。）
② 　専門職業からの所得（この場合の課税所得は前年の所得である。）
③ 　シェジュールAで課税できなかった財産（鉱山のように事業に使用される財産）
④ 　英国（Great Britain）外からの利子
⑤ 　英国国外所得で英国に送金されたもの
⑥ 　他のシェジュールに分類されなかった所得

以上の分類から，課税所得を直前3事業年度の平均額とするのは上記①で

あることが判る。しかし，既に述べたように，法人の課税所得計算が一般化するのは，19世紀中盤の会社法等の整備終了以降ということになる[31]。

1803年法以降，1816年に所得税法が廃止され，1842年にピール（Robert Peel）により3年の臨時税として所得税（以下「1842年法」という。）が再導入され，その後延長されたのであるが，1842年法は，その原型が1803年法であることは，周知の事実であり[32]，1803年法，1842年法と英国所得税の系譜は繋がっているのである。

なお，本書では，企業会計と所得税法における法人課税の関係を焦点としていることから，シェジュールDを主として取り上げているが，シェジュールAからEまでの5種類の所得は，最終的には総合して課税となるのである。

(3) 事業年度，納税及び申告[33]

英国所得税の課税年度（financial year）は4月6日から翌年の4月5日である。そして，納税は，この課税年度中の1月1日である。これは，4月から始まる課税年度の約4分の3を経過した翌年1月1日に納税することになる。

シェジュールDに係る納税については，法人は1月1日の年1回であり，利子等の不労所得に課税となる者も法人と同様である。しかし，事業を営む個人或いは専門職業からの所得のある個人の場合は，1月1日と7月1日の分納ができることになっている。

また，例えば，1917-1918課税年度である場合，申告書は，1917年5月中に提出することになる。そして，納税は1918年1月1日である。結果として，1917-1918課税年度における実際の利益を申告することはできないことになり，課税対象となる法定所得と課税年度における実際利益は，直接的な関連がないことになる。このような制度上の問題を解消するために，所得税法上の法定所得により課税する方式が採られたことになる。

(4) まとめ

なぜ，当時の英国の所得税の事業所得課税では，課税年度の実際の利益を課

税対象としなかったのかという問題は，なんらかの理論的背景に基因しているのではないかと推論していたのであるが，実際は，課税年度，納税時期及び申告等の時期が混在しているためのある種の調整的な意味合いを持つ制度と理解することができた。

1) 当時は，1ポンド＝20シリング＝240ペンスであった。したがって，1ポンド当たり7ペンスは，7ペンス÷240＝3％となる。英国の税法の規定では，税率に関して1ポンド当たりいくらという規定によるため，パーセンテージにより表示はされていない。
2) 英国における課税年度は4月6日から始まる1年間である。
3) 貴族院判決：De Beers Consolidated Mines Limited v. Howe, 5 TC 198 (1906).
4) The Calcutta Jute Mills Co, Ltd v Henry Nicholson, 1 TC 83, [1874-1880] All ER Rep 1102 (1876). The Cesena Sulphur Company, Ltd v. Nicholson, 1 TC 88, [1874-80] All ER 1102.
5) Davis, David R., Principles of International Double Taxation Relief, Sweet & Maxwell, 1985, pp. 29-32.
6) earned income を勤労所得と訳したのは，それ以外の所得が投資所得或いは不労所得の意味があることから，これとの対比を強調するためであった。なお，累進付加税の税収及び納税義務者は次の通りである（Seligman, Edwin R. A., The Income Tax-History, Theory and Practice of Income Taxation (1914), Reprinted by Kelly (1970), p. 220）。

年	累進付加税税収額（ポンド）	納税義務者人数
1909-1910	2,649,512	11,380
1910-1911	2,670,000	11,500
1911-1912	2,775,000	11,650
1912-1913	2,850,000	11,800

7) Finance (1909-1910) Act 1910 (1 & 2 Geo. 5 c. 2 Part IV).
8) 土生芳人『イギリス資本主義の発展と租税：自由主義段階から帝国主義段階へ』東京大学出版会　1971年　196, 302頁。
9) Seligman, Edwin R. A., op. cit., pp. 197-198. 土生　同上　298-299頁。
10) Seligman, ibid., p. 200. 土生　同上　300頁。
11) これらの用語については，Snelling, W. E., Income Tax and Super-Tax Practice : including a dictionary of income tax, specimen returns, tables of duty, etc., etc., Sir

Isaac Pitman. を参考にした。この本は，出版年が不明であるが，1918年所得税法が記述されていることから，1918年直後の出版と推定できる。また，この著者は，英国内国歳入庁の職員である。

12) Cooper v. Cadwalader, 5 TC 101 (1904).
13) De Beers Consolidated Mines Limited v. Howe, 5 TC 198 (1906).
14) James Wingate and company v. Webber, 3 TC 569 (1897).
15) The Calcutta Jute Mills Co, Ltd v Henry Nicholson, 1 TC 83, [1874-1880] All ER Rep 1102 (1876). The Cesena Sulphur Company, Ltd v. Nicholson, 1 TC 88, [1874-80] All ER 1102.
16) The Egyptian Hotels, Ltd v. Mitchell, 6 TC 542 (1915).
17) ここに取り上げる判決は，Inland Revenue Commissioners v. Lysaght, 13 TC 511 (1928) であるが，その他に，Levene v. The Commissioners of Inland Revenue, 13 TC 486 (1928) がある。
18) Forbes v. Scottish Provident Institution, 3 TC 443 (1895).
19) Finance Act, 1916 (6 & 7 Geo. 5 c. 24 s. 43).
20) Stevens v. The Durban-Roodepoort Gold Mining Company, Ltd., 5 TC 402 (1909).
21) Snelling, op. cit., ch. III.
22) Ibid., pp. 23-24.
23) Customs and Inland Revenue Act, 1890, s. 23 (53 & 54 Vict. c. 8 ss. 23, 24).
24) Snelling, op. cit., p. 321.
25) Ibid., pp. 19-20.
26) Ibid., pp. 8-10.
27) Ibid., pp. 56-57.
28) Ibid., p. 61.
29) Finance (1909-1910) Act, 1910 (10 Edw. 7. c. 8 s. 72).
30) 米国がなぜ分離型になったのかは，拙著『米国税務会計史』中央大学出版部 2011年 249-251頁。
31) 19世紀初頭の法人としては，イングランド銀行，東インド会社，南海会社があり，法人格を持たない事業体も多かったのである (Cf. Avery Jones, John F., "Defining and Taxing Companies 1799 to 1965" in Tiley John ed. Studies in the History of Tax Law vol. 5, Hart Publishing, 2012, p. 18)。
32) 土生芳人　前掲書　113頁。
33) Snelling, op. cit., pp. 17-18.

第 5 章

1911 年から 1919 年の間の変遷

はじめに

　本章は，英国税務会計史のうち，1911 年から 1919 年までの期間を対象とする。この時期は，1842 年制定の所得税法以降に改正された所得税法及び財政法における諸規定を総括した所得税法が 1918 年に制定されている。また，この時期は，第 1 次世界大戦 (1914-1918 年) による増税期でもある。以上のことから，本章における主たる検討項目は，次の 2 点である。
① 1915 年財政法により導入された超過利潤税 (excess profits duty) 等の戦時増税の検討
② 1918 年所得税法の概要

　なお，この時期には，「所得に関する王立委員会」(Royal Commission on the Income Tax, 1919-1920) の報告書により多面的に所得税が再検討されたが，これについては次章において検討を行う。

1．1910 年時点の所得税

　1910 年代の所得税の変遷をたどる前に，1910 年時点における所得税の現状から始めることとする。
　1910 年の所得税は，1910 年財政法 4 款の第 65 条から第 72 条に規定されている[1]。
　第 65 条では，1909-1910 課税年度における所得税率が 1 ポンドに対して 1

シリング 2 ペンスで税率は約 5.8% である[2]。

さらに，1910 年財政法第 66 条により累進付加税（super-tax）は，課されることになったが，1909-1910 財政年度から 1913-1914 財政年度の間，5,000 ポンドを超える全ての所得に 1 ポンド当たり 6 ペンス（税率 2.5%）課されることになった。

この時期の英国首相は，首相になる前に蔵相であったハーバート・ヘンリー・アスキス（Herbert Henry Asquith：在任期間 1908-1916 年）と，アスキス内閣の蔵相でアスキスの後任の首相となる，デビッド・ロイド・ジョージ（David Lloyd George：在任期間：1916-1922 年）である。

したがって，1907 年財政法により，勤労所得（earned income）とその他の所得（unearned income）の区別を図ったのは，アスキス蔵相であり，その後に累進税率，累進付加税を導入した際の蔵相は，ロイド・ジョージであった[3]。

2. 累進付加税の税率

1914 年財政法第 3 条の規定により[4]，1914-1915 課税年度における累進付加税の税率は最高 6.6% である。

この税は，前章においても取り上げたが，1909-1910 課税年度に 5,000 ポンド超の所得に 1 ポンド当たり 6 ペンス（税率 2.5%）の単一税率を課することで導入されたもので，その税率は，1910 年から 1913-1914 課税年度まで改正されていないが，上記の 1914 年財政法により改正され，免税点を当初の 5,000 ポンドから 2,500 ポンドに引き下げると共に，税率の累進化が図られたのである。

1915 年財政法第 23 条では，1914 年財政法の税率のうち，最後の 3 つのブラケットを次のように改正している。

8,000 ポンド超〜 9,000 ポンド以下	2 シリング 10 ペンス（約 14 %）
9,000 ポンド超〜10,000 ポンド以下	3 シリング 2 ペンス（約 15.8%）
10,000 ポンド超	3 シリング 6 ペンス（ 17.5%）

3. 所得税率の動向

既に述べたように，1909-1910 課税年度における所得税率は，1 ポンドに対して 1 シリング 2 ペンスで税率換算すると約 5.8％である。

また，1907 年財政法により，勤労所得とその他の所得の区別が図られ，勤労所得については，所得税の単一税率が 1 ポンド当たり 1 シリング（税率 5 ％であったのに対して，総所得が 2,000 ポンド以下であれば，1 ポンド当たり 9 ペンス（税率 3.75％）と税負担の軽減を図ったのである。

(1) 1909 年から 1913 年

1909-1910 課税年度における所得税の基本税率は，1 ポンド当たり 1 シリング 2 ペンス（税率約 5.8％）であるが，次のように分けられたのである。

① 2,000 ポンド超 3,000 ポンド以下の勤労所得は 1 ポンド当たり 1 シリング（税率 5 ％）である。

② 総所得が 2,000 ポンドを超えない勤労所得は，1 ポンド当たり 9 ペンス（税率 3.75％）である。

③ 所得が 5,000 ポンドを超える場合，所得金額から 3,000 ポンドを控除した金額に対して 1 ポンド当たり 6 ペンス（税率 2.5％）である。

上記の勤労所得とその他の所得を区分し，上記②にある総所得が 2,000 ポンドを超えない勤労所得のある者に対する減税は，最も該当する者の多い層に減税をすることになり，減税の恩典を広く与えたのであるが，税額減少の程度は低かったという分析がある[5]。

(2) 1914 年財政法による改正

1914 年財政法第 4 条では，個人の勤労所得に係る所得税率の改正が次のように規定されている。なお，この改正に伴い，1909-1910 年財政法第 67 条は廃止された。

この年分における所得税の最高税率は1ポンド当たり1シリング3ペンス（税率6.25％）である。

(3) 1916年財政法による改正

1916年財政法第25条により，上記の勤労所得に係る税額表は改正されている。なお，この年分の所得税率は1ポンド当たり5シリング（税率換算25％）である。したがって，その所得が2,500ポンドを超える者については，所得税率25％に加えて累進付加税が加算されることになる。

(4) 累進付加税の手続き等[6]

累進付加税の手続きは次のようになる。

所定の金額を超える所得（夫婦の場合は合算所得で判定）を有する者が納税義務を有することになる。この場合，納税義務を有する者は，その年分の9月30日までに通知をする義務がある。

所得及び税額に関する査定の結果，納税義務者に対し通知された査定金額と税額についてこの通知を受けた納税義務者は，特別委員会（special commissioners）に対して，その通知の日から28日以内に異議申立てを行う権利がある。

1915-1918年までの間における累進付加税の税率は最高税率が17.5％である[7]。

当時の最高税率は，所得税と累進付加税の合計で，1ポンド当たり8シリング6ペンス（税率42.5％）ということになる。

4. 超過利潤税（Excess Profits Duty）

(1) 超過利潤税の創設

超過利潤税が創設されたのは，1915年第2次財政法で，同法第38条から第45条にその規定がある。また，同法における所得税に係る規定（同法第35条）

に，超過利潤税に関連する利益及び利得の計算の規定がある。この第35条の規定は，超過利潤税が所得税の利益計算において，納付した場合は控除，還付を受けた場合は利益となることを定めている。

　超過利潤税と類似する税目に戦時利得税がある。両者は，一般的に，戦時における企業の超過利潤を税として徴収することを目的としたものである。しかし，課税標準の算定方法に相違がある。超過利潤税の課税標準の算定方法は，投下資本の一定割合を適正な所得と想定し，純所得がその適正な所得を超過する額に課税をする方式であり，戦時利得税は，戦前の一定期間の平均所得を超える所得を戦時所得として課税する戦時利得税の方式がある。

　米国が1916年に軍需品製造税を創設している。ここにいう軍需品とは，特定の製品を製造する会社を対象とするものであるが，課税上，業種等の区別をしない超過利潤税と戦時利得税は課税対象としては，軍需品製造税よりも広範であるといえよう。そして，米国は，1917年歳入法により超過利潤税を創設している。この税率は，8％という比較的低く法人のみを対象としたものである[8]。

(2) 超過利潤税の概要

　この税は，1914年8月4日以降に終了する事業年度における利益を課税標準とする。ちなみに，英国が第1次世界大戦に参戦したのは，1914年8月4日であることから，超過利潤税が，第1次世界大戦の戦費調達の財源であることは明らかである。

　この税は，戦時需要による事業利益に課税をするものであることから，税率についても，次のように相違を設けている。なお，この対象となる事業から，農畜産業等の他，資格に基づく職業等は除かれている。

　また，前述の米国の場合は，納税義務者が法人に限定されていたが，英国の場合は，英国に居住する全ての者が納税義務者となる。

　超過利潤税納付の手続きは，納税義務のある者が課税当局に通知を出し，定められた申告書を2月以内に提出する。納税は査定後2月以内である。

イ　1914年8月4日以前からの事業の場合[9]

(例)

事業年度の利益	10,000 ポンド
戦前の利益水準額	6,000 ポンド
超過利潤	4,000 ポンド
控除利潤額	200 ポンド
差引額	3,800 ポンド

当該事業の場合，上記の例に対する課税は，1914年8月4日以前に開始した事業年度の場合，上記差引額に対して50％の税率となる。そして，それ以降の事業年度の利益については，60％の税率となる。1914年8月4日を跨ぐ事業年度の場合は，50％と60％適用分をそれぞれの適用期間に按分することになる。

ロ　1914年8月4日後に開始した事業の場合

1916年12月31日後に生じる超過利潤については80％の税率が課される。

(3)　利益水準額の決定方法[10]

利益水準額の決定方法には以下の2つの方法がある。1つは利益水準法（Profits Standard）であり，他は比率法（Percentage Standard）である。

納税義務者は，この2つの法の選択が認められており，いずれか高い金額を選択することができる。

イ　利益水準法

この方法の場合，過去3年間の利益のうち，上位2年が平均対象となる。以下がその例である。

(例)

1911年の利益	8,000 ポンド
1912年の利益	10,000 ポンド
1913年の利益	7,000 ポンド

利益水準額は，(8,000＋10,000)÷2 ＝9,000，となる。

上記の方法以外に，過去3年分（例えば，1911-1913年）の利益合計が，さらに3年前の期間（1908-1910年）に利益合計よりも25％低下している場合，6年間のうちの上位4年間の平均利益を算定することになる。

ロ　比　率　法

第1次世界大戦開始前の最終事業年度における資本が基準となる。法人の場合は6％，それ以外は7％が比率となっている。

(4)　超過利潤税の及ぼす効果

戦時下の税制は，軍事費の需要が増加し，税負担が重くなることは各国共通の現象といえる。特に所得税は最高税率の引き上げ等が行われることになる。納税義務者の視点からすれば，比較的所得税が低税率であった時期には見過ごしていた控除できる項目について注目度が高まることになる。1つの例が減価償却費である。税率が低い時期には減価償却費の計上を怠っていた者が，所得税と累進付加税の他に，超過利潤税が課される状況になると，節税動機が生じて，所得計算を従前よりも精緻に行うようになり，減価償却費の計上についても注意を払うようになるのである。

英国においても，利益計算における減価償却費について，公平で平均的な費用計上が行われ，人為的な取引及び過大役員給与による利益操作は税法上認められていない[11]。

5. 1918年所得税法

(1)　概　要

この法律は，正式名称が「所得税総括法（An Act to Consolidate the Enactments relating to Income Tax）」（以下「1918年法」という。）で，1918年8月8日に成立している。

1918年法は，1842年法以降の所得税法と財政法の一部を廃止すると共に，旧法の条文を1918年法に移記している。

全体は，条文としては239条と7つのシェジュールから構成されている。条文は，次のような区分になっている。
① 第 1 款：所得税の課税
② 第 2 款：累進付加税（Super Tax）
③ 第 3 款：免税所得，免税点及び救済
④ 第 4 款：特別規定
⑤ 第 5 款：税務行政（Administration）
⑥ 第 6 款：査定（Assessment）
⑦ 第 7 款：異議申立て
⑧ 第 8 款：徴収
⑨ 第 9 款：アイルランドに適用となる特別規定
⑩ 第 10 款：その他

本論が税務会計として，法人等の事業所得と企業会計の関係から，1918年法の第1シェジュールに含まれているシェジュールDに係る部分を以下では検討する。

(2) シェジュールDの概要

シェジュールDに区分される所得は，大別して2つに区分される。第1は，所定の者に関して生じる年次の利益又は利得であり，第2は，全ての利子，他のシェジュールで課税対象とならなかった利益又は利得及び免税対象とならない利益又は利得，である。その免税点は年次で12シリングである。

シェジュールDに係る課税は，次に6つの区分ごとに課される。
① ケースⅠ：他のシェジュールに分類されない事業に係る税
② ケースⅡ：他のシェジュールに分類されない自由職業に係る税
③ ケースⅢ：不確実な価値に係る利益及びこのケースに適用となるルールに記述されている所得に係る税
④ ケースⅣ：シェジュールCで課税されたものを除く，英国国外の証券から生じた所得に係る税

⑤　ケースⅤ：英国外の属領から生じた所得に係る税
⑥　ケースⅥ：上記のいずれにも属さない年次の利益又は利得及び他のシェジュールで課税されない年次の利益又は利得に係る税

(3)　ケースⅠ・Ⅱに適用となるルール

ケースⅠ・Ⅱにおける課税所得は，直近3年分の所得の平均金額である点では共通している。1918年法では，ケースⅠ・Ⅱに適用となる16のルールについて記述している。したがって，課税所得計算が従来の方法と同じであることを最初に確認しておく必要がある。

イ　控除できない項目

ルール3には，利益又は利得の計算において控除できない項目が列挙されている。

① 事業の目的のために専ら支出した金銭に該当しない支出又は経費
② 当事者及びその家族のための支出等，事業と関連のない私的目的の費消した金額
③ 事業の用に供していない自宅等の家賃。その金額は課税当局により査定され，自宅家賃等の3分の2を超えないものとする。
④ 査定年分の前3年間の平均額の適用において通常生じた金額を超える事業目的用備品等の修繕等に要した費用
⑤ 事業活動に関連のない損失
⑥ 事業資本からの引出額
⑦ 事業用設備の改良費用
⑧ 無償貸付等に係る想定利子
⑨ 不良債権及び不良債権と疑われる債権の控除は可。債務者が破産等の場合に債権償却勘定として受け取れる見積額
⑩ 調整後の実際の損失額を超える平均損失額
⑪ 保険金額等として回収できる金額
⑫ 利益又は利得から支払われる年次の利子等

⑬　特許権に係る支払使用料

以上のことから，事業以外の目的に使用した支出，経費，資産の価値を増加するための改良費等の支出，資本に関連する取引に係る支出等が，利益又は利得の計算において控除できない項目となっている。

現代の視点から見れば，わが国の法人税にあるような別段の定めに該当するような技術的な項目は少なく，⑬の規定が独自なものと思える程度である。これについて，控除項目全てを所得税法に網羅することはできないことから，控除できない項目の原則が表示されているのである[12]。

ロ　減価償却関連の事項

上記のイでは，減価償却に関連するルールの記述がなかったが，ルール6には，その記載がある[13]。

ルール6(1)では，シェジュールDとなる事業上の利益或いは利得の課税において，査定官の権限として認められる控除は，事業の用に供しかつ事業を遂行する者に帰属する機械及び設備のその年度中における摩損（wear）破損（tear）を理由とする価値の下落を示すものとして合理的な償却費とされる，として減価償却費の控除が認められている。

ルール6(2)では，機械設備等のリースの場合，リースを受けた者に設備等が帰属するとみなされている。

ルール6(3)では，利益等がない場合或いは減価償却をすると赤字になるような場合，控除できなかった償却費分は次年度の償却費に加えられる。仮の次年度で控除できないときは，前年度の控除額はその年度の控除額とみなされて，さらに次年度に繰り越されることになる。

ルール6(5)では，設備等のリースの場合で貸し手側に維持管理の責任があるときは，査定に基づく還付金額の受領及び控除の権利は貸し手側が有することになる。買い手側はリース料を控除することになる。

ルール6(6)では，前年度からの繰越分も含めた償却費が設備等の原価を超えるとき，減価償却費が認められない。なお，この場合の原価には，改良費等の資本的支出の金額も含まれる。

ルール6(7)では，減価償却の金額変更の申立てを内国歳入庁長官に提出する場合，その申請が内容として問題がある場合を除き，長官は，調停委員会にこの事案を付託する。委員会は，同種の事業者の多数からの申請である場合，その申請を取り上げて控除額を決定する。

ルール7は，利益或いは利得計算において，陳腐化した設備等の取替費用の控除を認めている。

以上のルールは，これまで検討対象とした所得税法或いは財政法等の規定にはない，ある意味，本法に対する政令のような規定である。減価償却の計算について，ルールは多くを規定していないが，当時の税務における取扱い全般に関して多くの情報を提供しているものである。

英国税法上，減価償却に関する規定が初めて設けられたのは，1878年関税及び内国税法第12条であり[14]，そこでは減価償却の対象となる資産は，機械及び設備（machinery or plant）に限定され，企業活動に使用されて摩損或いは破損した場合，その価値の減少分の合理的な金額を控除することが認められていた。

ハ　その他の事項

ルール10以降の項において，事業所得算定と関連あると思われる項目は次の通りである。

① 複数の者による共同事業（パートナーシップ）により事業を行った場合，パートナーシップの所得は，パートナーである者の他の所得とは区分されて，パートナーシップ自体がその名称で申告を行うことになる。パートナーに英国居住者がいる場合は，パートナーシップ・アグリーメントにある名前等により申告を行い，パートナーに英国居住者がいない場合は，英国の事業体の代理人等が申告を行う。

② 複数の異なる事業を行う者が，単独或いは共同のいずれかにより事業を行っている場合，一方の事業に損失が生じる場合，損益通算が認められる。

(4) 減価償却に係る問題点[15]

前記(3)ロにおいて言及したように，1918年法に係るルールでは，減価償却に関する原則的な事項は規定されているが，次に掲げるようないくつかの問題点が残っているのである。

① 減価償却資産となる機械及び設備の範囲
② 資産の摩損及び破損の程度の決定方法
③ 減価償却率をどう決定するのか。

イ　減価償却資産となる機械及び設備の範囲

まず，道具類 (implements and utensils) は，消耗品として支出時に控除するか，取替法により処理する。例えば，印刷機，蒸気エンジン及びガスタンク等は，機械及び設備の範囲であり，また，路面電車及び船舶も機械及び設備の範囲であるが，動力として使用する動物はこれに含まれない。

ロ　資産の摩損及び破損の程度の決定方法

資産の摩損及び破損について，減価償却資産の1部分のみの価値が大幅に下落するような場合，減価償却費の計上はできない。例えば，使用している機械に新製品が発明されたことによる陳腐化については，摩損及び破損による価値の下落に該当しない[16]。特別委員会は，新規の設備について取得後5年間の修理等を要しないことから，当該期間における価値の下落はないとしている[17]。発明による新製品の出現が所有する旧型の同種の資産の物理的な価値の下落を加速することとは考えられていないのである。

ハ　減価償却費の計算

所得税法には，償却率等の具体的な規定はない。査定官は，摩損及び破損による価値の下落を示すものとして正当かつ合理的な控除額を認めることが求められている。その際の唯一の制限は，償却費の総額が取得価額を超えないということである。そして，査定官の決定が最終のものとなる[18]。

6. 利益計算例

(1) 利益計算の概要

次の例は，法人利益の計算過程を検証したものである。この時期の法人利益は，既に述べたように次のように計算されていたのである[19]。

```
1914 年················ £6,843
1915 年················ £6,927
1916 年················ £7,044
                       £20,814
```

1917・1918 年の利益は £6,938（20,814 ÷ 3）である。機械の減価償却費が £635 であれば，課税対象利益は £6,303 である。

(2) 損益勘定からの計算

損益勘定等の記帳に基づく利益計算が行われていた。

(3) その他の方法

この時期に，全ての法人或いは個人事業者が損益勘定等の記帳を行っていたわけではない。例えば，現金出納だけを記帳している者の場合[21]，或いは全く記帳のない者の場合[22]，前者については，一定の加減算をする利益を計算する。後者については，期首と期末棚卸表から損益を計算する方法が採られるのである。

7. 小　　　括

この時期は，1842 年法以降の所得税法と財政法の一部を廃止して，1918 年法にまとめるという作業が行われたのであるが，法人に関連する所得計算は，過去 3 年分の利益の平均額を課税対象とする従来からの方法が踏襲されただけ

で，大きな改正は行われていない。

　同時期に，米国では，1913年制定の所得税法に法人課税が含まれて，現在の米国税法がここからスタートするのである[23]。

　これらの事項からの考察としては，英国では，会社法の発展，公認会計士制度と監査実務の発展等，法人課税の近代化の環境は整っていたにもかかわらず，所得税法では，これらの隣接する領域の知見を取り入れる姿勢が見られないのである。

1) Finance (1909-1910) Act, 1910 (10 Edw. 7. ch. 8).
2) 1ポンド＝20シリング＝240ペンス，であることから1シリング2ペンスは14ペンスに換算され，14÷240＝約5.8％となる。
3) 武田隆夫「所得についての一覚書イギリスにおけるアスキスおよびロイド・ジョージの税制改革を中心として―」『彦根論叢』第46・47合併号　1958年　239-240頁。また，この論文（238頁参照）によれば，1911-1912年度におけるシェジュール別の税収構成比では，シェジュールDが62.2％，シェジュールAが23.5％となっている。
4) Finance Act 1914 (4 & 5 Geo. 5 c. 10).
5) 武田　前掲論文　238-239頁。
6) Snelling, W. E., Income Tax and Super-Tax Practice : including a dictionary of income tax, specimen returns, tables of duty, etc., etc., Sir Isaac Pitman, pp. 83-87.
7) Ibid., p. 369.
8) 拙著『米国税務会計史』中央大学出版部　2011年　95-96頁。
9) Snelling, W. E., op. cit., p. 201.
10) Ibid., pp. 203-204.
11) Ibid., p. 205.
12) Ibid., p. 174.
13) 英国と同時期の米国税法における減価償却に関する規定は，1909年の法人免許税（Corporation Excise Tax）において「財産の減価償却（depreciation）のための合理的な償却費」と規定され，1913年所得税法では，「事業の用に供したことから生じる財産の使用による消耗（exhaustion），摩損（wear），破損（tear）に対する合理的な償却費」と規定され，その後，1921年歳入法の規定において，使用による減価に加えて合理的な償却費に陳腐化（obsolescence）を含む，という規定が追加されている（拙著　前掲書　201頁）。

14) Customs and Inland Revenue Act of 1878 (41 & 42 Vict. c. 15 s. 12). その後, 1907 年財政法 (Finance Act of 1907 (7 Edw. 7 c. 13 Part V)) 第12条に同様の規定がある。
15) ここでは, スネリングの著書にある問題点を取り上げて検討する (Snelling, W. E., op. cit., pp. 177-183)。
16) 所有する船舶の収益獲得能力が落ちた（当該船舶の能力が新造船と比べて落ちてきた）ことは減価償却の原因である摩損及び破損に該当しないとした判例 (Burnley Steamship Company v. Akin, 3 TC 275 (1894)) がある。
17) 判決においてこの特別査定官の見解は支持されている (Caledonian Railway Company v. Banks, 1 TC 487 (1880))。
18) 減価償却計算について次のような例示が示されている (Snelling, W. E., op. cit., p. 181)。なお, 認められた償却率は, 年率5％である。

1914年期首の原価	10,000
1914年中の償却費	500
1914年中の資本的支出	800
1915年期首の原価	10,800
1915年中の償却費	540

この例示は, 残存価額のない定額法の計算ということになる。
19) Snelling, W. E., ibid., p. 61.
20) Snelling, W. E., ibid., pp. 8-10.
21) Snelling, W. E., ibid., pp. 10-14.
22) Snelling, W. E., ibid., pp. 14-16.
23) 1913年所得税法制定前に南北戦争期に所得税法が導入されたが（1861-1872年), その後一時中断して, 1913年に改めて所得税法が導入されて現在に至っているのである（拙著　前掲書　2-3章参照）。

# 第 6 章

1920 年から 1929 年の間の変遷

はじめに

　本章は，英国税務会計史のうち，1920 年から 1929 年までの期間を対象とする。この期間は，第 1 次世界大戦（1914-1918 年）による増税の影響が残る時期であり，「所得に関する王立委員会」（Royal Commission on the Income Tax, 1919-1920）の報告書（以下「王立委員会報告」という。）が作成，公表され，この王立委員会報告は，その後の 1920 年財政法等に影響を及ぼしている。これについては，本章で検討することになる。

　また，この時期は，第 1 次世界大戦の戦後処理から米国で生じた大恐慌までの期間ともいえるのである。戦時下の臨時税である超過利潤税は，1921 年財政法により廃止されている。

　さらに，1920 年財政法において法人利益税（Corporation Profits Tax）が立法されたことは，英国における法人課税において注目すべき事項であり，英国の所得税の歴史において，独立して法人課税が規定されたのは法人利益税が最初である。その意味から，この内容を検討することになる。

1. 王立委員会報告

(1) 概　　要

　英国における王立委員会は，英連邦に生じる種々の問題を検討する公的な委員会であるが，所得税に関するものとしては，次の 2 つの報告（①と②～④）

がある。
　① 1919-1920 年　Royal Commission on the Income Tax[1]
　② 1953 年　Royal Commission on the Taxation of Profits and Income, First Report
　③ 1954 年　Royal Commission on the Taxation of Profits and Income, Second Report
　④ 1955 年　Royal Commission on the Taxation of Profits and Income, Final Report

以下は，上記の①の王立委員会報告を対象として，1920年までの時点において所得税に関してどのような問題点が対象になったのかを検討する。

王立委員会報告は，全4巻にまとめられ，第1巻から第3巻までが委員会の速記録と関連する資料であり，第4巻が報告書（以下「報告書」という。）と，資料及び索引となっている。

報告書の前文（パラグラフ8～9）では，王立委員会報告以前の所得税に関する検討が記述されている。すなわち，この王立委員会報告における活動が，公式な所得税改革の検討としては，1904年以来であること，1904年で作業を行った分科会（Departmental Committee）が要請された検討課題は次の6つであった[2]。
　① 仮装隠蔽及び脱税の防止
　② 著作権，特許権及び有期年金からの所得の取扱い
　③ 資本勘定からの控除となる資産の減価償却費
　④ 査定年度前3年間において実際に実現した利益の平均に係るシェジュールDの利益計算システム
　⑤ 所得税を多く納付した納税義務者による還付のルール及び規則
　⑥ 協同組合が現行法において所得税の課税を免れているかどうか。

当該分科会は，1905年に詳細な報告書を発行している。この分科会の活動は，1906年の英国下院の特別委員会に引き継がれ，所得税の累進制と恒久所得と臨時所得との間の課税上の差別化の実行可能性が検討された。

報告書の見解では，1907年の税制改正により，勤労所得と不労所得における課税上の区別が規定され，1909年から累進税率が施行されたのであるが，1907年財政法は，下院特別委員会の提言を受けた蔵相アスキスによる改正[3]が行われたのである。その後，1909年に当時の蔵相ロイド・ジョージにより累進税率が導入されるのであるが，報告書は，1907年の改正をもって近代所得税が始まったという見解である。

そして，第1次世界大戦（1914-1918年）の期間に所得税に係る検討を行う作業が中断してこの王立委員会報告につながったのである。なお，報告書の記述（パラグラフ16）によれば，王立委員会報告では1918年所得税法を現行法という位置付けで検討を行っている。

(2) 納税義務者と課税所得の範囲

イ　納税義務者の分類等

報告書第1款には，納税義務者と課税所得の範囲についての規定がある[4]。

① 第1条：英国居住者で事業以外の国外源泉所得がある者
② 第2条：英国居住者で事業からの国外源泉所得がある者
③ 第3条：事業以外の英国国内源泉所得のある英国非居住者
④ 第4条：代理人を通じての事業を含む英国国内源泉事業所得のある英国非居住者

そして，第6条では英国帝国内における二重課税，第7条では，外国における二重課税に関する規定がある。

ロ　個人の居住形態の判定

当時の現行法の下では，英国における個人居住者に該当する者は次の通りである（第1条パラグラフ22）。

① 課税年度中に英国に継続して6か月以上居住する個人
② 英国臣民で，通常英国に居住し，時折外国に出国する個人
③ 英国に居住する場所を維持する個人で，年の大半を海外に居住する者を除く。

これに対して，報告書にある改正の勧告は次の2点である（第1条パラグラフ23）。

① 英国に継続して6か月の間居住する者について，当該6か月が所得税の2課税年度にわたる場合，按分が必要となる。

② 外国で期限なしで雇用されている者で，英国国内に6か月を超えて滞在する場合は，英国においてその全ての報酬に課税となる英国居住者とはみなされず，英国に送金した部分のみが英国において課税となる。

ハ　法人の居住形態

法人の居住形態の判定における基準は，支配（control）の場所ということであり，これに関する規定が税法にないことからその具体化が望ましいとするのが報告書の見解である（第2条パラグラフ31）[5]。

ニ　国内源泉所得（事業所得を除く）

非居住者が英国で課税を受ける事業所得を除く国内源泉所得は次のように分類されているが報告書において改正に係る提言はない（第3条パラグラフ43）。

① 英国国内における人的役務に基因する報酬に係る所得（例として，英国法人の役員報酬，英国内で活動する外国人俳優，歌手等）

② 英国の有価証券からの所得

③ 英国に所在する株式，不動産等からの所得

④ 匿名出資者について英国内で支配されている企業から生じる所得

(3)　小委員会における英帝国内における二重課税の検討[6]

報告書では，標記に関する事項は，王立委員会より委託を受けた小委員会に於いて検討され，その報告書は付属書Ⅰ（以下「付属書」という。）として添付されている。

英帝国内における二重課税については，この報告書に先立って，1917年に開催された帝国戦争委員会（Imperial War Conference）において英国本国と海外の英帝国の海外領土の双方で事業活動或いは投資活動を行う場合について当時の税法の検討を提唱している（付属書パラグラフ6）。

当時の英帝国の自治領である国々はそれぞれに独自の税制を制定していた。インド，カナダ，ニューファンドランド[7]は，所得税において国内源泉所得と居住者については全世界所得の課税を行っている。また，オーストラリア，南アフリカの所得税では，国内源泉所得のみが課税となっていた（付属書パラグラフ9）。

このような二重課税に関して，外国及び海外領土で納付した所得について，英国本国ではこの税額を損金算入とすることを原則としたが，英国において適用される所得税率が17.5％を超える者の場合，次の①又は②のいずれか少ない金額の還付を受けることができた（付属書パラグラフ10）。なお，この下記の規定は，1916年財政法第43条に規定されたものである。

① 所得税率が27.5％を超える部分の金額
② 海外領土における所得税の税額

例として，英国居住者がオーストラリア源泉所得を取得した場合，オーストラリアにおける納付税額を当該源泉所得から控除した金額に英国の税率を乗じて税額を計算することになる（付属書パラグラフ11）。

二重課税の排除に関する理論として，小委員会のメンバーであるスタンプ博士は，源泉地国においては応益課税（benefit principle）であることから比例税率で課税し，居住地国は応能課税（according to ability）であることから累進税率が望ましいという考えを示している（付属書パラグラフ24）。

付属書における提言は，次の通りである（付属書パラグラフ27）。

① 英国と海外自治領の双方で所得税課税がある場合，英国の税額から控除をすることになるが，その場合の控除限度額は英国の税額（累進付加税を含む）の2分の1を上限とする。
② 英国と海外自治領の双方において同一所得に所得税が課された場合，救済額は，いずれか低い金額相当額とする。

(4) 報告書における英帝国内における二重課税の検討

前述の付属書パラグラフ10に記述のある二重課税の排除の方法は，1918年

制定の所得税法(Income Tax Act, 1918)第55条にある規定である。報告書では，英帝国内の二重課税問題が顕在化した背景には，戦時財政による税負担の増加があることを指摘している(報告書第6条パラグラフ67)。

報告書におけるこの件に関する勧告は次の通りである。すなわち，英国と海外自治領の双方において同一所得に所得税が課された場合，救済額は，いずれか低い税率適用の金額とすること。また，税額の納付前の段階で救済が行われ，その調整は居住地国で行われること。そして，英国と海外自治領の間において税の清算等がないこと，を原則とする勧告である(報告書第6条パラグラフ69)。

報告書における勧告の例示が3つ示されているが，その1つの例は次のようなものである(報告書第6条パラグラフ74)。

(1年目)	英　　　国	海外自治領
救済前の税額	£1,000 (3s. 9d)	£600 (1s. 6d)
救　済　額	£1,000 (1s. 6d)	
救済後の税額	£1,000 (2s. 3d)	£600 (1s. 6d)
(2年目)		
救済前の税額	£300 (3s. 0d)	£900 (1s. 6d)
救　済　額	£300 (1s. 6d)	
救済後の税額	£300 (1s. 6d)	£900 (1s. 6d)

上記の例について注釈を加えると，当時のポンドは，£1 = 20s.(シリング) = 240d.(ペンス)であったことから，1ポンド当たり3シリング9ペンスは，税率に換算すると18.75％，1シリング6ペンスは，7.5％ということになる。現行の日本の法人税法上の控除限度額計算に引き直すと，2,875 × 600/1,600 = 1,078.125ポンドが控除限度額になる。したがって，現行の日本における外国税額控除との相違は，まず，英国で全世界所得に課税をしていないこと，海外自治領の税率を英国国内源泉所得に乗じて救済額を算定している点で，国際

的二重課税の排除に関する検討がこの段階では不十分であったといわざるを得ない。

(5) 減 価 償 却
イ 王室委員会報告における減価償却に係る概要

　産業化が進展した経済社会における企業の課税所得の計算では，資産に占める固定資産の割合が増加していることから，固定資産に係る減価償却計算の意義は大きなものがある。企業会計とは別に，税法では，税率の引き上げに伴い，納税義務者は，税負担の軽減を図るために所得から控除できる項目を注目することになる。

　ある意味では，減価償却計算は，企業会計と税法の接点であると共に，償却方法の選択或いは耐用年数等の規定等に税法の立法政策が窺える項目であるともいえるのである。

　英国税法上，減価償却に関する規定が初めて設けられたのは，1878 年関税及び内国税法第 12 条が始まりであり，その後，1907 年財政法へと続くのであるが[8]，そこでは減価償却の対象となる資産は，機械及び設備（machinery or plant）に限定され，企業活動に使用されて摩損或いは破損した場合，その価値の減少分の合理的な金額を控除することが認められていた。

　王室委員会報告では，税法でそれまでの減価償却の規定を踏まえて，どのような検討が行われたのかということは，当時の税法における企業会計との距離感及び立法政策の一端を知ることになる。

　王室委員会報告は，第 3 款第 1 条に減価する資産（wasting assets）を規定し，同第 2 条に設備及び機械の減価償却，同第 3 条に建物の減価償却を規定している。

　前述の通り，1907 年財政法において機械及び設備が償却資産として規定され，王室委員会報告ではそれに加えて，設備及び機械を含む所定の建物もその対象とされている。機械及び設備が償却資産として減価償却の対象となった理由としては，減価償却費がこれらの資産の取替費用とほぼ同額になるからと説

明されている。そして,全ての建物に同様の減価償却計算を行うこととすることを王室委員会は提言している(パラグラフ180)。

そして,減価償却について,王室委員会は,減債基金法(sinking fund method)を基礎に減価償却を考えている(パラグラフ188)。そして,耐用年数の最大限を35年と決め,それ以上の耐用年数はこの処理の対象外としている(パラグラフ187)。

会計学辞典から引用すると,減債基金法の特徴は,次の通りである[9]。

① 年々同一額の減価償却費を計上する。
② 償却により回収された資金を外部に投資してその利子を償却費に加算し,投資資金の元利合計を償却総額とする方法である。
③ この方法の論拠は,固定資産廃棄時に必要な取替資金の確保である。この方法では,利子分だけ償却費が加算されるので実際の償却費は増加することになる。
④ この方法は,取替資金の確保の観点からは賢明な策であるが,計算の困難性,外部投資の危険性,インフレの際の取替不確実等の弱点があり,理論的にはあるが,実務的ではない。

王室委員会は,減価償却計算に減債基金法を勧告したのである[10]。減債基金法は,減価償却の償却方法としては残存価額のない定額法である。王室委員会報告に掲げてある例によれば,取得価額1万ポンドで耐用年数20年の資産の償却費は,同一資産で耐用年数35年(減価償却が認められる制限年数)と比較して,20年の耐用年数で毎年の償却費に想定利子3.5%が生じるものとして合計した金額から,35年耐用年数の場合の同様の計算をした金額を控除した差額であり,これを年次の償却費とする例が同報告書にある(パラグラフ190)。

ロ 設備及び機械の減価償却

前述の通り,英国税法上,減価償却に関する規定が初めて設けられたのは,1878年関税及び内国税法第12条が初めての規定であり,それ以前の1842年法にはそのような規定はなかったのである。1878年法の執行では,減価償却費の控除と金額の算定に関しては,地方査定官(Local Commissioners)にその

権限が与えられていた。そして，1907年財政法以降，実際の控除額が査定額を超える場合，当該超過額は繰越することが認められたのである（パラグラフ209）。1918年には，地方査定官の定める償却率に不服があるときは，審査会（the Board of Referees）に申立てをすれば，当審査会が償却率を定めることになっていた（パラグラフ210）。

王室委員会報告では，従前の方法の継続を基本としつつも，資産の所得価額に関連して減価償却の計算に係る帳簿記入をしている納税義務者の権利を認めることを勧告している（パラグラフ213）。

2. 1920年から1929年までの財政法及び所得税法等の変遷

この期間における財政法等の変遷において特記すべきことは，1920年財政法第5款に，法人利益税（corporation profits tax）が同法第52条から第56条に規定されたことである。1920年財政法には，所得税（同法2款），超過利潤税（同法4款）と上述の法人利益税が規定されたことになる。

3. 所得税率等

この期間の所得税率及び累進付加税（super-tax）の税率の変遷は下記の通りである。
① 1920-1922年の標準税率は30%，付加税の最高税率は30%である。
② 1922-1923年の標準税率は25%，付加税は改正なし。
③ 1923-1925年の標準税率は22.5%，付加税は改正なし。
④ 1925-1928年の標準税率は20%，付加税の最高税率は30%である。
⑤ 1928-1929年の標準税率は20%，付加税の最高税率は50%である。

なお，直前の最高税率は，所得税（25%）と累進付加税（17.5%）の合計で，1ポンド当たり8シリング6ペンス（税率42.5%）ということになる。

次の項で取り上げる超過利潤税は第1次世界大戦の終戦によりその目的を達

して廃止となるが，所得税及び累進付加税の税率は，第1次世界大戦の終戦後においても減税されないのである[11]。1907年財政法により，勤労所得（earned income）とその他の所得（unearned income）を区別して前者についての税負担を後者の所得よりも軽くすることとした。他方，累進付加税を1910年財政法により創設することで所得税の税収は全体として増加したのである[12]。しかし，1927年財政法第38条(1)において，1929-1930年及びその後の年度については累進付加税の課税を廃止することが規定されている。

4．超過利潤税（Excess Profits Duty）

1915年第2次財政法第38条に超過利潤税の規定があり，戦前の標準利益（pre-war standard of profits）の超過額から控除利潤額（£200）を差し引いた額に税額を乗じて計算するものである[13]。

超過利潤税の税率の同制度創設以降の変遷と税率は巻末資料参照のこと。なお，この税は，1921年財政法第35条により廃止となっている。1914年から始まった第1次世界大戦が1918年において終戦となったことから，戦時間の財政を賄う目的であった同税は戦時経済終了と共に廃止されたのである。

5．法人利益税[14]

(1) 法人利益税の沿革

法人利益税の変遷は次の通りである。

① 1920年財政法第5款により創設。
② 1921年財政法第6款第53条に法人利益税における利益として扱われない利子についての規定がある。
③ 1922年財政法第5款第43条は，1908年会社法第20条に基づいて登録された団体の利益に対して法人利益税が課されないことを規定した。
④ 1923年財政法第4款第36条は，法人利益税が減額となる場合について

⑤ 1924年財政法第3款第34条第1項において，1924年6月30日後に開始となる会計期間の利益について，法人利益税を課さないことが規定され，法人利益税は，この日をもって廃止となったのである。

(2) 法人利益税の概要

1920年財政法第5款第52条から第56条までに法人利益税の規定がある。第52条には，1919年12月31日後に終了する事業年度に生じた利益に対して5％の税率の法人利益税が課されることが規定されている。

課税に係る基本事項は次の通りである。

① 12か月の事業年度において生じた利益の場合，500ポンドが免税点である。また，事業年度が12か月よりも短い場合，500ポンドは，その期間に按分される。
② いずれかの事業年度における英国法人の納税額は，第5款の規定に従って見積もられた利益の残高の10％を上限とする。
③ 第5款の規定に従って見積もられた利益の残高とは，利益から実際に支払われた利子或いは配当に所定の率を乗じた額を控除した金額である。

(3) 課税利益の範囲

課税の対象となる利益及びその範囲については，次のように規定されている。

① 事業を行う英国法人の利益（投資所得を含む）
② 英国において事業を行う外国法人の利益で，この利益は英国国内において生じたものに限る。

(4) 非課税法人[15]

非課税法人は次の通りである。

① ガス，水道，電気，路面軌道，水力発電，ドック，運河，鉄道，その他

価格及び配当等に法規制のある業種で，その事業のほとんどを英国国内で行っている法人
② 住宅金融組合と同種の法人

(5) 定　義　等

本法に規定する法人（company）とは，法律により設立され，かつ，株主が有限責任であるもので，公共事業体から発行された株式等がその資産のほとんどを占める法人で，本法施行前に設立したものはここに規定する法人には含まれない。

(6) 利益の算定

本法における利益計算は，課税年度（income tax year）或いは数年間の平均額による計算ではなく，事業年度において生じた実際の利益を対象としている。これまで，英国の所得税では，シェジュールDにおける事業所得計算は，過去3年間の平均利益を課税対象としてきたことから，法人利益税に係る方法は大きな改正といえるのである。これ以前の1918年8月8日に成立した所得税法（An Act to Consolidate the Enactments relating to Income Tax）では，直近3年分の所得の平均利益金額が課税対象となっている。

イ　利益項目

利益項目については，次のような規定がある。

① 土地，貸家，法人の資産に含まれる無形資産，利子，配当，その他の投資等からの所得，事業年度中に受領した利益及び利得を含み，法人利益税の納税義務を負う法人から直接，間接に受け取った利子，配当等は含まれず，法人の使用する設備の年次価値に係る控除額は認められない。

ロ　控除項目

控除項目については，次のような規定がある。

① 法人のための借入金に係る支払利子，支払家賃，支払使用料，利益分配スキームに基づく使用人分への分配額，源泉徴収に係る所得税額で，配当

或いは利益分配の支払でないものが控除となるが，直接或いは間接，単独或いは共同，永久負債に関する利子であろうとなかろうと，会社を支配する者に対する支払使用料，支払利子は控除されない。
② 会社を支配する者で会社経営を行う取締役，支配人等に対する報酬は，直接或いは間接，単独或いは共同であろうとなかろうと，控除できるが，年間で1,000ポンドを上限とする。
③ 英国において支払う超過利潤税，鉱山税及び超過鉱山税，同一事業年度において英国外において支払うこれらと類似の諸税は控除ができるが，英国における超過利潤税の利益計算において所得税の控除はできない。

ハ　控除できない項目
控除できない項目については，次のような規定がある。
① 本法本款の適用上，会社の利益となる金額を人為的に減少させる取引等に関するものは控除できない（53条(2)(d)）。
② 会社の発展のための資本資産の摩損（wear），破損（tear）或いは更新，陳腐化による控除は，所得税或いは超過利潤税において認められている額のうち，いずれか大きな額を除いて，認められない。
③ 負債，所得税，法人利益税は控除にならない。

ニ　親子法人の場合
法人（親法人）が他の法人（子法人）の株式のほとんどを所有する場合，子法人の利益は支店利益同様にみなされて親法人の利益と合算されて課税となり，子法人が単独で課税を受けることはない。また，子法人から親法人に対する支払額は控除できない。

(7)　納　税　等
全ての法人は，法人利益税の納税義務を負うことになる。この税は，内国歳入庁長官により査定され，その査定終了後2か月以内に納付することになる。

(8) 法人利益税の意義

法人利益税が規定されたことにより，法人の利益計算に与えた最も大きな変化は，課税利益の計算に関して，これまで過去3年間の平均額を対象としてきたが，法人利益税は，事業年度において生じた実際の利益を対象としていることである。しかし，この税目は，既に述べたように，非常に短期間で廃止されたのである。

1) この報告書に関する論稿として，山本崇史「ピグーの所得税政策に関する一考察」(『経済学研究』61巻4号 2012年3月)，古川卓萬「現代的所得税制度の完成 ―『所得税に関する王立委員会報告書 (1920年) を中心として―』(『大分大学経済論集』第23巻第5号 1972年) 等がある。

なお，本書では，2011年に極東書店から再版された4巻本を使用した。各分冊は次の通りである。

① Royal Commission on the Income Tax, Vol. 1 1919-1920, Minutes of Evidence, 1st to 3rd Instalments
② Royal Commission on the Income Tax, Vol. 2 1919-1920, Minutes of Evidence, 4th to 5th Instalments
③ Royal Commission on the Income Tax, Vol. 3 1919-1920, Minutes of Evidence, 6th to 7th Instalments
④ Royal Commission on the Income Tax, Vol. 4 1919-1920, Reports and Index to Minutes of Evidence

2) この分科会はリッチー委員会である。同委員会は1904年に設置され，1905年6月に報告書を作成している。そして，本文に掲げた6つの検討課題のうち，仮装隠蔽及び脱税の防止がこの委員会の中心問題であり，源泉徴収制度がその防止に有効であることが指摘されている (土生芳人『イギリス資本主義の発展と租税：自由主義段階から帝国主義段階へ』東京大学出版会 1971年 292-293頁)。リッチー委員会に続く下院の特別委員会はディルク委員会である (土生芳人 同上 297-301頁)。

3) 土生芳人 同上 303-308頁。

4) 第1条以降の見出しに規定されているのは者 (persons) であることから，者は，個人，法人，法人以外の組織を含むと理解できるのである。

5) 第2条パラグラフ31では，法人の設立を規定した「有限責任法」が1842年所得税法に遅れて1855年に成立したことを理由として，法人の居住形態判定の要素である「支配 (control)」について，判例法として確立したと説明している。

6) 二重課税の検討は，国際連盟が 1921 年に開始した国際的二重課税に係る基礎研究 (Bruin, Einaudi, Seligman and Stamp, "Report on Double Taxation" League of Nations, E. F. S. 73 F. 19：これについては拙著『国際課税と租税条約』第 2 章参照) に先立つものといえる。なお，国際連盟から基礎研究の依頼を受けた 4 名の学者のうちに，上記の小委員会のメンバーであるスタンプ博士 (Dr. J. C. Stamp) が含まれている。
7) ニューファンドランドは，1497 年に英国の海外領土となり，1854 年に自治領，1949 年にカナダの州となり，現在に至っている。
8) Customs and Inland Revenue Act of 1878 (41 & 42 Vict. c. 15 s. 12). その後，1907 年財政法 (Finance Act of 1907 (7 Edw. 7 c. 13 Part V)) 第 12 条に同様の規定がある。
9) 神戸大学会計学研究室『新会計学辞典―追補版―』(同文舘　昭和 43 年) 収録の「減債基金法」(高田正淳)。
10) 会計分野におけるこれに関連する論稿としては，Guthrie, Edwin, "Depreciation and sinking funds, The Accountant, December 5, 1885. がある。
11) HM Revenue & Customs の資料 (Income tax today：http//www.hmrc.gov.uk/history/taxhis7.htm：2012 年 10 月 20 日採取) によれば，この税目は，後日に Surtax という名称になったが，1966 年に発売されたビートルズのアルバム (Revolver) に収録されたジョージ・ハリスン作曲の Taxman により批判されて 1973 年に廃止されたことが記述されている。
12) 土生芳人　前掲書　329 頁。
13) 超過利潤額の計算等に関しては本書第 5 章「超過利潤税」の項参照。
14) corporation profits tax は，法人利得税とも訳せるが，英国では，所得 (income) と profits (利益) という用語を使い分け，この用語が所得税法において重視されていることから，法人利益税という訳を使用した。
15) 英国の税務雑誌 (The Accountant Tax Supplement, Vol. 1 January 30, 1926, pp. 65-66) に法人利益税の非課税法人に関する記事がある。ここで取り上げているのは，英国法人のうち，一般の営利事業と公益事業を兼業している場合の法人利益税の課税である。英国高等法院 (High Court of Justice) は，Ryde Pier Company 事案の判決において，下級審の判決を覆して，公益事業 (同法人は，埠頭における路面軌道の運営事業を行っていた。) を行っていたことを認めて，非課税法人とした。

第 7 章

1930 年から 1939 年の間の変遷

はじめに

　本章は，英国税務会計史のうち，1930 年から 1939 年までの期間を対象とする。この 10 年間における英国社会の政治経済の動向の概要を簡略に述べることで，これらの動きが税制等にどのように影響したのかを最初に検討する。続いて，所得税法の変遷と，1937 年財政法により創設された国防税（National defence contribution）の名称で開始された個人及び法人の事業所得課税の内容を検討する。

　また，この時期には，租税回避との関連で頻繁に引用されるウエストミンスター公爵事案判決[1]が 1936 年にあり，さらに，同年に，所得税制定法化検討委員会（The Income Tax Codification Committee）の報告が出されている。ウエストミンスター公爵事案判決は，後の租税回避事案の検討の際に取り上げるとして，ここでは後者の所得税制定法化検討委員会報告が，本章の検討対象となる。

1. 1930 年代における英国社会の政治経済の動向

この 1930 年代の英国首相は次の 3 名，4 内閣である。

(1) 歴代首相
① マクドナルド（Ramsay MacDonald）第 2 期（1929 年 6 月 5 日～1931 年 8 月

24 日）（労働党）

② マクドナルド（Ramsay MacDonald）第 3 期（1931 年 8 月 24 日～1935 年 6 月 7 日）（挙国内閣）

③ ボールドウィン（Stanley Baldwin）第 3 期（1935 年 6 月 7 日～1937 年 5 月 28 日）（保守党）

④ チェンバレン（Neville Chamberlain）（1937 年 5 月 28 日～1940 年 5 月 10 日）（保守党）

後述する大不況の影響で政策に行き詰ったマクドナルド首相は，1931 年 8 月 23 日に全閣僚の辞表提出を求め国王に謁見したが，国王は，マクドナルド首相に保守党総裁ボールドウィンと自由党総裁サミュエルに相談することに同意したので，その相談後，マクドナルド首相は，この両名の参加した挙国内閣の首相になったのである[2]。

(2) 大恐慌の影響

1930 年代は冒頭から，1929 年 10 月に起きた米国ニューヨーク株式取引所における株式大暴落に端を発した大不況が欧州各国に被害をもたらしたのである。

失業者数は，1930 年 4 月に 176 万人，同年末に 250 万人，1931 年には 300 万人となった。その結果，失業保険の支払額が急増し，政府財政は赤字となった。そのために，政府は失業保険に対する補助金の削減を考慮することになり，労働党本来の政策の放棄であるとして，マクドナルド首相は内閣総辞職を画策したが，国王の意向もあって，挙国内閣を 1931 年に組閣したのである。この挙国内閣は，緊縮と増税により収支の均衡を保つのである[3]。

その後，挙国内閣の政策により景気が好転して，1934-1935 年は，予算の剰余を所得税増税分の廃止等に廻したのである[4]。

(3) 国際関係

ドイツは，第一次世界大戦敗戦後のベルサイユ条約により巨額な戦後賠償を

負担することになったが，その後，この条約の破棄等を政綱としたナチスが台頭し，1933年1月末にはヒトラー内閣が成立した[5]。1936年3月にドイツは，ベルサイユ条約及びロカルノ条約[6]により非武装地帯と定められていたラインランドに進駐した。さらに，1938年3月にはオーストリアがドイツに併合された。1939年3月16日には，ドイツはチェコスロバキアに侵攻した。そして，1939年9月1日に，ドイツはポーランドに侵入し，英仏は同年9月3日にドイツに対して宣戦布告をした。

英国は，国際上の緊迫に対応して1936年予算では軍事費を1億3,800万ポンドから1億7,800万ポンドに引き上げたのである[7]。これに関連して，税制では，1937年財政法により国防税の名称で法人課税を開始したのである。この税目は1947年以降事業利益税になるが，その内容は後述する。

2．1930年代の税制改正

1930年代の税制改正に係る法律は次の通りである。この時期の所得税法の基本法は，1918年制定の所得税法である[8]。

この時期において特筆すべきは，前述の通り，1937年財政法により国防税の名称で法人課税を開始したことである。英国において所得税法を除いて，法人を対象とした税目としては，1920年財政法第5款（法人利益税）第52条から第56条までに規定された法人利益税がある。この法人利益税は1919年12月31日後に終了する事業年度に生じた利益に対して5％の税率の法人利益税が課されることを規定したものである。この法人利益税と国防税については，約20年弱の間隔があることから，両者の規定を比較検討することになる。

3．1930年代の所得税等の税率の変遷

1930年前の個人の所得税率から始めると次のような変遷がある。
① 1929-1930年：基本税率20％，付加税最高税率30％

② 1930-1931 年：基本税率 22.5％，付加税最高税率 37.5％
③ 1931-1934 年：基本税率 25％，付加税最高税率同上
④ 1934-1936 年：基本税率 22.5％，付加税最高税率同上
⑤ 1936-1937 年：基本税率 23.75％，付加税最高税率同上
⑥ 1937-1938 年：基本税率 25％，付加税最高税率同上
⑦ 1938-1939 年：基本税率 27.5％，付加税最高税率 47.5％
⑧ 1939-1940 年：基本税率 37.5％，付加税最高税率同上

　この税率の変遷を見ると，1931 年以降財政収支均衡のため増税を行い，その後の景気好転により，1934-1935 年は，予算の剰余を所得税増税分の廃止等に廻したという前記の記述と税率の変遷に整合性がある。

4．所得税法の変遷

　以下は，前出の 2 において掲げた財政法に含まれる所得税法のうち，特徴的な内容を持つものを掲げることとする。
　この時期の所得税法の基本法は，1918 年制定の所得税法であるが，1936 年財政法，1937 年財政法及び 1939 年財政法に特徴のある条項があることから，これらの規定を検討する。

(1) 1936 年所得税第 18 条
　1936 年財政法第 2 款の規定する所得税法第 18 条（以下「1936 年法第 18 条」という。）に，外国居住者への所得移転取引による租税回避防止規定がある。
　この主体となる者は，英国における個人の通常居住者（ordinarily resident：以下「通常居住者」という。）であり，この者が資産を海外に移転する取引を行うことで所得税の租税回避を行うので，この規定はそれを防止するためのものである。
　通常居住者の場合，英国における課税は，英国の国内源泉所得と国外源泉所得のうち英国に送金された金額である。したがって，国外に移転した資産を同

地で譲渡してその所得を英国に送金しなければ，英国における課税は起こらないことになる。

1936年法第18条は，次の場合に，英国国外に帰住する者の所得を享受する権限（power）を有するものとみなすことを規定している（1936年法第18条第3項）。

① 所得はいずれかの者により，いずれかの時期に計算され，かつ，所得形態のいかんにかかわらず，当該個人の利益として効力を有する場合
② 所得の取得又は発生が，当該個人により所有されている資産の価値の増加となる場合
③ 当該個人が，いずれかの時に，所得等から生じる利益を受け取る或いは受け取る権利がある場合で，当該所得を直接或いは間接に表す所得及び資産に係る活動の効果により入手可能となる場合
④ 処分する権利或いは取り消す権利の行使により，他の者の同意の有無にかかわらず，その所得の利益を享受する権限を有する場合
⑤ 当該個人が所得の活用を支配することができる場合

個人が所得を享受する権限を有しているか否かの判定を行うに際して，移転等を行うことにより実質的な効果があり，その移転により当該個人に全ての利益が生じた場合であり，その利益の性質或いは形態を考慮しないのである。

この規定は，受益者（beneficiary ownership）の概念に近いものがあり，その所得が国外で生じたものであり，かつ，英国に送金されないものであっても，通常居住者の所得として取り込むことを定めたものである。

(2) 1937年所得税第12条

1937年財政法に規定され，課税年度としては1937-1938年ということになるこの所得税（以下「1937年法」という。）は，その背景として，大陸におけるナチスの台頭があり，第2次世界大戦前夜という雰囲気の時期のものである。

1937年法は，1937年財政法第2款（Part II）に規定されている。この1937年法の第12条に，「証券に関する所定の取引による租税回避の防止」という見

出しの規定がある。

　1項の規定では，証券の所有者（以下「所有者」という。）が株式の譲渡契約をすると同時に，同契約或いは担保契約により，当該証券の買い戻し或いは再取得契約をするか，或いは，オプション契約をして，その後に当該証券を買い戻し或いは再取得のオプション行使を行うのである[9]。当該証券に係る支払利子が所有者以外に受取られるという取引となる場合，次の規定が適用となる。

① 支払利子が支払者の段階で課税上控除されるか否かにかかわらず，所得税法の適用上，当該利子は，所有者の所得とみなされ，他の者の所得はみなされない。かつ，

② 証券に係る利子が課税上控除できないものであっても，所有者は，シェジュールDのケースⅥに分類されて標準税率の課税を受ける。所有者が利子について標準税率により既に課税を受けていることを示す場合はこの限りではない。

　第2項は，第1項に規定した証券の買い戻し或いは再取得は，類似の証券の譲渡或いは取得も含みものとみなすことを規定している。しかしながら，類似の証券が取得された場合，所有者は，同一の証券の買い戻し或いは再取得により生じるであろう租税債務以上の額を負担することはない。

　第3項は，1項と同様の行為を行う者が証券業者の場合，利子に関して，所得税法上の所得の認識を行わないことが規定されている。

　第6項は定義規定であり，本条における利子は配当を含むことが規定されている。

(3)　工場等に関する減価償却（1937年法第15条）

　英国税法上の減価償却に関する規定は，1878年関税及び内国税法第12条が始まりであり，その後，1907年財政法の規定へ続くのである。これらの規定における減価償却の対象となる資産は，機械及び設備（machinery or plant）に限定され，企業活動に使用されて摩損或いは破損した場合，その価値の減少分の合理的な金額を控除することが認められていた。

1920 年に公表された王室委員会報告[10]は，第3款第1条に減価する資産（wasting assets）を規定し，同2条に設備及び機械の減価償却，同3条に建物の減価償却を規定している。

1907 年財政法において機械及び設備が償却資産として規定されたが，王室委員会報告では，設備及び機械を含む所定の建物もその対象とされている。機械及び設備が償却資産として減価償却の対象となった理由としては，減価償却費がこれらの資産の取替費用とほぼ同額になるからと説明されている。そして，すべての建物に同様の減価償却計算を行うこととすることを王室委員会は提言している（同報告パラグラフ180）。

1937 年法第15条は，上述のような沿革を経て規定されたことを前提として検討する必要がある。また，この段階までで明らかになったことは，英国内国歳入庁では，減価償却資産に対する耐用年数の法定化という動きはないことである。

第15条第1項では，シェジュールDケースI[11]における課税において，利益の査定額の計算上，工場等（mills, factories）或いは類似する施設に関して，その所在地等にかかわらず，所定の金額を減価償却費として控除することを規定している。ただし，計算対象期間中，事業を行っている者により所有されていることが条件となる。

第2項は，減価償却の対象となる施設についての規定である。その施設は，シェジュールAのNo. 1[12]の課税対象となるものであり，かつ，電気設備或いはレンガから構成されているものでないものである。控除が認められる金額は，①施設の補修費用（repairs allowance）に相当する金額，又は，②施設の評価額（rating value）の適切な割合に相当する金額，のいずれか小さい金額である。ロンドン市或いはスコットランドに所在する施設の場合，施設の評価額の適切な割合とは6分の1であり，その他の施設の場合には評価額の5分の1である。

第3項は，第2項の対象外となる施設に関する規定である。当該施設の減価償却費は，以下に定める事業者の建物の実際原価（actual cost）の1％に相当す

る金額である。この建物は，次のいずれかの条件を満たすものである。
　① 蒸気機関，電力会社等において稼働する機械を主として設置している建物，或いは，
　② 上記①の施設において稼働している機械により実質的に減価償却費が増加する建物

　第4項は，計算の期間が12か月未満の場合，或いは，当該計算期間を通じて事業者の所有でなかった場合，控除となる金額は比例的に減額となることを規定している。施設の交代，補修費用あるは評価額の変更が計算期間中に生じた場合，控除できる金額は，計算期間を区分して計算してその合計額となる。

　第5項は，設備を占有している賃借人における処理について規定している。賃借人が所有者とみなして取扱うことになる。

　第6項は定義規定である。評価額（rating value）は次のような法律に基づいている。
　① 英国に所在しているが，ロンドン市外にある施設の場合は，評価法（Rating and Valuation Act, 1925：15 & 16 Geo. 5. C. 90）[13]は1925年の制定法である。
　② ロンドン市街にある場合は，1869年制定の首都評価法（Valuation (Metropolis) Act, 1869：32 & 33 Vic. C. 67）の適用となる。
　③ スコットランド所在の施設については，1926年制定のスコットランド評価法（Rating (Scotland) Act, 1926：16 & 17 Geo. 5. C. 47）の適用となる。
　④ 北アイルランド所在の施設については，北アイルランドに適用となる評価法（Valuation Acts (Northern Ireland), 1852 to 1932）がある。

　評価法は，英国の地方税として現存するレイツ（rates）と関連しているものと思われる。この税目は，日本の固定資産税と類似するものである。日本の固定資産税には償却資産に関する規定があるが，英国における税法上の減価償却費は，他の法律の評価等を借用した形になっている。

(4) 法人の留保所得に対する累進付加税の租税回避防止規定

1922年財政法第21条（以下「1922年法第21条」という。），1936年財政法第19条（以下「1936年法第19条」という。）と続いた規定が，1937年財政法第14条（以下「1937年法第14条」という。）により改正されている。

イ 1922年法第21条

1922年法第21条は「所定の法人の留保所得に課される累進付加税（Super-tax）」という見出しであり，全9項から構成されている。

1922年法当時の累進付加税は，2,000ポンドを超える課税所得に対して課されていた。累進付加税は全ての所得を合算した金額を課税標準としている。この第21条の規定は，法人の株主等が累進付加税の課税を免れるため，株主等に対する所得の配分を行わずに，法人にその金額を留保している場合の課税について規定したものである。法人に所得が留保されている場合，査定官（Commissioner）は，法人に対して文書による警告を行い，累進付加税の査定する際に，本来株主等に配分されるべき金額は，株主等の所得とみなすことを命令することができる。そして，その金額は株主等に分配されたものとする（第21条第1項前段）。

法人が所得の適正な部分を分配しているかどうかの決定において，査定官は，法人の事業上の要求ばかりではなく，事業の維持発展に必要であろうその他の要件等を考慮する（第21条第1項後段）。

累進付加税の賦課通知書は，会社の株主等宛に送られる。賦課通知書の日付から28日以内に，当該株主等が納税を選択しなかった場合，賦課通知書は法人に送られ，法人により納付されることになる（第21条第3項前段）。法人の留保所得で課税済みの金額は，後日分配されたとき，当該金額に課税はない（第21条第4項）。

この留保所得が課税対象となる法人は，次のすべての要件を満たす必要がある（第21条第6項）。

① 1914年4月1日以降に会社法により登録されていること。
② 株主の総数が50名以下であること。

③　一般向けの株式の発行をしていないこと。
④　5人以下の者により支配されていること。

　以上の規定は，日本の法人税法と比較すると，同族会社に対する留保金課税制度と類似している。日本の同制度は，株主の配当所得に課される累進税率を回避する目的で，同族会社に利益を留保した場合，通常の法人税に留保金課税の税額を加算するものである。英国の場合は，1次的に法人の構成員である株主に対して納税を慫慂し，その納税が行われない場合，法人に納税義務を負わすという順序になっており，その点で日本の制度とは異なることになる。

　ロ　1936年法第19条による改正

　1936年法第19条は，1922年法第21条の条文の一部を改正している。

　1922年法第21条第6項では，当該法人が5人以下の者により支配されていることを対象となる法人の要件としていたが，法人が5人以下の者により支配されているとみなす条件について1936年法第19条（以下「改正法」という。）は次のように規定している（1936年法第19条第1項）。

①　5名以下の者が会社の運営を行い，支配を得ている場合，又は5名以下の者が，株式或いは議決権の大部分を所有又は取得する権利を有する場合
②　5名以下の者が，株式或いは資本の大部分を所有又は取得する権利を有する場合で，法人の所得のほとんどが構成員に配分されたとしたならば，分配額の多くの部分を彼らが受け取るような場合
③　法人が1922年法第21条に規定する法人に該当し，その所得の50％超が5名以下に配分されている場合

　その他として，日本の法人税法と同様に，同族関係人（relative）の範囲等を明確にする規定等が定められている。

　また，1937年法第14条による改正は，主として投資会社（investment company）に係る規定の改正である。

5．国防税の概要

　国防税（National defence contribution）は，1937年財政法第3款の第19条から第25条に条文が規定され，同法の第4シェジュール（Fourth schedule）には，国防税における課税利益の計算についての所得税法の適用が記述され，第5シェジュール（Fifth schedule）には，国防税の査定と徴収について説明されている。

(1)　納税義務者とその範囲
　この税は，1937年4月1日以後に開始となる5課税年度の課税対象期間に生じる事業上の利益に課されるもので，納税主体が法人の場合の税率は5％，法人以外であれば税率は4％である（同法第19条第1項）。
　専門職による役務提供の場合，その個人的な資格から生じる利益は課税とはならず，会社或いは団体の機能が投資資産等の保有の場合，それは事業とみなされる（同法第19条第3項・第4項）。また，この税は，公共機関により行われている事業に対して適用されない（同法第19条第5項）。

(2)　事業年度の利益計算
　国防税は独立した課税であるが，課税利益の計算は，所得税法に規定するシェジュールDのケースⅠにおける事業所得の計算方法が準用される（第20条第1項）。
　課税対象期間に生じた利益の金額が2,000ポンド以下の場合は，国防税の課税はない（同法第21条第1項）。また，課税対象期間に生じた利益の金額が2,000ポンド超で12,000ポンド未満の場合，12,000ポンドと実際の利益額との差額の5分の1相当まで減額をする。

(3) 所得税との関係

納付した国防税は，所得税の課税所得の計算上，費用として控除できる（同法第25条第1項）。

(4) 小　　括

国防税は，個人，パートナーシップ及び法人の利益を対象とした付加税の性格を持つ税といえる。その特徴としては，免税となる所得の範囲が1会計期間に2,000ポンドであり，それを超える部分の金額に課税となる。また，所得税との関係においても，所得税から控除できる項目となっており，二重課税にはならないように配慮されている。

1920年財政法第5款により創設された法人利益税は，1924年財政法第3款第34条第1項において，1924年6月30日後に開始となる会計期間の利益について，法人利益税を課さないことが規定され，法人利益税は，この日をもって廃止されている。

英国では，所得税法は連綿と続いているのであるが，法人税の先駆けともいえる法人利益税が1920年～1924年という短い期間でのみ適用されて廃止されている。1937年財政法において創設された国防税は，法人及び個人等の利益を対象とした税であり，個人所得税に対応する法人所得税の性格はなく，法人を納税義務者とする所得税法の適用を除けば，この時期は，法人税として独立した課税を行うに至っていないのである。

(5) 1938年財政法による改正

1938年財政法第5款第42条から第46条に，国防税の改正が規定されている。

6．1936年所得税制定法化検討委員会報告

英国では，英連邦に生じる種々の問題を検討する公的な委員会である王立委

員会（Royal Commission on the Income Tax）が，1920年に所得税に関する報告書を作成公表している。所得税制定法化検討委員会（以下「委員会」という。）は，1920年の王立委員会に続く所得税を検討する委員会である。委員会は，1927年に当時の大蔵大臣であった，ウイントン・チャーチルにより発案され，それ以降，継続して所得税における制定法の簡素化，諸概念の整理・検討等を対象としてきたのである。この委員会は，1936年報告の後，第2次世界大戦等により中断されて大きな成果を挙げたとはいえないのであるが，それまでの所得税をまとめた1918年所得税法及びそれ以降の財政法において規定された所得税法の規定における問題点の論点整理をしていることから，この委員会報告において取り上げられた検討課題について，以下では触れることになる。

委員会報告は，第1巻と第2巻に分かれている。第1巻は報告と付属文書，第2巻は委員会報告に基づく所得税法案（draft of an Income Tax Bill：以下「法案」という。）である[14]。

(1) 用語等の改善への貢献[15]

委員会が税法に規定する用語について改善を図った例としては，標準税（standard tax）等があるが，最も基本的な用語である所得（income）については，検討が行われなかったのである[16]。

(2) 摩損（wear）と破損（tear）

事業の用に供した機械及び備品の摩損と破損に係る控除[17]の計上について，所得査定年分における摩損と破損であったが，委員会の提言では，申告利益計算年分における計上としている。ステープル氏の分析では，このような改正が勧告された背景には，摩損と破損に係る会計における控除は，利益計算において行われ，利益計算後に行われるものではないことを指摘している[18]。

1932年財政法において規定された機械及び備品の摩損と破損に係る控除の10分の1の追加控除の計算例に関する委員会の説明は，次の通りである[19]。

1931年に取得価額£200の機械を1937年に取り替えるとする。償却率は年

間 7.5％である。1931-1932 年の償却額は 15（200 × 7.5％），1932-1933 年の償却額は 14（185 × 7.5％），1933-1934 年の償却額は 13（171 × 7.5％），1934-1935 年の償却額は 12（158 × 7.5％）である。1935-1936 年及び 1936-1937 年の期間の償却率は 10 分の 1 追加控除となることから，7.5％の償却率は 10 分の 1 を加えて 8.25％となる。その結果，1935-1936 年の償却額は 12（146 × 8.25％），1936-1937 年の償却額は 11（135 × 8.25％）となる。

以上の計算の結果，機械及び備品の摩損と破損に係る控除額の累計と陳腐化として請求する金額の計算は次の通りである。

機械の原価	£200
摩損と破損に係る控除額の累計	£ 77
差引	123
スクラップとしての価額	18
陳腐化請求額	105

(3) 配 当 課 税

シンガポール等において配当について実施されていた配当の源泉控除という制度が過去にあったが，この制度は，英国において採用されていたものである。シンガポールでは，法人税の賦課決定前に配当決議が行われることから，税引前利益が配当原資になる。シンガポール居住法人は，配当を支払う際に，法人税相当額を控除する。これは，法人税相当額を確保するためのもので，所得税の源泉徴収と錯覚しやすい制度であるが，別のものである。また，この制度は，インピュテーション制度とは異なるものである。このシンガポールの源泉控除制度は，2003 年 1 月 1 日以降経過規定適用のものを除き廃止され，配当は株主段階で免税となっている。

当時の英国では，配当支払法人が税額の控除を行うが，この徴収税額は，配当を受領する株主の負担する税額ではない[20]。

⑷　居　住　形　態（residence）

法案の第 6 条及び第 7 条は，個人と法人の居住形態に関して規定している[21]。

イ　英国居住者の定義

英国居住者に該当するのは，次に掲げる者である。

①　課税年度中において合計 182 日以上英国に滞在する者
②　課税年度中において合計 91 日以上英国に住居を保持している者
③　課税年度中に英国に住居を設ける意図を持ち，かつ，翌課税年度に住居を設けた者
④　課税年度前 4 課税年度にその合計日数が 365 日以上英国に滞在した者

ロ　英国以外の国の居住者となる可能性のある者で英国居住者となる場合

①　課税年度において英国に住居或いは事業の場所を有するが，英国以外の国に住居或いは事業の場所を有しない者又は，英国以外の国に住居或いは事業の場所を有しないが，英国永住者（domiciled in the United States）である者
②　上記①に該当しない場合，出生場所，国籍及び生活習慣等を総合勘案して居住者とみなすことができるときには英国居住者として扱われる。

ハ　法人の居住形態

法人が英国居住法人となる条件は，英国国内で管理支配している場合或いは英国内に事業上の確立した場所がある場合で，かつ，その活動の多くの部分が英国国内で行われている場合である。したがって，英国 1929 年会社法の要件と合致した英国において設立登記をしたのみの理由で居住法人とはならない。

法人の居住形態が意義を持つのは，次の 3 点である[22]。

①　事業所得に係る租税債務を決定するため
②　国外投資所得に関する法人の租税債務を決定するため
③　1918 年所得税法第 46 条に規定する戦時債利子の免税の権利に係る決定

この時点までの英国判例を整理すると，法人の居住形態判定の次のような原則が導き出されている[23]。

① 英国内で管理している法人は，英国居住法人である。
② 英国において登記した法人の場合，登記した事務所等が英国国内に所在し，かつ，他の法令上の要件を満たしていても，居住法人としての要件を満たすものではない[24]。
③ 登記自体は居住法人となる十分な要件とはいえないが，登記した国における当該法人の活動等と併せて検討すると居住法人となることもある[25]。
④ 外国の法人に関する判定方法と英国法人に関する判定方法に相違はない[26]。

法案は，上記の判例法により確立したもののうちから居住法人判定の原則を導き出そうとして，登記があり，かつ，管理上の活動（例えば，記帳，配当宣言等）を併せて判断することを要素とする意見のようであるが，管理上の活動が重要か否かの判断は長官の判断としている。

そして，個人の居住形態の3つの事例が掲げられている[27]。

第1の例は，フランスの俳優が季節ごとにロンドンで活動している場合であるが，その当時の税法及び実務によれば，英国以外で取得した利益については英国における課税はない。第2の例は，英国人の医師がフランスのリビエラで英国と同様に医療活動をした場合，この医師の国外で取得した所得は，英国内の所得同様に課税になる。第3の例は，フランス人の洋服屋がロンドンに店を持ち，ロンドンにおける営業を見るために定期的にロンドンを訪れている場合，その当時の税法及び実務によれば，英国居住者と判定されることもあるが，フランスにおける利益に英国で課税することはない。

上記の3つの例は，双方居住者のような例であるが，ここにおける判断基準は，主として英国居住者であるか否かである。

(5) 小　括

委員会の報告は，1919-1920年にかけての所得税に関する王室委員会報告に続く，所得税に対する提言という位置付けになろうが，法人に対する課税という点では，1920年財政法において創設された法人利益税ほどに大きな変化を

もたらす内容ではない。法人利益税は，それまで過去 3 年分の利益の平均額を課税標準とする方法から，事業年度において生じた実際の利益を課税の対象としたことである。

1) Duke of Westminster v. Inland Revenue (19 TC 490) (1936).
2) 今井登志喜『英国社会史 下（増訂版）』東京大学出版会 1964 年 176-177 頁。
3) 同上 176-177 頁。
4) 同上 182 頁。
5) 同上 192 頁。
6) 1925 年に締結されたロカルノ条約は，英仏及びドイツが共同して当時の独仏国境を保障し，フランスがドイツからの攻撃を受けた場合，英国はフランスを援助することを約したものである（同上 146 頁）。
7) 同上 200 頁。
8) Income Tax Act 1918 (8 & 9 Geo. 5 c. 40).
9) 証券取引では，同等の証券を売ってから買い戻すことを wash sale という。米国の内国歳入法典 1091 条 (a) では，30 日以内買い戻し等の場合，証券の譲渡損の控除はできないことが規定されている。しかし，英国の 1937 年法の規定は，これと類似する取引において発生する利子所得の帰属問題を規定している。
10) 1919-1920 年 Royal Commission on the Income Tax. 2011 年に極東書店から再版された 4 巻本がある。詳細は第 6 章 1) 参照のこと。
11) 商業，製造業等からの利益がここに区分される。
12) シェジュール A・No. 1 は，占有している全ての土地及び財産で，年次の価値に基づいて所得税を課税するが，実質は財産税（property tax）と同様であり，この区分では，地代或いはその利益に課税する。
13) 評価法によれば，評価の権限を有する者は地区毎の委員会である。評価リストは，毎年 4 月に新たに作成される。
14) 委員会報告は 541 ページ，法案は 417 項目となっている。
15) Staples, Ronald, "Report of the Income Tax Codification Committee" The Accountant Tax supplement, 27 June 1936, p. 262.
16) 米国は，何が所得税に該当するのかという点で憲法所の規定との解釈が問題となったのである。すなわち，1895 年のポロック判決により所得税は米国憲法に規定する直接税に該当することから，連邦政府は，各州に税額を割り当てることになじまない所得税を制定することができなくなったのである。1909 年にタフト大統領は，憲法改正を示唆し，憲法修正案が 1909 年の 61 議会を通過して各州の承認を得る手続きに入り，1913 年 2 月 25 日に米国の州の 4 分の 3 の承認を得て，修正 16

条は確定したのである。

　この憲法修正第16条の規定は次のようなものである。

　「連邦議会は，いかなる原因から得られる所得に対しても，各州の間に配分することなく，また国勢調査もしくはその他の人口算定に準拠することなしに，所得税を賦課徴収することができる。」

　これに対して，英国の場合，所得税の創設時から事業に係る所得税の課税対象は，事業上の利益（profit）という用語が使用され，米国のように所得概念を巡る検討が行われてこなかったのである。

17) 英国の場合は，固定資産の価値に下落等に関して減価償却（depreciation）という用語が使用されず，機械及び備品の摩損と破損に係る控除（deduction in respect of wear and tear of any machinery or plant）という表現である。
18) Staples, Ronald, op. cit., pp. 262-263.
19) Anonymous, "Codification of Income Tax" The Accountant Tax Supplement, 11 April, 1936, p. 118.
20) Staples, Ronald, op. cit., pp. 263-264.
21) Anonymous, "Report of the Codification Committee" The Accountant Tax Supplement, 18 April, 1936, p. 135.
22) Ibid., p. 136.
23) Ibid., p. 136.
24) Todd v. Egyptian Delta Land and Investment, 14 T. C. 119 (1929).
25) Swedish Central Railway Co., Ltd. V. Thompson, 9 T. C. 342 (1925).
26) Todd v. Egyptian Delta Land and Investment, 14 T. C. 119 (1929).
27) Anonymous, op. cit., p. 138.

第 8 章

1940 年から 1949 年の間の変遷

はじめに

　1939 年 9 月のドイツによるポーランド侵略から始まった第 2 次世界大戦は，1945 年 5 月にドイツが降伏したことにより，欧州戦線における戦火は鎮まったのである。本章は，1940 年代を対象として，英国の税務会計の歴史を検討することを目的としているが，この期間の前半は戦時期であり，後半は戦後の復興期ということになる。

　この戦時期は，英国にとって財政的には膨張する財政とそのための予算を満たすための増税という構図であるが，税制としては，1945 年に所得税法が規定されたことと，給与の所得税について，1940 年（Finance (No. 2) Act 1940）以降 6 か月ごとの徴収であったものが，月次で源泉徴収する PAYE（Pay As You Earn）が徴収における便宜性の観点から 1944 年に導入されたことである。

　また，1945 年制定の所得税法では，減価償却関連の規定が整備されている。

　さらに，1948 年会社法では，1929 年会社法において使用されていた「真実かつ正確な概観（true and correct view）」という用語に代えて，「真実かつ公正な概観（true and fair view）」という概念を導入した。この概念について，会計学の方面からの研究が多くあるが[1]，税務会計の分野からは，井上久彌教授が，わが国の法人税法第 22 条第 4 項に規定のある「公正処理基準」との比較に論及しているのみで[2]，当時の英国の税務会計とどのような関連があったのかという点ではこれまであまり関心が払われてきた領域ではなかった。また，この時期にイングランド・ウェールズ勅許会計士協会（The Institute of Chartered

Accountants in England and Wales)における「税務と財務の関連に関する委員会(The Taxation and Financial Relations Committee：以下「税務・財務委員会」という。)」が1942年に設置されて会計基準への勧告を行っている。本章は，これらの動きを対象として企業会計と税務会計との関連性の検討を行う。

なお，1945年には，英国にとって初めての包括的な所得税租税条約を米国と締結しているが，この租税条約については第12章において検討している。

1. 政治経済状況

政治では，保守党のウィンストン・チャーチル（Winston Churchill）が首相として1940年5月から1945年5月まで第1期，1945年5月から同年7月まで第2期内閣を組閣したが，保守党が選挙に敗れたため，労働党のアトリー首相（Clement Attlee）がその後1951年10月まで政権を担当した。アトリー首相は，労働党として産業の国有化等を推進した。

また，この時期に，アジア等においてかつて英国領であった，インドが1947年に独立し，パキスタンは1947年に英領インドから独立した。1948年には，セイロン（現スリランカ），ビルマ（現ミャンマー）が独立している。

2. 1940年から1949年までの財政法等の動向

この期間における財政法等の動向は，1940年財政法から1947年以降適用された事業利益法（1965年まで継続適用）までがその範囲である。

3. 所得税等の税率

(1) 所得税率の変遷
① 1940-1941年：基本税率42.5％，付加税最高税率47.5％
② 1941-1946年：基本税率50％，付加税最高税率同上

③ 1946-1949 年：基本税率 45％，付加税最高税率同上

(2) 超過利潤税

1915 年第 2 次財政法第 38 条に超過利潤税の規定があり，すべての事業所得を対象として戦前の標準利益（pre-war standard of profits）の超過額から控除利潤額（£200）を差し引いた額に税額を乗じて計算するものであった。そして，1920 年財政法第 44 条の規定では，その税率は 60％である。なお，この税は，1921 年財政法第 35 条により廃止となっている。

この税は，1939 年第 2 次財政法第 12 条において再度導入され，1940 年 4 月 1 日以後に開始となる会計期間から，従前の超過額の 60％に課税していたことに代えて，100％が課税されることになった。

標準控除額（standard profits）は，1944 年財政法第 5 款第 32 条第 1 項の規定により，1944 年 3 月後に開始となる課税年度から 1,000 ポンドに改正されている。

1945 年第 2 次財政法第 3 款第 29 条では，1940 年の改正が 1946 年 1 月 1 日後に開始となる課税年度から適用されないことになった。

1946 年財政法第 36 条により，1946 年末後に開始となる課税年度から超過利潤税の適用は廃止となった。

(3) 事業利益税（profits tax）の創設

国防税（National defence contribution）は，1937 年財政法第 3 款の第 19 条から第 25 条に条文が規定され，納税主体が法人の場合の税率は 5％，法人以外であれば税率は 4％であった。

1947 年財政法第 4 款第 30 条から第 48 条に事業利益税が国防税に代わって創設された。事業利益税は，事業の利益に対して，条文上では 12.5％の税率であった。

4. 記帳に関する内国歳入庁長官の権限

1942年財政法第3款第35条には，記帳に関する内国歳入庁長官の権限に関する規定がある。最初に，米国における同様の規定と比較する。

(1) 米国税法における所得を明瞭に反映する会計処理基準

現行の米国内国歳入法典第446条(a)の一般規定 (General Rule) は，「課税所得は，納税義務者が帳簿における所得計算に通常使用している会計処理の方法に基づいて計算される。」と規定し，第446条(a)の例外として，第446条(b)に，「納税義務者により通常使用される会計処理の方法がない場合，或いは，使用している方法が所得を明瞭に反映しない場合，財務長官の判断により所得を明瞭に反映する方法に基づいて課税所得の計算は行われる。」と規定している。

この上記の第446条(a)及び同条(b)の規定は，1918年歳入法第212条及び第232条に係る規定を起源とし，その後変遷を重ねて1939年内国歳入法典第41条における企業会計準拠規定では，納税義務者が適用している会計処理の方法等が所得を明瞭に反映していない場合，内国歳入局長官の指示する会計処理の方法により修正することが規定されている。これらの規定の文言に大きな変化はない。すなわち，企業会計準拠と所得明瞭基準の2点がその要点である。

米国の1918年歳入法（第212条(b)，第232条）以降，1921年歳入法，1924年歳入法及び1926年歳入法は，同法第212条(b)及び第232条に1918年歳入法と同様の規定がある。そして，1928年歳入法第41条から第48条が「会計期間と会計処理基準」(Accounting Periods and Methods of Accounting) という独立した形になったのである。そして，1939年内国歳入法典第41条，1954年内国歳入法典第446条に，企業会計準拠と所得明瞭基準の2点が規定され，現在に至っているのである。

この米国における「所得を明瞭に反映する会計処理基準」は，納税義務者の使用している会計処理の方法が所得を明瞭に反映しない場合，財務長官の判断により所得を明瞭に反映する方法に基づいて課税所得の計算は行われる，という行為計算否認の規定といえるものである。

(2) 記帳に関する内国歳入庁長官の権限（1942年財政法3款第35条）
1942年財政法第3款第35条の概要は次の通りである。
事業等から生じる利益或いは利得に関する明細書（statement）の提出を義務付けられている者が，当該明細書の提出を怠った場合或いは内国歳入庁長官がその提出された明細書に問題があるとする場合，内国歳入庁長官は，書面による通知を出すことができ，その通知には，次のいずれかをすることを要請している。

① 調査官に対して，事業に関連する貸借対照表を含む会計資料の写しの提出をすることになるが，その提出資料には，通知書において指示された期間内に，監査を受けた場合には監査証明書を含むものの提出が必要となる。

② 通知書に指定された期間内に，事業上の取引に関する情報を含むすべての帳簿或いは文書等を，調査官による調査又は内国歳入庁長官から権限の委譲を受けた事務官に対して利用可能とする。

当該通知を受領した者が，正当な理由なしに通知書の要請に従わなかった場合，50ポンド以下の罰金を科される。かつ，罰金を科された後に提出があるまで毎日罰金額は加算されることになる。

通知書の受領者が法人の場合，当該法人は，通知書の要請に従わなかったとき罰金を科される。

異議申立てを受ける長官に関して，申立者に対して訴えた事項に係る明細の提出を命じる勧告を行うことのできる権限（1918年所得税法第139条に規定）は，勧告に指定された期間内に，調査官による調査又は内国歳入庁長官から権限の委譲を受けた事務官に対して異議申立てに関する情報を含むすべての帳簿或い

は文書等を利用可能とすることを申立者に要請している勧告にまで拡大する。

この規定は，税務に関する会計帳簿のもので，課税当局に提出された会計資料に不備な内容がある場合，監査証明書の添付或いは調査官等に対する会計資料の開示を要求している。米国の場合は，採用された会計処理の方法が所得を明瞭に反映しない場合，財務長官の判断によりこれを修正するという行為計算否認が行われることが規定されている。この実態は，納税義務者が現金主義を採用している場合，それが，所得を明瞭に反映しないと判断されると発生主義に変わるということである。

5. 二重課税からの救済

1945年第2次財政法（以下「1945年法」という。）第5款第51条から第56条までは，二重課税からの救済に関して租税条約の国内適用を可能にする条文が規定されている。また，1945年法に付属するシェジュール7に外国税額控除等の細則が定められている。なお，国内法における片務的救済が規定されたのは1950年財政法である。

英国は，初めての包括的な所得租税条約として対米国租税条約を1945年に締結している。租税条約に関しては，国内法に規定することにより条約の国内適用が初めてその効果を発揮する国（例えば，英国）と国内法の規定なしに条約自体がその締約国の国内において適用可能な国（例えば，米国）では，異なる適用関係にある[3]。

上記の英国における規定が1945年法第5款第51条の規定である。すなわち，所得税，超過利潤税，国防税と条約相手国において課される同種の租税との二重課税を救済するために外国政府と条約を締結し，第51条の規定に従うことを条件として，その条約が有効であることを国王が宣言した場合，当該条約は，所得税，超過利潤税，国防税に関する二重課税と，英国非居住者の英国国内源泉所得に対し課税することについて国内法に優先適用となる。英国非居住者に対する課税では，当該者に帰属する所得と英国内における代理人，支店

等を決定するか，或いは，非居住者と特殊な関連にある英国居住者に帰属する所得を決定する。

6．給与等の源泉徴収

1943年給与等に係る所得税法（Income Tax (Employment) Act 1943：以下「1943年法」という。）及び1944年の給与等に係る所得税法（Income Tax (Offices and Employments) Act 1944：以下「1944年法」という。）という2つの法律により，給与等に係る源泉徴収の規定が整備された。この2つの法律の関係は，前者が主たる内容を規定したもので，後者はそれを補正するという内容である。現行の英国における税務では，給与等の源泉徴収についてPAYE（Pay As You Earn）制度が適用されているが，このような制度は，徴収における便宜性を重視したものといえる。

(1) 制度の概要

この制度の基本的な事項は，1943年法第1条第1項に次のように規定されている。

① 適用は1944-1945年度からとする。
② 適用対象となる給与等は1943年法第1条第2項に掲げるものである。
③ この適用に際しては，内国歳入庁長官が制定する規則（regulations）に拠る。
④ 所得税は，③にある規則に従って，給与等の支払者により控除或いは還付がなされる。

(2) 適用対象となる給与等

源泉徴収の対象となる給与等は，1943年法第1条第2項に次のように掲げられている。

① 肉体労働等の対価としての賃金又は給与

②　①以外の賃金又は給与で，月未満の時間，日，週等に基づいて計算されるもの
③　上記①及び②による給与等に関連して支払われる年金
④　1943年法のシェジュールのパートⅠに規定する条件（年収600ポンド以下）を満たす給与
⑤　1943年法のシェジュールのパートⅠ及びパートⅡに規定する条件のいずれかを満たす年金

なお，軍人に対する俸給は適用対象外である。また，1943年9月20日現在給与所得のある者については，その時点で適用している計算方法の継続が認められている。ただし，当該雇用者による雇用が終了するまで或いは雇用の内容に重大な変化があるまでという条件付きである。

(3)　規　　則
前出の(1)③で述べた規則に含まれる事項は次の通りである。
①　給与支払時に，内国歳入庁長官作成の税額表に基づいて計算した税額を控除又は還付することを給与支払者に義務付け，還付する権限が与えられる。
②　源泉徴収に関連した給与台帳等の作成
③　本法適用対象となる給与に係る源泉徴収税額等
④　源泉徴収に係る税務調査
⑤　規則に基づいて生じた事象に関する異議申立て

源泉徴収義務者が規則に違反した場合，最高で50ポンドの罰金が科され，さらにその状態が継続した場合，罰金が加算されることになる。

(4)　1944年法による改正
1944年法では，適用対象となる給与等の範囲が，軍人に対する俸給を除いて，シェジュールEにおいて課税となるすべての給与にまで拡大された。

7. 1945年所得税法

(1) 概　　要

　米国の場合，所得税は毎年の財政法により改正され，1939年に初めて内国歳入法典としてまとめられ，その後は内国歳入法典の一部改正の形で改正が続き，1954年と1986年に全文改正を行って現在に至っている。

　英国の場合，1918年所得税法（Income Tax Act 1918 (8 & 9 Geo. 5 c. 40)）がそれまでの財政法をまとめる形で法制化されている。この1918年法以前は，ピールの所得税法といわれている1842年法（Income Tax Act of 1842 (5 & 6 Vict. c. 35)）ということになる。

　1945年所得税法（以下「1945年法」という。）は，1924年に当時の大蔵大臣であったウィンストン・チャーチルの提唱した所得税の整理統合等を目的とする所得税制定法化検討委員会（The Codification Committee）の活動が継続して行われてきたことと無関係ではない。また，第2次世界大戦が終了したことで，戦後の体制における所得税制の整備が浮上したものと思われる。

　特にその内容としては，減価償却等に関して，1842年法及び1918年法が，毎年の財政法の棚卸しという形態で，既存の規定をまとめて包括的に所得税全般を規定してきたのであるが，1945年法は，全8款の構成であり，第1款は産業用の建物及び構造物，第2款は機械及び設備，第3款は鉱山，油井等，第4款は農業土地と建物，第5款は特許権，第6款は試験研究費，第7款は減価償却の特例，第8款はその他一般，という構成であり，この分野に関して創設的な規定を含むものである。

　1945年法の規定は，事業用有形資産の減価償却と無形資産の償却がその中心といえる。したがって，以下では，有形資産の償却と無形資産の償却に分けてその概要を述べることにする。

(2) 背　　景

　米国では，1940年第2次歳入法第302条に戦時緊急設備に係る加速償却の規定が創設されている。この戦時緊急設備の加速償却とは，全ての法人は，選択すれば，戦時緊急設備の税務簿価（adjusted basis）を60か月で償却することができた。その後，1954年内国歳入法典第167条に加速償却に係る規定が創設され，定額法の償却率の2倍（200％）を限度とした定率法の償却率を認められたのである。また，同法第168条は，戦時緊急設備の償却に関する規定であり，従前の戦時緊急設備に対する加速償却と同様の内容である。

　ここまでは米国の例であるが，第2次世界大戦が終了した段階で，過剰となった軍需産業用の設備等について早期にこれを償却するという特例を設ける必要性が生じたのは，英国も同様の状況下にあったといえよう。

(3) 初年度償却等

　初年度償却（initial allowance）は，産業用の建物及び構造物については，取得年度で取得価額の10分の1，機械及び設備については，取得年度で取得価額の5分の1を事業の用に供している者或いは当該資産を賃借している者が受けることができるというものである。建物等の場合に初年度償却を受ける要件は，課税年度末の現況に当該資産を所有していること，その用途が産業用であること，建設した場合にはその建設費用を負担していること等である。

　産業用の建物及び構造物の年次の償却率は2％である。

(4) 償却費等の処理方法

　英国は，日本或いは米国のように申告納税方式ではなく，申告書を提出後，課税当局がその申告書等に基づいて税額を決定する賦課課税方式である。したがって，初年度償却及び年次償却に係る減価償却費は，納税義務者が課税所得において控除するのではなく，課税当局による査定（assessment）の段階において，課税所得から控除（discharge of tax）するのか，或いは，税の還付（repayment）として行われる。

(5) 特許権等の償却

年次償却が行われる条件は次の通りである。

① 事業上の利益計算において費用として控除する。

② 受取使用料は所得税の課税対象となっている。

特許権の償却期間は 17 年である。

(6) 試験研究費

1945 年法の規定以前に，1944 年財政法第 3 款第 27 条（以下「第 27 条」という。），第 28 条，第 29 条に試験研究費についての規定がある。

第 27 条では，事業者が事業に関連した試験研究で，本人が直接行うか或いはその代理の者が行うもの，或いは，試験研究財団への支出，若しくは，大学等に試験研究を使用する対価としての支払いは，所得税における利益計算において費用として控除できることが規定されている。1945 年法は，1944 年 4 月 6 日以降の第 27 条適用分について，1945 年法適用分とすることを認めている。同第 28 条及び第 29 条についても同様の取扱いが定められている。

(7) 減価償却の特例 (exceptional depreciation)[4]

減価償却の特例に係る規定は，1941 年財政法第 19 条（以下「第 19 条」という。）に規定がある。

第 19 条の規定では，事業用に使用している建物，機械或いは設備（以下「建物等」という。）について，陳腐化等が生じた場合，或いは，簿価よりも低い価格で譲渡された場合，これらの原因の全部又は一部が戦争によるものと推定され，減価償却累計額と建物等の損害額は，1941 年に制定された法律（War Damage Act 1941）に基づく所定の金額を加算する。

1945 年法では，1941 年法第 19 条の適用が延長されている。建物等の評価は，建物等が適切に修繕をされた状態とみなして行われる。

8. 企業会計及び会社法の動向

(1) 真正かつ公正な概観

本章の対象とする期間において、標記の分野において2つの注目すべき動きがあった。1つは会計士協会による会計基準に対するもので、他の1つは、1948年会社法[5]第4款（経営と管理：management and administration）の「記帳と会計（Keeping of books and account）」に規定された第147条、第149条及び第152条にある「真正かつ公正な概観（true and fair view）」という文言の意義である。

これまでの先行研究では、この2つの動向に対して、会社法或いは会計基準の視点からの検討分析が行われてきたが、税務、特に法人課税と会社法或いは会計基準の関連は重視されなかったのである。

ここで、日本及び米国と英国における企業会計、会社法、法人税法の3者の関連を比較する必要があろう。

その特徴となる諸点は、列挙すると次の通りである。

① 会社法については、日本と英国は国の法律であるが、米国では州法であり、連邦レベルの会社法はない。その結果、米国においては会社法の企業会計或いは法人税法への影響は少ないといえる。

② 日本の法人税法は、確定決算主義を採用していることから、企業会計と法人税における課税計算が統合した形式である。すなわち、法人税は、決算調整と申告調整により企業会計上の利益を修正して課税所得を誘導する方式を採用している。

③ 米国では、企業会計と法人所得税の課税所得計算が分離しており、法人の会計帳簿の数値を税務上の規定により修正して税務上の売上金額等と控除額を計算して課税所得を計算する方式である。

④ 日本及び米国は、納税義務者である法人が自ら課税所得と税額を計算して納税申告書を作成し提出して納税する申告納税方式である。現在、英国

は，日本及び米国のように申告納税方式を採用しているが，この時期の英国は，納税義務者が納税申告書を提出した後に課税当局がその申告書等を審査して納税額を査定して決定通知書を作成してこれを納税義務者に送る賦課課税方式である。

　以上の3か国における企業会計，会社法及び法人税法を比較しても，これら3者の関連は異なっている。英国の場合，会社法が財務諸表作成について規定しているが，この財務諸表について会計士監査を受けたものについて，課税当局がその信憑性を評価するという慣行である。しかし，法人の課税所得の計算は，この財務諸表における利益から誘導される方式ではなく，課税当局が法人の税額を決定してこれを法人に通知するということで，企業会計における財務諸表における利益と課税所得計算は遮断されているのである。このような理解を前提として，以下の検討を行うこととする。

　「真正かつ公正な概観」の歴史的背景については，企業会計と会社法の関連を主眼とした先行研究[6]があるが，この概念の概要は次の通りである。

① 「真正かつ公正な概観」以前に使用されていた「真正かつ正確な概観（true and correct view）」は，1856年のジョイント・ストック会社法（the Joint Stock Company Act）附則B表第84条以降使用されていた。

② 「真正かつ公正な概観」という用語が最初に使用されたのは，商務省によって設置されたコーエン委員会（Cohen Committee）[7]である[8]。

③ 「真正かつ公正な概観」の背景には，1931年のロイヤル・メイル社事案（Royal Mail Stem Packet Co.）[9]において，経営上の赤字であるにもかかわらず，秘密積立金を取り崩して配当を行ったことで，次に述べる税務・財務委員会による会計基準への勧告と会社法による会計規定の改正が行われたのである。

④ 税務・財務委員会による会計基準への勧告により，企業会計について会社法は最小限度の規定を設けるにとどまることになったという指摘がある[10]。

　この上記④の見解に基づくと，会社法は，企業会計における会計基準に依

存する方式を選択したことになる。

　日本の場合は，旧商法第32条第2項に「商業帳簿ノ作成ニ関スル規定ノ解釈ニ付テハ公正ナル会計慣行ヲ斟酌スベシ」（昭和49年旧商法改正により創設）と規定されていたが，現行の会社法では，株主会社については第431条，持分会社については第614条に，「株式会社（持分会社）の会計は，一般に公正妥当と認められる企業会計の慣行に従うものとする。」と規定されている。結果として，株式会社等の場合，会社法による利益（企業利益）を前提として課税所得の計算が行われるということから，企業会計との関連を図示すれば，（企業会計の慣行）⇒（会社法：企業利益）⇒（課税所得），ということになる。

　他方，日本の法人税法では，昭和42年の税制改正により公正処理基準（法人税法第22条第4項）の規定が創設され，法人税法における課税所得の計算は，税法上に完結的に規定するよりも企業の会計慣行に委ねることを前提に行われていることを示している。

　英国の税法では，日本の法人税法における公正処理基準に相当する規定がないことから，（企業会計の慣行）⇒（会社法：企業利益）⇒（課税所得）の類型になるものと思われるが，英国の場合は，（企業会計の慣行）⇒（会社法：企業利益）⇒（納税申告書における課税所得）⇒（課税当局による賦課決定）というプロセスになろう。

　「真正かつ公正な概観」と税務の関連は，会社法における企業利益の適正な算定がこの概念により担保されることから，間接的に，税務と関わることになり，日本の公正処理基準のような直接的な関連を見出すことはできないのである。

(2) 企業会計の動向

　イングランド・ウェールズ勅許会計士協会における税務・財務委員会が1942年に設置されたことは本章冒頭に述べた通りである[11]。

　勅許会計士協会の評議委員会は，税務・財務委員会に対して，会社会計に関する勧告を検討し，会員への情報として適時権威ある勧告を出すことを要請し

た[12]。この要請に基づく勧告が英国における会計基準ということになる。当委員会は，その名称から税務と企業会計の関係問題の検討を主たる目的とするもののようであるが，実態としては1942年から1967年までの間の会計基準の調査研究を行ったのであり，その勧告の一部として税務と企業会計の関連を検討したのである[13]。

税務・財務委員会の勧告は，あくまでも企業会計における税務処理という観点からのものであるが，税務との関連がある勧告には次のものがある[14]。

① 1943年3月13日：The treatment of taxation in accounts
② 1943年3月13日：The treatment in accounts of income tax deductible from dividends payable and annual charges

この2つの勧告は，企業会計の側から税務との相違を積極的に解消しようとするものではなく，あくまでも企業会計における会計処理の一環として税務関連項目の処理について会計基準として協会の会員である会計士向けに述べたものである。

イ　所得税等の企業会計上の取扱い

前出①の勧告は，所得税等の企業会計上の取扱いに関するものである。所得税額の査定は，4月5日を最後とする課税年度で行われるが，前会計期間の利益を基礎に通常行われる。企業会計における納税のための法的債務となる額は，これらの税目に関して査定された税額の合計額であり，所得税に関しては，会計上の期間に従って配分したものである。この配分された所得税額とは，現在の課税年度において査定された納税額或いは企業会計上の利益に関して発生する税額ではなく，次の課税年度までに査定される額である。

親子会社では，超過利潤税は，グループ全体として親会社において査定されるが，親子会社間では，親会社は，超過利潤のある子会社からは税負担分を取り戻し，超過利潤のない子会社には税負担分を払い戻すことを選択することができる。

ロ　所得税等の企業会計上の取扱いに関する勧告

原則としては，所得税見積額は，当期利益を基礎とするが，実務上法的債務

とした確定額とする場合，現行及び次課税年度の引当額の計上が望ましく，損益計算書では，独立した項目として表示することが勧告されている。

　ハ　支払配当等からの税額の控除に関する勧告

　配当，利子，使用料等の法人からの支払いについて，当該法人は，税金の徴収を行うことになる。配当に関しては，会計上，税引き後或いは課税なしのいずれであっても支払う純額の金額が勘定記入され，その他の利子等は総額表示となる。

(3) 小　　　括

　英国の企業会計において一般化していた秘密積立金の実務が，1931年のロイヤル・メイル社事案において顕在化し，その影響を受けて，1948年会社法に「真正かつ公正な概観」の規定がそれ以前の「真正かつ正確な概観」に代わって規定された。他方，同じくこの事案を契機として，1942年にイングランド・ウェールズ勅許会計士協会における税務・財務委員会が設置され，1967年までの間に会計基準の設定が行われるのである。

　この一連の動きは，会社法と企業会計に関するものであり，税務・財務委員会は，秘密積立金等に関連した税務については特に言及していない[15]。

1)　齊野純子「「真実かつ公正な概観」に関する先行研究の一覧(1)」『流通経済大学論集』―経済・経営情報編―　第19巻第2号（2011年）。
2)　税務会計研究学会『税務会計研究』第5号　平成6年　154頁（井上久彌教授発言）。
3)　岩沢教授によれば，英国は，条約は批准されても国内的効力を得ず，個々の立法により受容されなければならない形式であると説明している（岩沢雄司『条約の国内適用可能性』有斐閣　昭和60年　13-14頁）。
4)　英国の財政法及び所得税法では，減価償却（depreciation）という用語はあまり使用されていない。現行の英国税法では，企業会計上の減価償却費（depreciation）は税務上損金算入が認められず，税法に規定する固定資産について減価償却方法，減価償却率で計算を行い，税務上の減価償却費（capital allowance）の損金算入が認められている。

5) Companies Act, 1948 (11 & 12 Geo. 6 c. 38). なお，英国において会社法（Companies Act）の名称で1948年までに成立したものの年号は，次の通りである。
　① 1862年（Companies Act）
　② 1908年（Companies Consolidation Act）
　③ 1929年（Companies Act）
　④ 1948年（Companies Act）
　なお，上記の会社法に先行した法律としては，1844年の登記法（An Act for the Registration, Incorporation, and Regulation of Joint Stock Companies），1855年の有限責任法（Limited Liability Act），1856年のジョイント・ストック会社法（the Joint Stock Company Act）がある。
6) 千葉準一『英国近代会計制度―その展開過程の探求』（中央経済社　平成3年），及び，山浦久司『英国株式会社会計制度論』（白桃書房　平成5年）が最も包括的にこの問題を検討している。
7) 齊野純子『イギリス会計基準設定の研究』同文舘出版　平成18年　9-10頁。
8) 中村忠「「真実かつ公正な概観」とは何か―英国における会社法と会計原則―」『商経法論叢』第12巻第4号（1962年）160頁。Report of the Cohen Committee on Company Law abstract of the discussion, Journal of the Institute of Actuaries (1947) 73, p. 22. 後者によれば，1931年のロイヤル・メイル社事案において，問題視された秘密積立金を開示していない上場法人があることから，これを開示することが勧告されている。ここでは，貸借対照表が法人の諸事象の状態に関して「真実かつ公正な概観」を与えるべきであるとしている。これは，当時の英国の企業会計の一部に存在した過度の保守主義に対する警告といえる。
9) この事案は同社のキルサント社長の名前からキルサント事件とも呼ばれている。この事件の争点となった秘密積立金（secret reserve）であるが，取締役自身の自由裁量により資本的資産を実力以下に評価すること等をとおし適当な内部積立金を設定すること，将来の偶発的な公示利益や配当の急激な変動を避けるため等の目的で，取締役の判断により利用できること，その存在や使途を年次報告書や貸借対照表に表示する必要がないこと等の特徴があり，会計士協会もこの種の積立金は望ましいとしていた（千葉準一　前掲書　290頁）。
10) 齊野純子　前掲書　10頁。
11) この委員会の最初の会合は1942年10月29日に開催され，第2回会合は同年12月3日である（The Accountant 7 November, 1942, p. 285）。
12) The Institute of Chartered Accountants in England and Wales, The Accountant 12 December, 1942, p. 354.
13) この期間における24の会計原則勧告書一覧は，小堀好夫『英国会計基準の系譜と展開』（千倉書房　平成5年）228-229頁に記載がある。また，同時期の米国に

おいて，米国会計士協会（AIA）の会計手続委員会（the Committee on Accounting Procedure）が1938年に設立され，1959年に会計原則審議会（the Accounting Principles Board）の設立まで継続し，その間に51の会計研究公報を公表している（高橋治彦訳『FASB財務会計基準審議会』同文舘　平成元年　72頁）。

14) The Institute of Chartered Accountants in England and Wales, The Accountant 13 March, 1943, pp. 137-138.

15) 1942年の最初の勧告において納税積立金（Tax Reserve Certificates）に関する勧告があるが，これは秘密積立金或いは内部積立金と関連のないものである（The Institute of Chartered Accountants in England and Wales, The Accountant 12 December, 1942, p. 354)。

第 9 章

1950 年から 1959 年の間の変遷

はじめに

　本章の課題は，1950 年代の英国の法人税制を中心にした検討であるが，この時期は，1960 年代における法人税制の改正と関連していることから，1950 年代が 1960 年代の序章としての位置づけを意識する必要がある。

　この年代における注目点としては，1953 年から 1955 年にかけて公表された「利益と所得に関する王室委員会報告」（Royal commission on the taxation of profits and income：以下「王室委員会報告」という。）[1]がある。

　さらに，1947 年財政法により国防税を改称した事業利益税（profits tax）が，1965 年財政法による法人税一本化までの間，法人所得に対して，所得税の付加税として課されたのであるが，この改正により法人課税の一本化がなされるのである。そして，翌年の 1966 年財政法では，法人税に関する査定等の租税管理に係る規定の整備等が行われ，1967 年財政法では，企業集団税制であるグループリリーフ制度が創設され，本格的な法人課税の時代となるのである。

　英国は，1973 年財政法によりインピュテーション制度を導入して，法人からの配当に係る二重課税を調整することになるが，1960 年代後半から法人課税が所得税と分離したことで，法人課税が新しい局面を向ける時期といえる。また，国際税務に関連する分野では，1950 年財政法は，英国国内法として外国税額控除を規定している。

　この他に，税制としては，1965 年財政法によりキャピタル・ゲイン税が創設されたことである。

以上のことから，1950年代において本章で取り上げる事項は，王室委員会報告関連項目と事業利益税のこの期間における変遷である。さらに，1950年財政法により創設された外国税額控除（国内法としての片務的救済）である。なお，1952年制定の所得税法は，これまでの所得税法と同様に，一定期間に財政法により改正を重ねた所得税に係る租税管理と賦課関連の規定を整備したものである。

1960年代は，1965年財政法により法人課税が所得税と事業利益税の2本立ての状態から統合されたことで，英国における法人課税の本格的な出発点といえよう。したがって，本章における時代区分は，1950年代（正確には国防税の創設された1937年以降）に限定せず，1964年までの法人税の前段階といえる期間も対象とする。そして，1960年代の動向である，1966年財政法による改正と法人税の管理に係る規定の整備，1968年制定の税務上の減価償却費であるキャピタル・アローワンス（Capital Allowance）法等は次稿における対象となる。なお，1966年には，「王室租税委員会報告」（Report of the Royal commission on taxation）[2]が公表されている。

1. 1950年代の英国の税法等と経済等の変遷

(1) 英国税法等の変遷

1950年財政法から1959年の所得税法等までである。詳細は巻末資料参照。

(2) 英国の経済等の変遷

1950年代における英国の首相は次の通りである。

① アトリー首相（Clement Attlee）労働党（1945年7月～1951年10月）
② チャーチル首相（Winston Churchill）保守党（1951年10月～1955年4月）
③ イーデン首相（(Anthony Eden）保守党（1955年4月～1957年1月）
④ マクミラン首相（Harold Macmillan）保守党（1957年1月～1963年10月）

1950年代は，アトリー首相を除いて保守党の首相が続いたのであるが，労

働党政権下で行われた福祉政策と産業の国有化は，1970年代末にサッチャー首相が就任するまで継続することになる。

2. 所得税率等

(1) 1950年代の所得税率

1950-51年の所得税の標準税率（standard rate）[3]は45％である。1951-52年，1952-53年の所得税の標準税率は47.5％である。1953-54年，1954-55年の所得税の標準税率は45％である。1955-56年，1956-57年，1957-58年の所得税の標準税率は42.5％である。1959-60年の所得税の標準税率は38.75％である。

(2) 事業利益税（profits tax）の税率

1937年財政法により創設された国防税（National defence contribution）は，1947年財政法において名称を事業利益税に変更した。事業利益税は，事業の利益に対して25％の税率で課税された[4]。この税は，1965年財政法による法人税一本化までの間，法人所得に対して，所得税の付加税として課されたのである。

1949年制定の事業利益税法（The Profits Tax Act 1949）[5]第1条では，留保分には30％，留保分への救済及び流出分には20％の税率に改正されている[6]。

この税の創設から廃止までの税率の変遷は，巻末資料Ⅲ (21)参照のこと。

3. 国内法としての外国税額控除の創設

(1) 英国における外国税額控除の沿革[7]

英国の外国税額控除に関する沿革の特徴は，英国本国からの外国投資の多くが当時の大英帝国に属する海外領土に対するものであったことから，英国居住者に生じた国際的二重課税の多くが英国本国と海外領土の間のものであった。その結果，英国では対海外領土との二重課税排除に重点が置かれていて，一般

的な外国税額控除の規定の創設は米国よりも遅れて第2次世界大戦後になる。

所得に係る国際的二重課税問題が最初に生じたのは英国である。1860年にインドが所得税を導入したことにより、英国居住者が英国とインドの双方で課税を受ける事態に至った。しかし、この問題に関する救済措置について議論がなされたが、具体的な方策は採られなかった。この状態は、その後当時の大英帝国内の諸国が所得税制を導入したことにより大英帝国内における二重課税が顕在化しても継続した。

外国税額控除が検討された要因は、1914年に始まった第1次世界大戦の戦費調達のための所得税の増税である。1916年財政法により、英国と植民地の双方で所得税を納付した者は、英国の所得税率17.5%を超える税額と海外領土の所得税（Colonial income tax）のいずれか小さい金額の還付を受ける措置を講じた。その後、1920年の財政法により英連邦内税額控除制度（Dominion income tax relief）が導入された。

英国は、1950年財政法により国内法としての外国税額控除を創設した。また、1961年以降、みなし外国税額控除を租税条約に規定することを始めている。

(2) 1916年財政法における規定

1916年財政法[8]第43条において、英国の所得税率17.5%を超える税額と海外領土の所得税のいずれか小さい金額の還付を受ける措置を講じた。

(3) 1920年財政法における規定

1920年財政法[9]第27条において、海外領土との二重課税からの救済方法が規定された[10]。

第1に、海外領土における所得税率が英国の対応する所得税率の2分の1を超えない場合は、海外領土の所得税率相当額が英国所得税より還付される。

第2に、第1以外の場合には、英国の所得税率の2分の1相当額が還付される。

(4) 第1次英米租税条約[11]

　第1次英米租税条約は，1945年4月16日に締結された英国と米国間の包括的な所得税租税条約である。英米租税条約は，英国が締結した初めての包括的所得税租税条約である。この租税条約については第12章参照のこと。

　第1次英米租税条約第13条（二重課税の排除）において，英国国内法に従うことを条件として，米国国内源泉所得に課される米国の租税は当該所得に係る英国所得税から税額控除をする。また，米国法人から通常の配当が英国居住者に支払われた場合，間接税額控除についての規定がある。

(5) 1945年第2次財政法における規定[12]

　この第1次英米租税条約は，単に，英米間の二重課税の排除に止まらず，英国国内法にも影響を及ぼしているのである。1945年第2次財政法第5款に租税条約の国内適用を可能とする規定が設けられ，その細則は，同法のシェジュール7（以下，本項では「細則」という。）に規定されている。英国における片務的救済規定として，租税条約の有無にかかわらず英国において外国税額控除を適用する規定は，1950年財政法の規定であるが，それ以前に，租税条約に関連する規定が1945年に整備されたのである。

　細則の一般規定（細則2）では，外国所得税は，英国所得税からの外国税額控除とし，外国の超過利潤税は，英国の超過利潤税から税額控除することを定めている。

　細則3では，外国税額控除の適用対象者は英国居住者であるとしている。また，細則4は，外国税額控除の控除限度額について規定している。

　なお，1945年財政法の後に，1947年財政法のシェジュール9に上記の細則と同様の規定がある。

(6) 1950年財政法における片務的救済の規定[13]

　1950年財政法第3款第36条と同法シェジュール6に英国国内法における外国税額控除の片務的救済（unilateral relief）が規定された。この規定は，租税条

約を締結していない場合であっても，外国において英国居住者が外国の所得税等を納付した場合，当該外国と英国との間で国際的二重課税が生じることから，この規定は，これを排除するためのものである。

この，国内法における規定は，第1段階として，大英帝国内の二重課税の排除，第2段階として，租税条約に基づく二重課税の排除とそれに関連した国内法の整備，という経過を経ていることから，第3段階としての国内法における整備ということになる。

この規定の特徴は，第36条の規定において，外国税額控除の控除限度額が示されている。これによれば，外国税額控除できる限度額は，英国自治領（Commonwealth）からの場合が4分の3，それ以外の場合が，1947年財政法のシェジュール9に規定された限度額の2分の1である。さらに，シェジュール6の規定では，マン島とチャネル諸島から生じた所得は，国外源泉所得とはならないこと，国内法のこの規定よりも租税条約が優先適用になることを定めている。なお，この限度額に係る措置は，1953年財政法[14]第26条により廃止されている。

この後，王室委員会報告の最終報告書第25章において二重課税からの救済が検討されている[15]。

(7) 英国の外国税額控除の特徴

英国の所得税法では，英国居住者（個人・法人）の英国における課税所得の範囲は，全世界所得であり，外国税額控除の適用がある点では日米両国と相違していない。

しかし，英国の外国税額控除の特徴は，所得項目別方式といい，同じ税額控除方式とはいえ日米のものとは異なる方式である。英国の方式は，国外所得に課された税をその所得に課される英国の税から控除するもので，控除限度超過額の繰越，繰戻もなく，他の国外所得との通算も認められていない。そのために，英国では外国税額を平均化させるための受け皿会社（mixing corporations）が外国に設立される場合もある。

4．王室委員会報告における法人課税の検討

　1955 年に公表された王室委員会報告の最終報告書第 20 章は，事業利益税に関して，この税に対する批判，異なる事業利益税の目的，結論，現行方式の変更が検討され，続く第 21 章では，国営企業，公益企業等の事業利益税について検討している。

　同報告書に示された検討は，1937 年財政法により創設された国防税，1947 年財政法において名称を変更した事業利益税，そして，1949 年制定の事業利益税法を踏まえた検討である。

　この検討で注目すべきは，当時の事業利益税に代わる代替案を当委員会が提言していることである。ある意味で，ここに示された提言が，後日の法人課税の一本化への思考はあったようであるが，それに対する具体的な提言はない。

⑴　所得税と事業利益税の統合（a single-tier tax system）[16]

　当時は，法人に対する課税として，所得税と事業利益税が 2 段階で課税され，課税における簡素化及び課税上の便宜性からして，両者を統合して 1 度の課税が好ましいという提言が行われた。さらに，法人税が所得税から分離独立することで，法人税率の増減が独自に可能になること，所得税では査定対象年度が前年にあることから，この欠点を補正することができるとしている。この統合に関する提言の根底には，法人税と一般所得税を分離する思考が働いたようであるが，委員会は完全な分離には消極論である[17]。

⑵　法人課税の問題点

　王室委員会報告は，上記の事業利益税に関する検討以外に，法人課税の基本的な事項について検討を行っている[18]。この検討の焦点は，法人課税における留保利益と分配利益の課税と，配当に係る二重課税の問題である。結果として，同委員会によれば，法人による利益の留保は，租税回避ではなく，法人利

益は最終的に個人に帰属するという認識に立って課税を行うことを提言している。しかし，個人株主と法人課税との調整に関する原則を同委員会は提言していない。

5．国防税の概要

国防税の概要については，第7章において記述していることから，ここでは，前出以外の国防税と査定等に係る租税管理について検討する。この国防税の特徴は次の通りである。

① 国防税（National defence contribution）は，1937年財政法第3款の第19条から第25条に条文が規定され，同法のシェジュール4（Fourth schedule）には，国防税における課税利益の計算についての所得税法の適用が記述され，第5シェジュール（Fifth schedule）には，国防税の査定と徴収について説明されている。

② 国防税の前身は，1920年財政法第5款により創設された法人利益税であり，この税は，1924年財政法第3款第34条第1項において，1924年6月30日後に開始となる会計期間の利益について，法人利益税を課さないことが規定されて廃止されている。

③ 法人税が一本化される1965年までの間，1920年創設の法人利益税，1937年創設の国防税，1947年に国防税から改正された事業利益税，そして法人税という系譜をたどるのであるが，国防税は，事業利益税に引き継がれたことから，事業利益税に関して検討する場合，国防税の創設まで遡る必要がある。

④ 国防税の納税義務者は，個人，パートナーシップ及び法人であり，その利益を対象とした付加税の性格を持つ税である。1937年財政法第25条の規定によれば，所得税の計算上，国防税の税額は費用として控除が認められている。

6．国防税の租税管理

国防税の租税管理については，1937年財政法のシェジュール5第1款に，「査定と徴収」，第2款に，「不服申立て」，第3款に「補足的諸規定」がそれぞれ規定されている[19]。

(1) 査定と徴収

所得税法のシェジュールDケースⅠ（事業所得）等では，この規定創設以来，法定所得は，前3年間の平均金額とするものであった。1920年創設の法人利益税は，この法定所得算定法を採らず単年度の利益を対象としたが，国防税も同様に，課税対象事業年度（chargeable accounting period）における税額が査定の対象となった。この査定の除斥期間は課税対象事業年度終了後6年であり，この期間内であれば，再査定を行うことができる。

現在は申告納税制度に改正されているが，賦課課税制度を当時採用していた英国の場合，申告と査定は次のように行われた。

① 検査官（surveyor）が納税義務者に対して課税期間に係る申告書の提出を要請する通知を発送する。

② 完全な申告書が送り返されてくる。

③ 検査官は，申告書に記載の情報を調査する。

④ 検査官が申告書の内容を適正と認める場合，査定が行われる。しかし，申告書が所定の期間内に送り返されてこない等の場合，推計による査定（estimated assessment）が検査官の最良の判断となる。

⑤ 推計による査定が正確な納税額を示していない場合，納税義務者は，不服申立てをすることになる。

⑥ 検査官は，申告書が適正かどうかを調査する明確な権限を有していないが，申告書の内容に疑義がある場合，検査官の最良の判断で査定するために，納税義務者に対する質問を基礎にその判断を通知することになるが，

これらは法定の権限ではない。

シェジュールD適用の個人の場合，申告書には事業からの所得，利子所得，海外領土及び海外債券からの所得，海外領土及び海外属領からの所得，その他の所得の区分ごとに所得金額を記入し，これらの所得を合計した総所得を記入する。さらに，人的控除等の請求を行うことになる。

法人の場合は，個人と異なり人的控除等の請求がなく，総所得から機械及び設備に係る減価償却費相当額を控除した金額を申告することになる。

(2) 不服申立て

査定の通知を受け取った者は，所得税の査定を行っているその地区の一般委員会又は特別委員会のいずれかに対して不服申立てをすることができる。一般委員会及び特別委員会は，証人の召喚及び宣誓の調査を行う権限がある。

7. 1952年までの事業利益税

(1) 事業利益税の概要

事業利益税は，1947年財政法[20]第30条から第48条までと同法のシェジュール8に利益の計算方法の細則が規定されている。そして，1949年に事業利益税法（The Profits Tax Act 1949）[21]が制定されているが，この税の概要は，1947年財政法に規定されている。また，超過利潤税（Excess Profits Tax）は，1946年末後に始まる会計期間の利益に対して課税されないことになった（1946年財政法第36条）。

事業利益税の税率については，巻末資料Ⅲ(21)参照ということでここでは省略するが，この税は，国防税を名称変更した後継の税である。また，この税が国防税と大きく違う点の1つは，個人及び個人がパートナーであるパートナーシップには課税されないということである。

また，国防税から継承した事項としては，事業年度（accounting periods）の定義である[22]。事業年度は，継続する12か月に事業上の帳簿等が作成されて

いる場合をいい，課税上の事業年度（chargeable accounting period）は，原則として，1937年4月1日から始まる5か年のうちに12か月間連続して事業を行い，帳簿等が作成されている場合をいう。

この税の免税点は，原則として，2,000ポンドである。また，1937年財政法に規定された国防税に関するシェジュール4のパラグラフ11では，法人に支配力を有する役員の報酬の上限を1,500ポンドと規定していたが，1947年財政法第45条において，この金額を2,500ポンドに改正している。

なお，1952年財政法により超過累進税の課税が，2年間行われたことから，事業利益税の適用を1952年までを1区切りとした。1953年以降は，以下の9以降において検討する。

(2) 2段階税率の適用

1949年制定の事業利益税法第1条では，2段階税率が規定されており，留保分利益に30％，留保分の救済（reliefs for non-distribution）税率及び流出分（distribution charges）の税率として20％となっている。

この2つの用語では「留保分の救済」と「流出分」については，1947年財政法第30条第4項に定義規定がある。この規定によれば，同法第34条に定義のある分配純額（net relevant distributions to proprietors）が事業利益税の課税対象となる利益よりも少額である場合，事業利益税の課税は，利益から分配純額を控除した差額に対し事業利益税が課税される。また，逆に，分配純額が利益よりも多額である場合，その差額分に対する税額が通常の事業利益税に加えて課されることになる。

この点についての筆者としての理解は，例えば，利益100に対して，分配純額が60とすると，差額の40に対して20％の税率が課税となる。逆に，利益80に対して，分配純額が100であった場合，80に対して25％（1947年財政法の税率）の税率が課され（税額20），差額である20に対して，20％の税率が適用されて税額が4となり，これらの合計額24が納付税額となるものと思われる。

(3) 事業利益税の適用対象となる利益計算

事業利益税の課税利益の計算における焦点は，所得税のシェジュールDにおける所得計算と異なり，独自の項目があるか否かという点である。

その1つは，国防税の規定（1937年財政法第22条：以下「第22条」という。）にある子法人（subsidiary companies）に関する規定である。この規定は，所得税にはないものである。

第22条の規定は，英国居住法人が，他の英国居住法人である親法人の子法人である場合[23]，親法人と子法人の課税対象事業年度に関する調整規定である。この場合，法人側の処理を認める旨を課税当局は文書により通知（notice）するのである。

1947年財政法第38条では，第22条に規定する通知により有効となるものとしては，次のものが規定されている。すなわち，通知に記載のある課税対象事業年度に関連する子法人の他の内国法人からの受取配当等の課税済所得（the franked investment income）と社外流出総額（gross relevant distributions）[24]は，親法人の対応する事業年度における課税済所得及び社外流出総額に含められる。

所得税と事業利益税の関連は，1952年財政法[25]第33条により，1951年末後に終了する課税対象事業年度における事業利益税は，1951-52課税年度以降の所得税の計算上，控除が認められないことになった[26]。

(4) 小　　括

法人の利益に対しては，所得税の課税が行われていたのであるが，事業利益税は，法人のみを対象として所得税の付加税であるが，この税が，超過利潤税の廃止と同時に導入されたことから，超過利潤税の歳入分を確保する目的があったことは明らかである。

事業利益税の税率に関して，理解が難しい点は，法人の利益留保を奨励する税率構造を採用している点である。これについて，王室委員会報告では，法人の利益留保を促進した理由として，インフレーションの抑制と留保利益の再投資が目的であったと分析している[27]。すなわち，配当を少額にすれば，その

分，消費が抑えられるという論理である。
　また，税率構造として，この税は2段階の税率になっていた点に特徴があるといえる。

8．法人への超過累進税（The Excess Profits Levy）

　1952年財政法第36条から第66条及び同法シェジュール8から12までは，法人利益を対象として超過累進税に係る規定である。この超過累進税は，1953年財政法[28]第27条により1953年に廃止となっている。

(1) 超過累進税の概要
　課税対象事業年度における法人事業の利益が標準利益（standard profits）[29]を超える場合，その超過部分に対して，30％の課税が行われる。なお，この課税における課税対象事業年度（chargeable accounting period）は，事業利益税における課税対象事業年度と同じである。また，この課税は，1952年1月1日に始まる期間を対象としている。
　この超過累進税は，所得税及び事業利益税とは異なる税目に分類されており，この税の納付額は，所得税及び事業利益税の所得等の計算上控除されない。
　この税の課税対象は，法人又は英国の通常居住者（ordinary resident）となる法人[30]による英国国内におけるすべての事業活動（投資法人による活動も含む。）である。ただし，通常居住者である法人で，その管理支配地が英国国外の場合，その株式のすべてが英国通常居住者でない法人により所有されている場合，その株式の10分の9以上が英国居住者或いは英国通常居住者以外の個人により所有されている場合は，適用対象外となる。

(2) 課税利益の計算等
　超過累進税における事業年度（accounting period）は，基本的に，連続する12

か月の会計記録が作成された期間をいう。

　この税の課税利益の計算は，基本的に，事業利益税の利益計算と同様であるが，事業利益税の利益計算を一部修正している。これについては，1952年財政法シェジュール9に規定があり，その主たる項目を列挙すると次の通りである。
　① 利益計算は，免税点及び投資所得を含まずに計算する。
　② 損失の繰越及び減価償却費の控除は除かれる。
　③ 合理的でない不必要な経費は損金不算入となる。
　④ 1事業年度で終了しない長期請負工事等の場合，その期に行われた契約遂行分が利益となる。

(3) 租 税 管 理

　まず，検査官が事業を行っている法人に対して，申告書を送付する。納付は，査定後1か月後までである。不服申立て等に係る手続きにおいて，この税独自に定められた規定はない。

9. 1965年財政法による事業利益税の統合[31]

　1953年財政法では，超過累進税が廃止されている。その後，税率の改正等があり，1965年財政法第46条において，従前の所得税及び事業利益税に代えて，法人税が規定された。

(1) 1965年財政法による主たる改正事項
　法人税における一般的な規定は次の通りである[32]。
　① 1964-1965課税年度では，付加税を除く所得税の課税に関連する所得税の規定は，法人の所得に対して，原則として適用されない。
　② 法人税は，英国居住法人の配当及びその他の分配（以下「配当等」という。）に対して課税されない。

③　配当等は，法人税の課税所得の計算上，控除されない。
④　配当等は，1965-1966 課税年度後の査定年度の所得税において，英国居住法人の配当等に関してシェジュールFとして課税となる。これらの配当等は，所得税の適用上，所得とみなされるが，課税になるのは，これらの所得の受領者の段階である[33]。
⑤　シェジュールFが1965年財政法により創設され，源泉控除[34]により所得税が徴収される。
⑥　英国居住法人が他の英国居住法人から配当を受け取った場合，課税済み受取配当の金額が配当の金額を上回る場合，その超過額は，翌年に繰り越しとなる。
⑦　1964-1965 課税年度における法人税率は40％である（1966年財政法第26条）。ちなみに，1964-1965年度における所得税の標準税率は38.75％である。1966年財政法により規定された個人所得税の税率は，41.25％である。また，個人所得税の場合は，その所得が2,000ポンドを超える場合，付加税（sur-tax）が課されていた。なお，この付加税は，1973年に廃止されている。

(2)　法人税の概要
法人税の構造に関する主たる事項は次の通りである。
①　法人は，場所を問わず生じた（wherever arising）すべての利益に法人税が課される。
②　法人は，信託，パートナーシップを通じて生じた利益等に課税され，法人の清算利益にも課税となる。しかし，受託者等として生じた利益については課税されない。
③　課税年度（financial year）に係る法人税は，その期間に生じた利益に対して課されることになる。法人税の査定は，法人の事業年度（accounting period）に対して行われる。事業年度に生じた課税所得は，事業年度に含まれる課税年度に配分される。例えば，事業年度が暦年で，課税年度が4

月から開始されるとすると，1月から3月までの分と，4月から12月までの分に按分計算が行われるということである。
④　事業年度に基づいて査定された法人税は，当該事業年度終了後9か月以内に納付されなければならない。遅れた場合は，査定後1か月以内となる。

(3)　外国法人の課税

外国法人は，支店（branch）或いは代理人（agency）（以下「支店等」という。）を通じて，英国国内において事業活動を行う場合に課税となる。外国法人で，支店等を通じて事業を行っている場合，課税対象となる利益は，支店等から直接，間接に生じた利益及び支店等により使用され或いは保有されている財産或いは権利から生じる利益で，かつ，英国非居住者である個人の場合に課される譲渡利益税（capital gains tax）の課税対象となる資産の処分により生じる課税対象利得である。

英国における外国法人課税において，租税条約において事業を行う一定の場所を示す用語として使用されている恒久的施設という概念はここでは用いられていない。支店或いは代理人という用語は，租税条約において定義されている恒久的施設概念よりも狭義である。1965年財政法のときには，英国居住法人の定義が制定法化されていなかったのである[35]。

これが，後の1988年制定の所得税・法人税法（Income and Corporation Taxes Act 1988）第11条（外国法人）では，恒久的施設（permanent establishment）という用語が使用されている。

1988年所得税・法人税法第11条における規定は，次の通りである。
①　外国法人は，英国に所在する恒久的施設を通じて，英国内で事業を行う場合，法人税が課される。
②　この場合，課税対象となる所得は，英国に所在する恒久的施設に帰属するすべての利益で，その生じた場所を問わない。この場合，恒久的施設に帰属する利益という意味は，恒久的施設を通じて又は恒久的施設から直

接・間接に生じる事業上の所得，恒久的施設において使用され又は所有されている財産又は権利からの所得，1992 年法第 10 条 B に適合する

(4) 課税所得の計算

法人税の所得計算は，基本的に所得税の原則を踏襲するものである。

10．1970 年までの変遷

1965 年財政法において，法人税の一本化がなされたが，1970 年制定の所得税・法人税法[36]と同年制定の租税管理法[37]までの過程において，以下に揚げる 1966 年財政法[38]における改正と法人税の管理に係る規定の整備，1968 年制定の税務上の減価償却費であるキャピタル・アローワンス（Capital Allowance）法等は次章における対象となる。

① Finance Act 1967 c. 54
② Provisional Collection of Taxes Act 1968 c. 2
③ Capital Allowance Act 1968 c. 3
④ Finance Act 1968 c. 44
⑤ Finance Act 1969 c. 32

1) 利益と所得に関する王室委員会報告は，2006 年に復刻され，3 分冊になっている。その正式な名称は次の通りである。
 Royal Commission on the Taxation of Profits and Income, Reprint ed. Germantown, NY : Periodicals Service Company, 2006, Reprint. Originally published : London : H. M. Stationery Off., 1952-1955.
 第 1 分冊は，次の 3 つの委員会報告と英国銀行協会及び英国産業同盟からの意見書を含むものである。
 ① First report, presented to Parliament by command of Her Majesty, February 1953.
 ② Second report, presented to Parliament by command of Her Majesty, April 1954.

③ Final report, presented to Parliament by command of Her Majesty, June 1955.
④ Memorandum of the British Bankers' Association to the Royal Commission on the Taxation of Profits and Income
⑤ Comments by the Federation of British Industries on the final report of the Royal Commission on the Taxation of Profits and Income with and Appendix on the report of the second Tucker Committee

第2分冊は，委員会議事録である。

Minutes of evidence taken before the Royal Commission on the Taxation of Profits and Income

この議事録は，1951年6月21日～1954年7月8日までの間で，21回の会議が開催されている。

第3分冊は，3回の報告書から構成されており，各報告書の内容は次の通りである。

第1回報告書の内容は次の通りである。

①序論，②現行英国税法の概要，③現行英国租税体系への批判，④送金原則，⑤対策，⑥結論，である。

第2回報告書の内容は次の通りである。

①論，②第1款：賃金及び給与の課税，③第2款：累進税率と所得区分課税

最終報告書における項目で本書に関連するものは次の通りである。

第1章（課税所得），第2章（法人課税所得），第5章（経費），第15章（減価償却資産），第16章（初年度償却），第18章（棚卸資産と利益計算），第19章（損失の救済），第20章（利潤税），第21章（利潤税（特殊法人）），第24条（国外利益），第25章（二重課税からの救済），第26章（シェジュールDにおける査定の基礎），第32章（租税回避），第33章（脱税），第34条（制定法化），である。

2) この報告書は，6分冊で公表されている。各分冊のうち，第3分冊と第4分冊が所得税に関するものである。
3) 標準税率とは，納税義務者の適用が最も多い税率のことである。
4) 1947年財政法第4款第30条に規定する税率は12.5％であるが，これらの税率は適用されず，事業利益税法（Profits Tax Act, 1949）第1条により改正されている。
5) The Profits Tax Act 1949, c. 64 (12, 13 & 14 Geo. 6).
6) 留保分に重課する方法は，1947年財政法第30条第2項及び第3項から始まっている。
7) David R. Davis, Principles of International Double Taxation Relief, Sweet & Maxwell 1985, pp. 29-32.
8) Finance Act 1916 c. 24 (6 & 7 Geo. 5).

9) Finance Act 1920 c. 18 (10 & 11 Geo. 5).
10) 英国では，この国際連盟により基礎研究に先立って，1919-1920 年「所得税に関する王立委員会報告」(Royal Commission on the Income Tax) 全 4 巻がまとめられ，第 1 巻から第 3 巻までが委員会の速記録と関連する資料であり，第 4 巻が報告書（以下「報告書」という。）と資料及び索引となっている。

 国際的二重課税に関する検討結果は，この問題に関して王立委員会より委託を受けた小委員会の報告書が付属書Ⅰ（以下「付属書」という。）に記載されている。

 この当時の状況は，大英帝国とその自治領との間の大英帝国内における二重課税が問題視されており，1917 年に開催された帝国戦争委員会（Imperial War Conference）において英国本国と海外の大英帝国の海外領土の双方で事業活動或いは投資活動を行う場合について当時の税法の検討を提唱している（付属書パラグラフ 6）。

 当時の大英帝国の自治領であったインド，カナダ，ニューファンドランドの国々はそれぞれに独自の税制を制定しており，所得税において居住者については全世界所得の課税を行っている。またこれらの国々以外のオーストラリア，南アフリカの所得税では，国内源泉所得のみが課税となっていた（付属書パラグラフ 9）。
11) この租税条約の正式名称は，Convention between the United Kingdom of Great Britain and Northern Ireland and the United States for avoidance of double taxation and prevention of fiscal evasion. である。英国は，英米租税条約に続き，対カナダ，対南アフリカ，対南ローデシア（現ジンバブエ），対オーストラリア租税条約を締結している。
12) Finance (No. 2) Act 1945 c. 13 (9 & 10 Geo. 6).
13) Final report, presented to Parliament by command of Her Majesty, June 1955, p. 160.
14) Finance Act 1953 c. 34 (1 & 2 Eliz. 2).
15) 注 9）引用の報告書のパラ 734-736 に外国税額控除に関する次のような例示がある。
  ① 当時の計算例
    A 国，B 国及び英国源泉所得は，各 110 とする。A 国の税率は 60％，B 国は 30％，英国は 45％である。この場合，A 国と B 国の一括控除限度額方式で計算すると税率の平均化が行われることから，国別控除限度額方式により，A 国の税額 66 のうち，30 を所得から控除して A 国の税額を 36 とし，英国における総所得を 300（80 + 110 + 110）とする。英国の算出税額は 135（300 × 45％）で，外国税額控除 A 国 36，B 国 33 を控除すると，66 となる。
  ② 一括控除限度額方式を採用した場合の例として①にこれを適用すると，国外源泉所得が 220（110 + 110），英国所得が 110 であるから総所得は 330 となる。

算出税額は148.5（330 × 45％）であり，A国とB国の税額合計99を控除すると，英国における納付税額は49.5となる。しかしこの方式の使用は，報告書では否定されている。

16) Ibid. パラ 542-559.
17) Ibid. パラ 543.
18) Ibid. パラ 49-57.
19) Finance Act 1937 c. 54 (1 Edw. 8 & 1 Geo. 6).
20) Finance Act 1947 c. 35 (10 & 11 Geo. 6).
21) The Profits Tax Act, 1949, c. 64 (12, 13 & 14 Geo. 6). 1949年財政法には事業利益税に関する規定はない。
22) 1937年財政法第20条。条文上の用語は，「会計期間」であるが，ここは敢えて事業年度という訳語を使用した。
23) この場合の親子法人の要件は，子法人の普通株式の10分の9以上が親法人に所有されている場合である。
24) 1947年財政法第35条によれば，株主等への社外流出総額は，法人の構成員に対する分配総額であると定義されている。
25) Finance Act 1952 c. 33 (15 & 16 Geo. 6 & 1 Eliz. 2).
26) 1952年制定の所得税法第141条では，事業利益税の税額は，利益計算において控除できることが規定されている。
27) Comments by the Federation of British Industries on the final report of the Royal Commission on the Taxation of Profits and Income with and Appendix on the report of the second Tucker Committee, op. cit., pp. 158-159.
28) Finance Act 1953 c. 34 (1$2 Eliz. 2). 1915年第2次財政法により導入された超過利潤税（Excess Profits Duty）は1921年に廃止され，その後，1939年から1946年まで戦時下において再導入されたものである。超過累進税（Excess Profits Levy）は，税の名称が異なることから，超過累進税という訳を使用しているが，その内容は，超過利潤税と同様といえる。
29) 標準利益は，1952年財政法第38条に規定があり，1947年以前に開始となる事業の1年分の法人利益の2分の1である。また，これ以外の場合については，第38条第6項等に規定がある。なお，法人は，選択により，5,000ポンドを標準利益とすることができる（同法第41条）。
30) 通常の居住者という用語は，現在では，個人の納税義務者の分類に使用されており，一定の期間（3年を超えて）英国に居住する個人がこれに該当する。1950年代であれば，1945年に締結した英米租税条約において，すでに恒久的施設（permanent establishment）という用語を使用していることから，在英の外国法人の支店を恒久的施設という表現で法定化することができたのであろうが，英国税法

では，伝統的に，場所的な概念である恒久的施設を使用せずに，英国内における事業活動を課税要件としたものと思われる。
31) 1953年財政法以降，1964年までの財政法は巻末資料参照。
　　上記の財政法以外に，1964年に政府が白書（Government White Paper：A Scheme for an Accounts Basis for Income Tax on Company Profits）により，前年度の利益に基づいて査定をする法人所得税と，現年分の利益に基づいて査定をする事業利益税を統合する問題を検討している。
32) Finance Act 1965 c. 25.
33) 英国は，1972年財政法（1973年4月より施行）によりインピュテーション制度を導入して配当に係る二重課税を排除してきたが，1999年4月6日をもって廃止している。この1972年財政法以前の配当課税は，法人と個人の双方に課税となる古典的といわれる方式であった（Kay, J. A. and King, M. A, The British Tax System : Fifth Edition, pp. 158-159）。
34) 英国では，賦課課税制度のため支払配当が法人税の納付より先になる。その場合，支払配当額から法人税相当額を控除することになるが，これを源泉控除といい，所得税の源泉徴収と異なるものである。源泉徴収は，その所得の受領者が負担する税額をその支払者が支払時に天引きする方式であるが，源泉控除は，その金額の受領者が負担する金額を控除するのではなく，その支払者が負担する税額相当額を控除するものである。
35) Dicker, A., Taxation of UK Corporation Investment in the US second edition, Butterworth 1995, p. 58. 制定法化以前は，判例法により法人の居住形態が判定されていた。以下は，その代表的な判例である。
　① Calcutta Jute Mills Co. Ltd. v. Nicholson (1 TC 83) (1876). 管理支配地により判定。
　② De Beers Consolidated Mines Ltd v. Howe (5 TC 198) (1906). 管理支配地により判定。
　③ Bullock v. The Unit Construction Co. Ltd (38 TC 712) (1959). 外国において設立された法人が，英国居住法人となる場合。
36) Income and Corporation Taxes Act 1970 (1970 ch. 10).
37) Taxes Management Act 1970 (1970 ch. 9).
38) Finance Act 1966 c. 18.

第 10 章

法人税法の分離—1960 年代を中心に

はじめに

　前章において，1965 年財政法（以下「1965 年法」という。）における法人税の一本化まで触れたことから，本章では，1965 年法及びそれ以降の 1968 年制定の資本控除法（Capital Allowance Act 1968：以下「1968 年資本控除法」という。），1970 年制定の所得税・法人税法（以下「1970 年法」という。）を検討対象とする。

　この次の時代区分では，1972 年財政法によるインピュテーション制度の導入，1988 年制定の所得税・法人税法[1]等が検討対象となる。なお，1970 年代には，譲渡収益税法（Capital Gains Tax Act 1979）が新たに制定されている。

1. 法人利益に対する所得税と事業利益税（profits tax）の課税

　1965 年法により，所得税と事業利益税が一本化されたことは前章においてすでに述べた通りであるが，本章では，前章で取り上げなかった所得税と事業利益税の重複課税における問題点の分析から始めることとする。

(1) 所得税と事業利益税の課税の概要

　1965 年法による税制改正により法人税一本化が行われるまでは，法人利益に対して所得税と事業利益税が重複して課されたのである。法人の事業所得に対しては，所得税法に規定する標準税率[2]による課税と事業利益税による課税が行われた。そして，課税対象となる所得については，課税対象事業年度に基

づく課税を行う事業利益税と財政年度（4月6日から翌年4月5日までの期間）に基づき課税を行う所得税では，2つの税目が同一の利益を基礎とした査定に基づくものではなかったのである。この点が法人税一本化の原因と思われる。

事業利益税は，個人に対する所得税課税における所得税付加税と同様に，法人の所得に対して，所得税として標準税率による課税があり，これに加えて事業利益税の課税が二重に課税されたのである。歴史的に見れば，20世紀に入って所得税に累進税率が導入される前の時期では，所得税率がフラットな比例税率であったことから個人或いは法人に対する適用において大きな問題はなかったが，累進税率導入後では，法人に対して，所得税の標準税率の他に，法人を適用対象とした付加税があった。

1920年から4年間課税となった法人利益税（corporation profits tax），1937年創設の国防税，1947年財政法により国防税を引き継いだ事業利益税の系譜であるが，法人課税が個人所得税の前取りであり，かつ，税源としての存在を考慮すると，1965年法による法人税一本化は，すでに多くの国において取り入れられている法人課税と同様の課税方式を英国が採用したものといえるのである。

(2) 所得税付加税（sur-tax），超過利潤税及び超過累進税との関連

所得税付加税は，1910年財政法第66条により創設された時点では，累進付加税（super-tax）いう名称であった。この税は，その総所得が5,000ポンドを超える個人を対象として，総所得の免税点を3,000ポンドとして，これを超過する金額に対して2.5％の税を課したのである。この税目は，1927年財政法第3款第38条により所得税と統合され，同法第38条第2項にsur-taxに名称変更の規定がある。この名称変更後においても，この税目の対象は，個人であり，個人は，所得税として標準税率が適用され，所定の所得を超える者に対しては所得税付加税が課されることになっていた。そして，この所得税付加税は1973年に廃止されている。いずれにしても，この税目は個人が対象であることから，原則として法人課税との関連はないが，特定の租税回避の場合には，

所得税付加税の適用があった[3]。

　超過利潤税は，1915年第2次財政法第38条により創設され，1921年財政法第35条により一時廃止となっている。この税は，所得税付加税とは異なり，すべての事業所得を対象としていることから，法人又は個人という納税義務者による区分はない。その後，この税は，1939年第2次財政法第12条において再度導入され，1940年4月1日以後に開始となる会計期間から，従前の60%による課税に代えて，100%による課税となった。標準利益（standard profits）は，1944年財政法5款第32条第1項の規定により，1944年3月後に開始となる課税年度から1,000ポンドに改正されている。

　1945年第2次財政法3款第29条では，1940年の改正が1946年1月1日後に開始となる課税年度から適用されないことになった。1946年財政法第36条により，1946年末後に開始となる課税年度から超過利潤税の適用は廃止となった。

　その後，1952年財政法第36条から第66条及び同法シェジュール8から12において，法人利益を対象として超過累進税（The Excess Profits Levy）が規定された。この超過累進税は，1953年財政法第27条により1953年に廃止となっている。この超過累進税は，課税対象事業年度における法人事業の利益が標準利益（standard profits）を超える場合，その超過部分に対して，30%の課税が行われる。なお，この課税における課税対象事業年度（chargeable accounting period）は，事業利益税における課税対象事業年度と同じである。また，この課税は，1952年1月1日に始まる期間を対象としている。この超過累進税は，所得税及び事業利益税とは異なる税目に分類されており，この税の納付額は，所得税及び事業利益税の所得等の計算上控除されない。

　以上のことから，所得税，事業利益税（創設時：国防税），超過利潤税（1952年以降は超過累進税）の3税が課された時期は，次の通りである。

① 1940年4月以降から1946年末まで
② 1952年1月から1953年まで

上記①及び②の時期において，事業を営む個人と法人の所得に課された税

は，個人に対して，①の期間に所得税，所得税付加税及び超過利潤税が課され，法人は，①及び②の期間に，所得税，事業利益税及び超過利潤税（超過累進税）が課されたことになる。

(3) 所得税における事業利益税の控除の可否

この両者の関係は，時系列に並べると次の通りである。なお，すでに述べたように，超過利潤税の税額は，所得税及び事業利益税の計算上関連しない。

① 1937年財政法第25条（国防税）では，課税対象事業年度（chargeable accounting period）における事業所得に所得税を計算する場合，国防税としての支払額は費用として控除することが規定されている。

② 所得税と事業利益税の関連は，1952年財政法第33条により，1951年末後に終了する課税対象事業年度における事業利益税は，1951-52課税年度以降の所得税の計算上，控除が認められないことになった。

この上記②に記述した1952年財政法における改正は，超過累進税の廃止と同時期であることから，両者に関連があるように思われる。

2. 1960年から1970年の間の立法

1960年から1970年までの間の所得税法等を規定した財政法等は以下の通りである[4]。

この時期における租税関連立法で特徴となるものとしては，毎年立法される財政法を除くと，税法上の減価償却を規定した1968年資本控除法がある。英国税法における減価償却については，1945年立法の所得税法（Income Tax Act 1945）が事業用有形資産の減価償却と無形資産の償却を中心として規定したが，資本控除法は，1945年所得税法の後継である。

特徴の第2は，1970年立法の所得・法人税法である1970年法である。1970年法は，法人税として所得税と分離した形になり，この後に，1988年立法の所得・法人税法へと繋がるのである。

特徴の第3は，1970年立法の租税管理法（Taxes Management Act 1970）である。この租税管理法については，本書第1章で取り上げている[5]。

全体として，この時期は，法人税制が所得税から分離して，独自の展開を迎えるのである。

3. 1965年法における法人税

⑴　概　　要

1965年法第4款（法人及び法人からの分配に対する課税）第46条から第89条及び同法シェジュールに法人課税についての規定が設けられた。この規定は，法人の所得（the income of a company）に法人税（corporation tax）を課すというものである[6]。

この1965年法は，法人からの配当に関する法人と個人株主における二重課税の調整を行わない方法を採用している[7]。この状態は，1972年財政法によるインピュテーション制度の導入まで続くことになる。

1965年法第49条は，法人税の概要に係る規定である。この規定にある法人税の特徴を掲げると次の通りである。まず，以下の前提として，当時の英国法人税は，課税当局が法人からの申告等に基づいて税額を査定する賦課課税制度であったことを理解しておく必要がある。

第1に，法人税の対象となる法人の利益（profits）について，信託，パートナーシップ，法人の清算所得を含み，自らが受益者となる場合を除き，受託又は代理している財産等に係る利益は課税されないことになる。

第2に，英国居住法人は，全世界所得が英国において課税となるが，英国非居住法人（以下「外国法人」という。）の課税については，同法第50条に規定がある。外国法人は，英国に所在する支店或いは代理人を通じて英国国内において事業を行う場合にその生じた場所にかかわらずすべての利益に課税となる。この英国の外国法人課税は，英国支店等に帰属する利益であれば，国外における取引から生じたものであっても英国において課税対象となるというものであ

る。この点は，日本或いは米国における外国法人課税とその課税原則が異なっている。

第3に，原則として，法人税は課税年度（financial year）に生じた利益に課されるが，法人税の査定は，法人の事業年度（accounting periods）に基づいて行われる。英国における課税年度は4月から翌年の3月[8]であることから，課税対象となる事業年度の利益は，課税年度に振り分けられる。

第4に，査定された法人税は，事業年度終了後9か月以内に納付することになっており，遅れた場合は，査定後1か月以内となっている。

第5に，法人は，株主への配当及びその他の分配に際して，所得税を源泉徴収する義務がある。

(2) 所得計算

1965年法第53条以下には，所得計算に係る規定が置かれている。

第1は，法人税の課税所得の計算は，所得税における所得計算の原則を準用している点である。ただし，この計算では，個人所得税において適用される人的控除等の適用はないが，税法上の減価償却費の控除等が認められている。なお，1965年に適用されている所得税法は1952年制定の所得税法[9]とその後の財政法による改正事項ということになる。

第2に，法人税の課税所得として査定の対象となるのは，課税年度ではなく事業年度である。また，事業年度終了後9か月が納期となる新設法人を除き，法人税の納付は1月1日である。これは，予定納税に近いもので，課税当局による査定による決定通知書を納税義務者が受領した後の最終税額ではない。

第3は，所得税に規定された所得区分（シェジュール）により異なる源泉から生じた所得（譲渡収益を含む。）を合計して総利益（total profits）を計算する。この総利益から控除項目を差し引いて課税対象金額を算定する。英国の場合，定期的な支払項目（例えば，利子）をチャージ項目（charges on income）として控除項目の中でも区分されており，そのうちのいくつかの項目は源泉徴収の対象となる。また，控除できない項目としては，配当或いはその他の分配があ

る[10]。

　第4は，配当に関する処理等である。最初に，英国法人から個人株主に対する配当等は，配当支払法人がシェジュールFに従って当該支払配当から所得税を源泉徴収する。ただし，子会社から配当又は共同会社（コンソーシアム）による共同の支配を受けている法人からの配当については，源泉徴収についての選択が認められていた。次に，英国居住法人から配当を受け取った場合の他の居住法人の処理である。この場合，配当を受領した法人において受取配当に係る課税はない。このような配当を課税済所得（franked investment income）という。

　第5は，閉鎖法人（close companies）に関する規制である。1965年法第74条から第79条までにその規定がある。最初に，閉鎖法人の要件であるが，この規定は，1965年法シェジュール18にある。その要件は，法人が5名以下の関係者或いは役員となる関係者のいずれかにより支配されていることである。ただし，これらの要件を満たす場合であっても，議決権株式（一定率の配当を受け取る権利のある株式を除く。）の35％以上が公開されている法人で，その株式が前12か月間に公認株式市場で取引されており，その株式が公認株式市場の公式のリストに登録されているときは，閉鎖法人には該当しない。この閉鎖法人の要件に該当すると，役員報酬の損金算入の制限等がある。

　第6は，1965年法第58条以降に規定のある事業上の損失の繰越である。この損失の繰越期限は，事業が継続している限り無期限である。また，同一事業年度中に生じた事業所得以外の所得との相殺も可能である。

　1965年法における特徴の1つは，前述の閉鎖法人に対する法整備である。この規定自体は，日本の法人税における同族会社に係る規定とその趣旨において類似するものもあるが，法人と個人に対して同じ所得税法を適用するのではなく，閉鎖法人等に関する規定の整備を通じて法人税としての骨格が徐々に出来上がってきたといえる。

4. 1966年財政法以降

　1965年法により法人税が個人所得税とは別に規定されることになって以降，法人等への課税は，1966年財政法（以下「1966年法」という。）以降の財政法及び1968年資本控除法[11)]を経て1970年法へと展開することになる。

　1966年法では，同法第3款第26条において，1964-1965財政年度における法人税率が40％と規定されている。また，同法シェジュール5には，法人税法の改正点として，1965年法の改正或いは補正等が規定されている。

　1966年法において取り上げる規定は，外国税額控除における間接税額控除に関するものである。米国は，1918年所得税法第240条(c)において，間接税額控除を導入したが，英国は，1952年制定の所得税法（Income Tax Act 1952）シェジュール17第1款第3項において，外国法人からの支払配当に係る二重課税からの救済を規定した。この規定によれば，英国連邦に所在する外国法人からの支払配当を，その支払配当法人の議決権株式の50％以上を直接間接に支配する英国居住法人が受け取る場合，当該配当に係る間接税額控除が行われるとしている。

　この1952年所得税法の規定が1965年法により延長されたが，1966年法第30条により改正されている。間接税額控除の適用要件として，英国連邦法人の場合は，英国居住法人の持株割合は10％，英国連邦以外の法人の場合は25％となっている

　1967年財政法では，シェジュール10にグループリリーフ制度が規定されている。この制度は，グループ内法人において生じた事業上の損失を他のグループ法人の利益と相殺することを認めたものである。

　1968年財政法第13条では，法人税率が1967課税年度より42.5％となっている。

5．1968年資本控除法

(1) 概　　要

　税法上の減価償却である資本控除（capital allowance）については，1945年所得税法（Income Tax Act 1945：以下「1945年法」という。）がそれ以前の財政法等において規定されていた減価償却関係の規定を総括した。1968年資本控除法は，この1945年法を継承するものであり，この流れは1990年に制定されている資本控除法（Capital Allowance Act 1990）へと引き継がれるのである。

　1968年資本控除法の構成は，第1款が「資本的支出への主たる救済」という見出しで，資産の種類別の減価償却に係る規定が置かれている。第2款は試験研究，第3款は総則というものである。

(2) 税法上の減価償却の沿革[12]

　ここで対象となる資産は資本資産（capital asset）であるが，日本の税法上でこの用語を使用しておらず，また，英国税法においても定義がないことから，この用語を定義している米国内国歳入法典（Internal Revenue Code）第1221条を参考にすると，株式，内国歳入法典第167条の規定する減価償却の対象となる事業用資産又は事業用不動産及び著作権等が資本資産から除かれると規定されている。しかし，英国がこの米国の定義と同様に資本資産を定義しているかどうかは不明である。英国の場合は，資本的支出により取得する資産である資本資産取得に要した金額を事業上の利益計算において費用として控除できないことを定めている。そして，当該資産については，企業活動に使用されて摩損（wear）或いは破損（tear）若しくは陳腐化等によりその価値が減少するが，企業会計では，これらについて利益計算上減価償却費として控除していたが，税法上ではこの規定が所得税法上に当初から置かれていたものではない。この点が，英国税法における特徴の1つといえよう。

　英国の税法における減価償却に関する沿革としては，減価償却に関する税法

上の初めての規定は，1878年関税及び内国税法第12条である[13]。これ以降，税法において認められる減価償却は，機械及び設備に限定されていたが，その後，減価償却の範囲を建物まで拡大することを提案したのは，1919年から1920年に作成された所得税に関する王室委員会の報告（Royal Commission on the Income Tax）である。

そして，1945年法が制定され，この法律は全8款の構成であるが，第1款は産業用の建物及び構造物，第2款は機械及び設備，第3款は鉱山，油井等，第4款は農業土地と建物，第5款は特許権，第6款は試験研究費，第7款は減価償却の特例，第8款はその他一般，という構成である。

1945年法の規定における特徴は，初年度償却（initial allowance）が，産業用の建物及び構造物については適用されることを規定したこと，試験研究に係る規定を置いたこと等がある。1945年法における初年度償却率は，事業用建物等が10％（通常償却2％），機械設備が20％である[14]。1945年法は，税法上の減価償却に係る規定を整備したものであり[15]，第2次世界大戦終了後の立法ということから判断して，戦時中の軍需産業において使用された設備等の早期償却を意図したものといえる。

1945年法の後は，1952年所得税法第10款に規定があり，機械設備の初年度償却率は40％になっている。そして，1954年財政法第16条に，投資控除（investment allowances）が創設され[16]，1968年資本控除法が成立するのである。その後，1971年財政法（Finance Act 1971）第3款第44条第2項において，機械設備に関する償却率が25％となった。

英国における税務上の減価償却は，資本的支出を所得計算上控除しないという原則に基づいているといえる。そして，1945年法前の規定は，機械設備等の摩損（wear）或いは破損（tear）を原因とする資産価値の下落を中心に展開し，後にその対象が建物まで拡大するが，これらについて税務上手当をしたのである。

6. 1965年財政法と1970年所得・法人税法の比較

(1) 概　　要

所得から法人税の分離があったのは1965年財政法であるが，法人税という名称で立法化されたのは，1970年所得・法人税法（Income and Corporation Taxes Act：以下「1970年法」という。）である。

1970年法の構成は，全20款，条文は第1条から第540条である。法人課税（company taxation）は，同法第11款第238条以降である。この1970年法は，1988年立法の所得・法人税法に引き継がれることから，法人課税という側面では，1965年法がより大きな意義を持つといえよう。

1965年法における法人課税が40条余の条文から構成されているのに対して，1970年法が1965年法を発展拡充したものであることがわかる。以下は，2つの法律の構成の比較である。

(2) 1965年法の構成

1965年法については，前章においてすでに述べたところであることから，1965年法第9款の見出しをまとめると以下の通りである。

① 総論（第46条から第48条）
② 法人税（第49条から第61条）
③ 所得税と法人税双方に影響を及ぼす一般規定（第62条から第65条）
④ 地方公共団体，ユニット・トラスト及び特殊な法人（第66条から第73条）
⑤ 閉鎖法人（第74条から第79条）
⑥ 開始と経過規定（第80条から第87条）
⑦ 補足事項（第88条から第89条）

この他に，シェジュール11以降に，法人課税関係の規定がある。

(3) 1970年法の構成

1970年法第11款の法人課税は，全3章に規定している。また，同法第12款は，保険会社等の特殊な会社に係る規定であるが，以下は，第11款の構成である。

① 第1章　主要な諸規定（総論，法人税，課税済配当，グループ所得，グループリリーフ）

② 第2章　法人の譲渡収益（総論，優良株式に係る免税等の制限，法人のグループ，価値の下落した証券等の取引による損失）

③ 第3章　閉鎖法人（閉鎖法人の意義，配当として扱われるものに係る追加事項，貸付金等に係る課税，配当等に係る不足に対する課税，付加税の配分，情報，一般的な定義）

1965年法と1970年法との比較では，1970年法には，1967年財政法により導入されたグループリリーフ制度の規定があり，ここに相違点がある。

7. 1967年法と1970年法におけるグループリリーフ規定の比較

(1) 現行のグループリリーフ制度の概要

現行の英国のグループリリーフ制度[17]は，その適用後の所得と税額について個別法人が納税義務を負うことが基本であり，振替金額等の取扱いについてもグループ全体を調整するものではなく，グループ内の譲渡損益は認識しない（1970年法第273条）。その適用条件は，双方の法人が合意することを条件として，黒字法人が，赤字法人から欠損金額の全部または一部の振替を受けて，自己の所得と相殺することができることである。

この方式のメリットは，選択適用ができ，振替先は自由に選択でき，限度額以内であれば振替金額は自由であり，継続的適用要件はなく，対価支払いは自由であり（ただし，会社法等の理由から実際は対価の支払いは行われている。）課税所得への影響はないことである。この方式は，日本の連結納税制度導入に際して検討対象とされたが，欠損金額の供与又は売買という概念が，わが国において

なじみのないものとして検討対象から外された経緯がある。

以下は，英国グループリリーフ制度の概要である。

イ　75％グループ

この75％グループの場合の内容は，親会社がその株式の75％以上を所有する子会社又は共通の親会社に75％以上株式を所有されている子会社とその親会社がグループを形成し，グループ内法人は，次のような処理を行うことになる。

① 利益法人が，欠損法人から欠損金額の全部または一部の振替を受けて，自己の所得と相殺することができる。この場合，原則として，利益法人と欠損法人の間において合意することが必要となる。したがって，この場合，当該欠損法人は，振替対象となる事業年度の欠損金額のすべてを他のグループ内の特定の利益法人に振替ることもできるが，その欠損金額を分割して，グループ内の利益法人数社に対して振替ることもできる。

② 75％グループについて，利益法人及び欠損法人は，英国非居住法人に直接支配されていない内国法人でなければならない。したがって，共通の親会社が英国非居住法人である英国内国法人（いわゆる兄弟会社）は，この制度の適用を受けることはできないが，当該英国非居住法人が英国に当該兄弟会社の持株会社としての内国法人を設立するような場合，この制度の適用を受けることが可能となる。

③ この方式は，グループ全体で連結納税申告書を提出するのではなく，グループ内において欠損金の振替後に，各法人が，個別申告を行うことになる。

④ この方式の使用は，選択適用であり，継続適用を義務付けられない。

なお，上記の75％グループの他に，その他の制度については，以下においてその概要を説明する。

ロ　共同会社（Consortium Relief）

普通株の75％以上が5％以上の持株を有する内国法人により直接及び実質的に所有されている会社（共同会社）の場合，その共同所有株主が利益法人又

は欠損法人であるときに，次の法人を相手方として振替が行われる。
① 共同所有され，かつ，他の法人の75％子会社でない事業法人
② 共同所有される持株会社の90％子会社であり，かつ，他の法人の75％子会社でない事業法人
③ 共同所有され，かつ，他の法人の75％子会社でない持株会社

この方式では，適用対象法人間において振替できる欠損金額は，共同会社に対する持株割合に応じた金額である。

(2) 1967年財政法の規定

本章においてすでに述べたように，法人税におけるグループリリーフ制度は，1967年財政法第20条及び同法シェジュール10において創設されたものである。

第20条に規定するグループリリーフ制度の適用となる要件は次のいずれかである。
① 損失移転法人（surrendering company）が共同会社に所有されている事業法人で，法人の子会社でなく，かつ，損失受入法人（claimant company）が共同会社のメンバーである場合，或いは，
② 損失移転法人が事業法人である場合で，共同会社により所有されている持ち株会社の90％子会社であり，かつ，持ち株会社を除く，法人の子会社でない場合で，さらに，損失受入法人が共同会社のメンバーである。或いは，
③ 損失移転法人が共同会社に所有される持ち株会社で，法人の子会社ではなく，かつ，損失受入法人が共同会社のメンバーである。

前述した現行法と比較すると，創設時のグループリリーフの適用要件は，現行法の75％リリーフにはなっていない。

(3) 1967年財政法シェジュール10

シェジュール10（グループリリーフ）に規定のある13条の見出しは次の通り

である。
① 事業損失（第1条）
② 資本控除（第2条）
③ 管理費（第3条）
④ 所得への課税（第4条）
⑤ 他の救済規定とグループリリーフ規定の関連（第5条）
⑥ 対応する事業年度（第6条）
⑦ グループ或いは共同会社（consortium）への加入と離脱（第7条と第8条）
⑧ 二重控除の排除（第9条）
⑨ 請求と調整（第10条）
⑩ 3年の剰余（第11条）
⑪ 国外事業所得を有する法人（第12条）
⑫ 所定の証券取引からの課税上の特典の抹消（第13条）

(4) 1970年法

1970年法では，グループ所得として，第256条（グループ所得），第257条（グループ所得への選択）があり，グループリリーフとして，第258条（グループリリーフ），第259条（グループリリーフの種類），第260条（他の救済規定とグループリリーフ規定の関連），第261条（対応する事業年度），第262条（グループ或いは共同体への加入と離脱），第263条（二重控除の排除），第264条（請求と調整）である。したがって，条文の見出しとしては，前出の1967年法シェジュール10の⑤から⑨までが同じということになる。

(5) 小　　括

日本における連結納税制度導入における理論的検討は，租税の中立性及び健全性を中心に議論されたのである。すなわち，法人の組織上の分化である完全子会社等に対しては，連結してその税額を決定することは，法人内において損益通算ができる事業部制と比較しても理論的に整合性があるといえるのであ

る。また，経済の実態として，持株会社等による法人グループが存在していることから，このようなグループを一体としてみることは，課税の健全性，便宜性の観点からも自然であったのである。

しかし他方，平成14年度税制改正の要綱（平成14年1月17日閣議決定）によれば，平成14年度の税制改正による増減収見込額のうち，連結納税制度に関連するものとして，平年度の税収減は約8,000億円であり，連結納税制度の導入は法人減税であったことも事実である[18]。

このような日本における状況から類推して，英国では，第2次世界大戦後の労働党政権下（アトリー内閣）[19]において実施された主要産業の国有化と社会福祉政策により，サッチャー政権が各種の改革を実施する1970年代後半までの1960年から1970年代の期間，経済の停滞があったのである。このことから，法人税関連規定の整備と一体で，法人グループに対して減税を行ったものと思われる[20],[21]。

8. 1970年法における法人所得の計算

1965年財政法により法人税が所得税から分離し，1967年財政法では，グループリリーフ制度が創設され，1970年法において法人税という名称による立法が行われたのである。

すでに述べた事項を整理すると，1965年法は，それ以前に施行されていた事業利益税を継承していることである。したがって，1965年法以降の法人税は，法体系上では所得税から分離した形にはなっているが，事業利益税が法人税の前身である。

そして，1965年法と1970年法における法人税の概要と所得計算に関する規定は，基本的な原則において，両者に大きな相違がない。したがって，再度，英国法人税に関する規定を分析するのであれば，1965年法の成立時までさかのぼる必要がある。以下では，1965年財政法の法案に関して当時の大蔵大臣が議会に対して作成した説明資料[22]に基づいてまとめることとする。

(1) 総　　論

　法人税が個人に対する課税と分離した税目であり，法人はその利益（profits）及び所得（income）のすべてに法人税の納税義務を負うことになり，これらに対する所得税の納税義務はなくなり，また，法人のみを対象としていた事業利益税が廃止されている。ただし，個人株主は，法人からの配当及びその他の分配に関して所得税の納税義務を負い，法人は，配当等からの源泉徴収義務を負うことになる。

(2) 査定の基準（Basis of assessment）

　当時の法人税の課税は賦課課税方式であったことから，法人の納税額に関しては，課税当局による査定が行われていたのである。この査定の基準となる期間は，適用となる法人税率が定まっている4月から翌年の3月末の課税年度（financial year）ではなく，法人の事業年度（accounting periods）[23]とした。したがって，課税年度により法人税率が改正された場合，法人の事業年度が暦年とすると，1月から3月までの期間と，4月から12月までの期間に分けて行うことになる。

(3) 法人税の納期限

　現存する法人の場合は1月1日，新設法人の場合は事業年度終了後9月である。

(4) 配当に係る源泉徴収

　法人は，創設されたシェジュールFに基づいて，配当及びその他の株主への分配について所得税の源泉徴収を負い，源泉徴収税額を月次で歳入庁に報告する義務がある。

(5) 他の内国法人からの受取配当

　当該配当の受取法人では，源泉徴収済みの配当を受け取ることになるが，英

国では，当該受取配当に法人税の課税をしないが，日本の法人税のように法人税額から源泉徴収された所得税額を控除することはできず，原則として，配当受取法人は，受取配当に係る源泉徴収税額を支払配当からの源泉徴収税額と相殺することになる。ただし，受取配当法人に事業損失が生じた場合は源泉徴収された所得税の還付を受けることができる。

(6) 外国税額控除

法人税において外国税額控除が認められている。間接税額控除を受ける場合は，海外法人の普通株式の25％以上の所有要件が必要である。

(7) 非居住者への支払配当に係る源泉徴収

英国法人から非居住者である株主に支払われる配当については，標準税率により源泉徴収を行うが，租税条約が適用になる場合はこの限りではない。

(8) 事業損失の処理

事業損失は，翌期以降に繰り越して同じ事業上の利益と相殺するか，同じ事業年度及び過年度分の他の所得と通算する選択肢もある。なお，法人が解散する場合は，3年遡及ができる。受取配当に係る源泉徴収税額の還付については，前出(5)で述べた通りである。

(9) 資 本 控 除

法人税においても資本控除が認められる。利益がない場合の資本控除は認められない。

(10) 組 織 再 編

所有権の変更を伴わない法人の組織再編成の場合，再編成された法人の損失及び未使用の資本控除は繰り越されて新法人の利益と相殺される。

⑾ 閉鎖法人

閉鎖法人については，1965年法の箇所で述べていることからそのポイントだけ掲げると，事業利益税の場合と同様に，役員報酬に制限等がある。

⑿ 小　　括

英国法人税の特徴は，シェジュール制に基づいてシェジュールごとに所得が計算され，これらの所得と課税対象となる譲渡収益（capital gains）を加えた合計額が総所得（total income）となる。現行の英国法人税は，申告納税方式に変更されているが，シェジュール制度は存続している。形式面では，1803年に制定されたアディントンの所得税に規定されたシェジュール制と源泉徴収制度が英国法人税の出発点である1965年法においても改正の対象とならなかったのである。

この改正に関する論評[24]によれば，この立法までの間，租税裁判において生み出されてきた多くの解釈を反映させることといわれているが，英国法人税が1965年をもって本格的に開始されたのである。

1) Income and Corporation Taxes Act 1988 (1988 ch. 1). 英国では，毎年の税制改正は，財政法（Finance Act）により立法され，一定の期間を経たのちに，所得税法等として，毎年の財政法による改正によって累積した法令を整備するのが一般的である。所得税・法人税法は，1970年に制定されたのち，1988年まで立法化されていない。
2) 事業利益税の税率の変遷は巻末資料参照のこと。
3) 同族会社は，一定の条件に合致する場合，留保所得に付加税の課税があった。
4) この時期の英国首相は次の通りである。
　① 1957年1月～1963年10月　マクミラン首相（Harold Macmillan）保守党
　② 1963年10月～1964年10月　ヒューム首相（Sir Alec Douglas-Home）保守党
　③ 1964年10月～1970年6月　ウィルソン首相（Harold Wilson）労働党
　④ 1970年6月～1974年3月　ヒューム首相（Edward Heath）保守党
5) 拙稿「英国法人課税小史」『企業研究』第23号。
6) 第46条第5項(a)では，法人（company）は，法人格を有する団体又は法人格を

有しない組織でパートナーシップを除くと定義している。したがって，法人税（corporation tax）の対象となる法人の利益という場合の法人は，法人格を有する団体よりもその範囲が拡大している。

7) Talbot, John E., "The corporation tax" Jan.- Feb. 1965, British Tax Review, p. 95. また，この論文に示された1965年法人税導入時の法案を検討した結果の例は次の通りである（Ibid. p. 96.）。下記の例では，配当金額の1.9倍を税引利益と仮定した場合，同程度の留保金額になるように導入後の金額を調整すると，配当金額の1.5倍が税引後利益となる。

	（導入前）	（導入後）
利益	100	100
所得税及び事業利益税	56.25	
法人税		40
	43.75	60
配当	23.00	
		39.15
留保金額	20.75	20.85

8) 正確には4月6日から翌年の4月5日までであるが，暦年ベースの事業年度との調整では，仮に事業年度が暦年X1年とすると，X年の4月から12月までとX1年の1月から3月までが1課税年度ということになる。
9) Income Tax Act 1952 c. 10 (15 & 16 Geo. 6 & 1 Eliz. 2).
10) 1966年4月6日以降，英国居住法人からの配当及び分配（以下「配当等」という。）を新しい区分であるシェジュールFとした。この配当等については，所得税の標準税率により源泉徴収が行われる。
11) 現行法は，2001年に制定された資本控除法（Capital Allowances Act 2001 c. 2）であるが，1968年資本控除法以降，1990年の制定の資本控除法（Capital Allowances Act 1990 c. 1）がある。
12) 英国歳入関税庁（Her Majesty's Revenue and Customs：略称HMRC）CA10040に資本控除に関する略歴が紹介されている。
13) 同上の資料によれば，控除される金額については，正確かつ合理的（just and reasonable）であることとされ明定されていない。また，この時期の判例（Coltness Iron Co. v. Black, 6 App Cas 315, 1881）では，鉱山の減耗償却分の控除が争われている。このように，実務上では，課税所得計算における控除の可否について，裁判等において争われた事例が多い。
14) 内国歳入庁（The Board of Inland Revenue）は，機械設備ごとに償却率を定めている。
15) Chafley, D. A., "The New System of Capital Allowances" British Tax Review 1971

No. 4, p. 231.
16) 投資控除は，建物，機械設備等に対する新しい投資を促進することを目的として，初年度償却及び年次償却に加えて控除できた。その率は，事業用建物等が10％，その他の資産が20％である。なお，投資控除は1962年まで適用された。
17) Income and Corporation Taxes Act 1988, Part X. 2006年4月1日にグループリリーフの要件が改正されている。改正前の要件は，損失移転法人及び損失受入法人のいずれもが法人税の課税対象である英国居住法人或いは英国にPEを有する外国法人で，かつ，同じグループのメンバーであることであった。改正後は，2006年4月1日以降，欧州経済地域（European Economic Area）に所在する75％要件を満たす子会社にまでその適用範囲が拡大している。なお，英国は，日本或いは米国のように，連結納税制度を導入しておらず，グループリリーフ制度が創設以来継続している。
18) 連結納税制度を採用した法人については，減税効果があったといえるが，この税収減の穴埋めとして，退職給与引当金制度の廃止等の増税措置が講じられたことから，増税となった法人もある。なお，日本の連結納税制度の導入については，拙著『連結納税制度』中央経済社　2003年2月　第1章参照。
19) アトリー（Clement Richard Attlee）政権は1945年から1951年まで続いた。
20) 労働党ウィルソン首相（James Harold Wilson）の内閣（1964年10月16日〜1970年6月19日）までの間における大蔵大臣は，ジェームス・キャラハン蔵相（Leonard James Callaghan：1964年10月〜1967年11月），後任は，ロイ・ジェンキンス蔵相（Roy Harris Jenkins：1967年11月〜1970年6月）である。
21) EU加盟国に所在する外国子法人の損失を英国のグループ・リリーフ制度を適用して英国居住法人の所得から控除できるかどうか争った事案があり，欧州司法裁判所は，2005年に判決を出し，一定の条件の下で，グループ・リリーフ制度の適用対象を英国居住法人に限定しているのは，EU条約に違反するという判断を示した。その結果，英国は，2006年財政法によりグループ・リリーフ制度に係る規定を改正し，一定の条件を満たす場合，外国子法人の損失を通算できることになった。なお，この詳細は，拙著「マークス＆スペンサー事案にみる条約と国内法の関連」『国際税務』Vol. 34. No. 7, No. 8．
22) The Corporation Tax (Cmnd. 2646), April 1965. この文書は，1965年法案の説明資料として作成されたものである。この文書は，法案についての解説に終始しており，米国税法改正における合同委員会資料のように，その背景等に関する記述はない。
23) 説明資料では，会計期間という用語を使用しているが，企業会計と区分する意味で，日本の法人税法と同様に事業年度という訳語を使用した。
24) この改正に関しては次の論評がある（Talbot, John E., op. cit., pp. 95-116, Lawton,

A. Douglas, "Changes in the corporation tax" British Tax Review, 1965 June-July pp. 170-177.)。

第 11 章

1970年代の変遷と租税回避判例の検討

1. 本章の対象

　前章では，法人税が初めて所得税から分離した1965年財政法における法人税（以下「1965年法」という。）とその後の1970年制定の所得・法人税法（以下「1970年法」という。）までを対象としたが，本章は，前章で言及しなかった1965年財政法による法人税導入の背景と，英国が所得税法として適用していた法人課税を法人税として分離したことについて検討する。

　次に，1970年代の法人税制では，1972年財政法によりインピュテーション制度が導入されて，法人からの配当に対する二重課税の調整が行われた。さらに，1970年代には，譲渡収益税法（Capital Gains Tax Act 1979）が新たに制定されているが，本章ではその導入の趣旨に力点を置いて検討する。

　最後に，1935年のウエストミンスター事案貴族院判決から1981年のラムゼイ社事案貴族院判決とそれ以降のラムゼイ原則（The Ramsay Principle）の動向とこのような租税回避に対する税法上の対応策を検討する。

2. 1970年代から1980年代における財政法等の動向

　1971年財政法以降1989年財政法等の立法は巻末資料参照。

3. 1965年法の背景

(1) 第2次世界大戦後の英国経済

　第2次世界大戦後の英国経済の状況を端的に表すと，キーワードは，福祉，国有化政策，英国病である。

　1945年7月26日に成立したアトリー内閣（労働党）以降，1979年5月4日に成立したサッチャー内閣まで[1]を対象とする。

　第1の福祉は，第2次世界大戦終了後に始まったわけではない。第2次世界大戦中の1941年に，ウィリアム・ベヴァリッジが社会保障制度拡充のために作成したベヴァリッジ報告書（Beveridge Report）に基づいて，アトリー内閣による国民の医療費を原則無料とする国民保健サービス法（National Health Service Act of 1946）が制定され，1911年にアスキス内閣（自由党）においてロイドジョージ蔵相の提案により成立した健康保険及び失業保険等の社会保障制度（国民保険法）が1946年に改正されてその範囲が拡充した。さらに1948年には，従前からある救貧法（Poor Laws）が廃止されて生活困窮者を救済する国民救済法が成立した。このような法的整備により，英国の社会保障は，「ゆりかごから墓場まで」と称されるようになった。

(2) 国有化政策

　産業の国有化は，アトリー内閣の時期（1945年7月～1951年10月）に行われたものとして，イングランド銀行（1946年2月），炭鉱（1946年7月），民間航空（1946年8月），海外通信（1946年11月），運輸（1947年8月），電力（1947年8月），ガス（1948年7月），鉄鋼（1949年11月）等がある[2]。

　この国有化政策は紆余曲折を経ながら1980年代のサッチャー内閣による改革まで継続することになるが，この間，手厚い社会保障等による勤労意欲の低下，労使紛争の多発，英国経済力の低下等を総称して英国病といわれたのである。

(3) ポンド切り下げ

第2次世界大戦後の英国における平価切り下げは，1949年と1967年に行われている。これは，世界の基軸通貨であったスターリングポンドが，米国ドルにその地位を奪われる歴史でもある。1960年代の英国は，貿易収支が悪化して赤字が発生し，貿易外収支の黒字も縮小して，経常収支が赤字となった[3]。このことは英国経済の国際競争力の低下と見ることができる。

(4) 第2次世界大戦後の税収動向

第2次世界大戦後の英国における財政収支は，政府経費の増加にかかわらず税収が支出を上回っていた[4]。

所得税標準税率は，労働党内閣による軍備拡張のために1951年に47.5％まで引き上げられ，1953年のチャーチル内閣では45％に引下げられ，1960年には，38.75％まで引き下げられている。

1960年代の財政収支は，黒字基調である。その原因としては，第2次世界大戦中に制定した給与等に係る源泉徴収の規定が整備されたことと，高所得者優遇とされたキャピタルゲイン非課税をやめて，キャピタルゲイン税を導入したという分析がある[5]。しかし，1960年代において，国家による借入，国債残高，地方債及び公社債等の公債残高のいずれもが年々増加して財政悪化の状態であった[6]。

1965年に法人税導入後の所得税収と法人税収は次の通りである[7]。

(単位：100万ポンド)

	所得税	法人税
1965年	3,678	なし
1966年	3,246	1,033
1967年	3,286	1,221

1965年財政法による法人税（以下「1965年法」）の所得税からの分離は，上記の表によれば，分離することにより法人の税負担を軽減したにもかかわら

ず[8]，1966年以降税収は増加したことになっている。

(5) 1965年法の評価

1965年法制定当時のキャラハン（Callaghan）大蔵大臣は[9]，法人税の創設が1965年財政法に税制改正における中心であると述べている[10]。

フィナンシャル・タイムズの1965年7月3日の特集記事[11]では，法人利益に対する法人税の課税と，法人からの配当に対するシェジュールFの課税により分離されたことが強調されている。この見解を是とするのであれば，1972年財政法により導入されたインピュテーション制度は，法人税率の引き上げ（40％から52％に改正）に伴う配当に係る二重課税の緩和措置といえるが，1965年法により分離された法人税を1972年財政法により部分的に所得税と融合したともいえるのである。

(6) キャピタルゲイン税の創設とグループリリーフ制度

キャピタルゲイン税（Capital gains tax）は，1965年財政法の第19条から第45条までに規定されている。法人については，同法の規定に従って計算された課税対象の利得に対して法人税率が適用されることになっている。なお，法人を除く者に対して所得税とは別にこの税が課されるのであるが，創設時の税率は30％であった。

英国所得税は，伝統的に循環性或いは反復性のある所得を課税する所得源泉説を基本としていたことから，一時的な所得であるキャピタルゲインに課税する純資産増加説ではない[12]。そのため，英国では，所得税創設以来資産の譲渡利得であるキャピタルゲインについての課税が見送られてきたという経緯がある。その結果，法人は株主段階で課税となる配当を行わず，利益を法人内に留保することで株式の価値を上昇させて，非課税であった株式のキャピタルゲインに所得を転化して租税回避を図ったのである[13]。

また，グループリリーフ制度（Group relief）が規定されたのは，1967年財政法シェジュール10であった。この税制は，1970年所得税・法人税法[14]におい

て税法の本文（同法第272条以降）に規定されたのである。このグループリリーフ制度は，英国独特の企業集団税制といえるものであるが，この制度自体，グループ内においてグループ法人間における損失の付け替えにより，税負担の軽減を図ることができるものであることから，法人税率の改正することなく，減税と同様の効果を持つ制度といえる。このような制度が可能になった背景としては，法人税を所得税から切り離した効果といえよう。

4. インピュテーション制度導入前の配当課税

法人からの配当については，この時期，次の順序により課税が行われていた。

① 配当支払法人は，原則として，支払配当から源泉徴収する義務があるが，選択により源泉徴収をしない場合もある。

② 配当を受け取った個人株主は，源泉徴収前の配当金額を所得とする。源泉徴収をしなかった場合は，株主の配当所得は，手取り金額から税額をグロスアップして計算する[15]。

③ 配当を受け取った株主は，源泉徴収された税の還付（repayment）を請求する権利がある。この請求の期限は，3課税年度ということになる[16]。

英国の内国法人が他の内国法人からの受取配当については，課税済み所得として受取法人側で課税をしない措置が講じられていたが，配当所得に係る法人と個人株主の間の二重課税については，法人の課税と個人の課税を調整しない，いわゆる古典的方法といわれるものであった[17]。

5. インピュテーション制度

(1) インピュテーション制度の概要

インピュテーション制度は，配当について課される法人税と所得税を調整するための方式の1つである。この制度は，主として，ヨーロッパ諸国を中心に

採用されてきた。具体的な計算は，法人の納付した法人税の全部又は一部を株主の所得税の前払いとみなして株主の所得税の計算上この法人税を前払相当額として配当受領者に帰属 (impute) させる方式である。この方式は，見方を変えれば，法人からの受取配当について法人税という形で所得に係る税の一部が源泉徴収されたと同様に考えればよいのである。

インピュテーション制度は，フランスが1965年から2分の1インピュテーション制度を導入している[18]。英国では1972年の財政法[19]によりこの制度が導入され，1973年4月から適用されている。ドイツは1977年から配当軽課方式と共に採用している。

英国のインピュテーション制度は，1999年4月6日で廃止されている。ドイツは，税制の簡素化を理由として，2001年税制改正においてインピュテーション制度を廃止した。フランスは，2007年に同制度を廃止している。また，欧州以外における配当に係る二重課税の排除に対する試みとしては，カナダのカーター・レポート[20]，また，インピュテーション制度に類似した制度として誤解を受けるものとしては，シンガポールの源泉控除がある[21]。なお，日本においても，この制度導入を模索した時期があった[22]。

(2) 英国インピュテーション制度の計算

1972年財政法により導入されたインピュテーション制度は，1973年4月から施行された。この英国のインピュテーション制度の導入は，英国国内法ばかりではなく，日本居住者が英国から配当を受領した場合について，当時の日英租税条約にも影響を与えている[23]。

この制度では，配当支払法人と配当を受領する個人株主においてそれぞれの処理が必要となる。理論的には，法人は，配当を支払う際に，株主の所得税の前払いに相当する額である予納法人税 (advance corporation tax) を納付しなければならない。これは，従来の法人税額が本来の法人税納付額と予納法人税に区分されたことになる。

予納法人税は，配当額に標準税率÷(1－標準税率)を乗じた金額である[24]。

この場合，標準税率を30％とすると，支払配当×3/7が予納法人税の額となる。この計算の意味は，標準税率適用の個人について，支払配当に含まれる法人段階における前払い分を算定する式である。例えば，支払配当の額を60とする（法人の課税所得100に対して法人税率40として，税引き所得全額を配当したとする。）。予納法人税は，60×3/7＝25.7である。この金額は，60の受取配当について，すでに25.7を法人税として前払いしていることを意味している。

上記の例で個人株主の課税を説明すると，受取配当は60であるが，法人税として前払いしている分が25.7あることから，考え方としては，25.7を源泉徴収されたと同様に考えれば，60＋25.7が課税標準となり，課税標準に所得税率を乗じて算出した算出税額から25.7を税額控除することになる[25]。

この方式は，前出のカナダのカーター・レポートに示された方式のように，配当に係る二重課税を完全に排除するものではないが，同制度改正前よりも配当に係る二重課税が除去されて，株主の手取り金額が増加していることになる。したがって，国内投資家を増やすという政策としては有力な方法といえるが，現在，英国，フランス，ドイツがいずれもこの制度を廃止していることから，配当所得の納税申告等の増加と制度が複雑であるという難点が利点を上回ったということであろう。

(3) 付加価値税の導入との関連

英国は，1973年1月1日にEEC（欧州経済共同体：European Economic Community）に加入したことが主たる原因として，付加価値税（Value Added Tax）を1972年財政法により創設し，1973年4月1日より適用を始めた[26]。付加価値税の税収は，導入した翌年の1974年以降，法人税収を上回り，1978年には，税収に占める割合は約11％であり，法人税の約9％を上回っている[27]。インピュテーション制度の導入は，付加価値税の増収を当て込んだものかという疑問があったが，当時の報道[28]にはこのような記事は見当たらない。

6. 1970年から1980年代の法人税率の変遷

1974年財政法の第2款第9条及び第10条に法人税率の改正が規定されており，法人税の基本税率が40％から52％に引き上げられ，中小企業に対する軽減税率として42％が定められた。以後，法人税の基本税率は，1973年から1982年の間52％のままである。この期間の内閣としては，保守党のヒース，労働党のウィルソン，キャラハン，そして，保守党のサッチャーと続くのであるが，1979年に内閣を組閣したサッチャー政権も，1983年に50％，1984年に45％，1985年に40％，そして1986年以降1989年までは35％となるのである。

7. 英国における租税回避事案の判例と租税回避対策の法令

(1) 概　　要

1970年代は，現在における過度のタックスシェルターとでもいうべき租税回避のプロモーターが暗躍した時期といわれている[29]。このような状況を作り出した一因といわれているのが，1935年ウエストミンスター事案貴族院判決といわれている[30]。同事案の内容は後述するが，同判決により確立した税法規定の文理解釈を重視し，行われた取引等の実質ではなく，形式を重視する考え方が判例において確立したため，租税回避が税法の規定に違反しない限り問題なしとする考え方が公理（doctrine）として一般化したものと思われる。言い換えれば，実際に行われた私法上の取引等は，課税関係において異なる結果をもたらすものであっても否認されないということである。

このような租税回避の横行に対して従前の司法上の公理を覆した判決が，ラムゼイ社事案貴族院判決である[31]。そして，ラムゼイ社事案貴族院判決による示された原則（いわゆる「ラムゼイ原則」を巡ってその後の裁判において，この原則の射程距離を巡るいくつかの判断が示されたのである）[32]。

わが国の税法における租税回避否認規定である同族会社の行為計算否認規定

(所得税法157条，法人税法132条，132条の2，132条の3，相続税法64条，地価税法32条）は，大正12年所得税法の改正により創設されたものである[33]。しかし，英国には，このような否認規定はなかったのである。このことから，司法分野における租税回避問題だけではなく，制定法の分野において租税回避防止について，どのような規定の整備が行われたのかを本章における検討対象とする。

なお，ラムゼイ社事案貴族院判決後の動向は，本章及び第13章で述べる。

(2) ウエストミンスター事案貴族院判決

イ　本事案の概要[34]

最初に確認するべきは，当該訴訟の対象となった課税年度であるが，これらは，1929-1930年，1930-1931年，1931-1932年の3年間である。

この事案において問題となった累進付加税（super-tax）は，個人を対象とする所得税の所定の金額を超える所得に課される付加税であり，1910年財政法により創設された。

この累進付加税は，1927年財政法第3款第38条により所得税と統合されて，その名称も付加税（sur-tax）となり，1973年に廃止されてまで継続したのである。

事案の対象年分当時の税率は，次の通りである。

① 1929-1930年：基本税率（20％），付加税（最高税率30％）
② 1930-1931年：基本税率（22.5％），付加税（最高税率37.5％）
③ 1931-1932年：基本税率（25％），付加税（最高税率37.5％）

また，この事案との直接関連のない事項と思われるが，同事案の対象年分は，米国の大恐慌発生後の時期である。そして，同時期に，米国では，租税回避に関して，事業目的の有無を判定要因として確立した判決として有名なグレゴリー判決が1935年1月7日判決に米国最高裁で出されている。

ロ　事　実　関　係

ウエストミンスター公爵が，家事使用人に支払う給与の一部を年金で支払う雇用契約を取り交わした。その理由は，給与として支払うと所得税法上控除で

きないが，年金で支払うと付加税の計算上控除できるからであった。家事使用人にとっては，従前の給与が年金と給与として支給されたことから，受け取る金額は同じであった。

被告である国側は，原告から使用人に対する支払いは役務提供の対価であり控除できない，と主張し，原告側は，否認されたすべての支払は，不服申立てした年分について，付加税の計算上，原告の所得から控除されるべきであり，査定金額は過大である，と主張した。

ハ　本事案の争点

雇用契約により原告により支払われた年金は，国側が主張するように，この支払が控除できない役務提供の対価であるのか，付加税の計算上控除可能な年金に該当するのかということである。

ニ　裁判の過程

本事案の判決の過程は次の通りである。

①　高等法院（第一審）：原告敗訴（国側勝訴）
②　控訴裁判所（第二審）：控訴人勝訴（国側敗訴）
③　貴族院（第三審）：上告人敗訴（国側敗訴）

第一審は，裁判長1名であるが，Finlay判事は被告である国側の査定を支持した。その理由は，年金或いは給与という形式よりも役務提供の対価という実質を重視したものであった。

第二審では，3名の判事，Hanworth卿（控訴人支持），Slesser判事（ルール19により控訴人支持），Romer判事（控訴人支持）で国側敗訴となった。

最高裁法廷は，5名の判事が審議し，裁判長のTomlin卿はじめRussell卿，Macmillan卿及びWright卿の各判事が被上告人を支持，Atkin卿のみが上告人を支持した。

最高裁の判決における5人の判事全員が，法的状況を無視し，その実質を見るという公理を前提とすることを拒否した。

ホ　適用条文

この年金支払いが付加税において控除できるという根拠規定は，1918年所

得税法[35]シェジュール一般ルール 19 の規定である[36]。

　ヘ　本事案判決

　本事案における家事使用人は，雇用契約前の給与と契約後の給与と年金の額は同額であり，家事使用人にとっては損得が生じないものである。しかし，彼らの雇用者であるウエストミンスター公は，支払う年金が付加税の課税所得計算において控除できることから，公の弁護士がこの仕組みを出したものと思われる。最高裁判決では，Tomlin 卿が実質の公理といわれるものは，納税義務のない者に対して税の納付を課すものと批判し，Russell 卿は，税務訴訟では，司法が取引の実質に従って法令の解釈或いはその趣旨を適用するとすれば課税関係が生じるという公理に対して同意しないと述べている。

　なお，Tomlin 卿が判決文において述べた，すべての者は，関連する法律により生じる租税額の額を軽減するために，課税に関連する事象を調整する権利があり，課税当局がこの納税義務者の創意ある行為に対して異議を申立てても，当該納税義務者は税の追徴を課されることはないという，いわゆる「実質（substance）」という公理は法律書に存在しない，と述べており，この記述は頻繁に引用されるのである。

　以後，この判決により，いわゆる実質主義を排する判決が尊重されることになる。

(3)　ラムゼイ社事案貴族院判決

　イ　本事案の概要

　当事案の判決は，前出のウエストミンスター事案貴族院判決（1935 年）から 45 年以上経過した後に出された租税回避に対してその関連する取引全体を否認した判決であり，この判決で示された判断が後に「ラムゼイ原則」といわれ，その後の判決に影響を及ぼすのである。そして，その後に，厳格な法令解釈準拠主義ともいえるウエストミンスター事案貴族院判決に近い考え方がまた復活するのである。

　ロ　事 実 関 係

争点となったラムゼイ社の事業年度は1973年5月決算の事業年度である。

同社は，1973年に農地を売却した譲渡益があり，この譲渡益と同社が設立した新設投資会社のCaithmead社（以下「C社」という。）の譲渡損を相殺することで租税を回避することを図ったのである。このラムゼイ社の行ったスキームのポイントは，ラムゼイ社が金融機関から調達した資金をC社に2本に分けた債権で貸し付け，契約により一方の金利を引き下げ（以下「債権A」という。），他方の金利を引き上げた（以下「債権B」という。）。債権Aはゼロ金利であり，債権Bは22％の金利であった。債権Bは，金融機関に譲渡し，譲渡益を得た。そして，ラムゼイ社は，高値で譲渡できる債権を手放してしまって価値の下落したC社株式を譲渡して譲渡損が生じた。このスキームのポイントは，債権Bの譲渡益は課税対象ではないという原告の主張である。

ラムゼイ社の目的は，農地の譲渡益の租税を回避することであった。その過程において，債権Bによる譲渡益が生じた課税になるのであれば，農地の譲渡益が既にあることから，2本の譲渡益と1本の譲渡損ということになり，租税回避の目的を達成することはできない。債権Bの譲渡益は，1965年財政法のシェジュール7第5条第3項(b)に「証券（security）」に定義があり，同法シェジュール7第11条第1項には，前出の証券に係る債権の譲渡益は課税であるが，それ以外の債権の譲渡益は課税にならない旨の規定があり，原告側の主張によれば，本事案の債権の譲渡は，後者に該当して課税なしとしたが，課税庁側は課税を主張した。

ハ　貴族院判決

貴族院は，Wilberforce卿，Fraser卿，Russell卿，Roskill卿，Bridge卿の5名の判事により判決が出されたのである。判決日は，1981年3月12日である。

控訴審である控訴院（Court of Appeal）において，国側の主張が認められたために，ラムゼイ社が上告したが，この請求は認められなかった。

この判決において，後にラムゼイ原則と呼ばれる判断を示したのはWilberforce卿である。この卿の判決内容は以下の通りである。

卿は，本事案における課税にならない債権の譲渡益と債権の譲渡損を作り出したのは，既製の租税回避スキーム（ready-made scheme）と断じている。

卿は，明確な法律上の規定に基づく課税は一般的な原則であるが，裁判所はこれに制限を受けることはなく，適用される法令の内容及び構成全体を考慮することができ，またそうすべきであろう，と述べている。

そして，ウエストミンスター事案判決については，文書或いは取引が真正である場合，裁判所は，その実質を想定して判断することはできないと説明し，これは基本的な原則であるとしているが，この原則は誇張或いは拡大されるべきではないとも述べている。文書或いは取引が真正であれば裁判所はこれを受け入れることになるが，文書或いは取引の真に有する内容が見えず，その内容からかけ離れた状態にあるものについて判断を強制されるものではないとしている。そして裁判所の役割は，課税関係を引き起こす取引の法的な性格を確認することであり，一連の取引が操作することを意図したものであることが明らかな場合，それを複合的な取引とみなすことになるとしている。

また，卿は，租税回避のみを目的として，かつ，経済的商業的実体のない取引を否認した米国の判例[37]を引用しているが，米国の判例を判断の参考にしているわけではない。

そして，争点であった債権の譲渡益については，債務は証券による債務と認定して課税としている。この結果，ラムゼイ社の行った一連の取引は何の経済的効果をもたらすことなく，農地の譲渡益の課税がそのまま残った形となったのである。

二　小　　括

この判決は，それまでの司法判断の基準であったウエストミンスター事案貴族院判決とは異なる判断基準を示すとともに，当時横行していた租税回避行為に対する衝撃を与えるものであった。そして，この後の租税回避に係る判決において，この判決が影響を及ぼすと共に，判決の射程距離に関する議論を呼ぶことになったのである。

また，Wilberforce 卿はその判決文の中で，米国の租税回避に関する判例を

引用して[38]，米国では，租税回避のみを目的として，かつ，経済的・商業的な実体を伴わないこと（本来の利益獲得等を目的とする企業活動に当たらないもの）を意図した取引を裁判所が否認していることを取り上げ，立法の裁量権を認める英国の司法と米国は異なるが，米国の判決は，司法がその厳格さを超える信念をもたらしたと述べている。

この判決では，ラムゼイ社が行った取引全体を実体のない租税回避のみを目的とする一連の取引として裁判官が取引全体を否認するのであれば，債務は証券による債務かどうかを争う必要はなかったのである。Wilberforce 卿の判決は，条文に明確に規定がない場合であっても法の趣旨，取引全体等を勘案して判断するという姿勢から，当該事案におけるラムゼイ社側の債権の譲渡益の非課税という申立てを退けたのである。

(4) バーマ石油事案貴族院判決[39]

イ 本事案の概要

本事案の貴族院判決は，1981 年 12 月 3 日である。裁判官は，Diplock 卿 Fraser 卿，Scarman 卿，Roskill 卿，Brandon 卿である。本判決は，上告した国側の訴えが認められた。なお，対象となる事業年度は，1972 年 12 月 31 日に終了する事業年度である。

この判決は，ラムゼイ社事案貴族院判決に続いて同年の末に出された判決であり，ラムゼイ社事案貴族院判決において確立した，いわゆるラムゼイ原則に依存した判決である。

ロ 事実関係

バーマ石油会社（以下「B社」という。）は，休眠会社のH社，マンチェスター精油社 (MORH)，バーマ石油交易 Ltd (BOTL) というグループ法人の親会社である。B社は，H社に 700,001 ポンドを 1969 年 3 月 6 日以前に貸し付け，1969 年 3 月 6 日に BP (British Petroleum Company Limited) 株（額面金額 5,000 万ポンド）を 380,625,000 ポンドでH社に売却した。H社からの譲渡代金は未払いである。この BP 株の譲渡益 (330,625,000 ポンド) は，グループ内取引である

ことから課税にはならない。

1971年4月23日，H社はBP株（額面金額5,000万ポンド）を220,625,000ポンドでB社に売却した。このことによりH社のB社に対する未払金の残高は，159,299,999ポンドとなった[40]。

1972年12月12日に，B社はH社株式70万株を取得。残りの1株は，BOTLが取得した。また，同日，MORHからH社に対して159,299,999ポンドの融資が行われ，H社は，同金額をB社への未払金の返済に充てた。

1972年12月18日に，H社は1株228ポンドとして，700,001株の増資をした。B社は700,000株相当の159,600,000ポンドを出資し，BOTLは，1株分の228ポンドを支払った。

この事案における取引の全体像は，B社⇒MORH⇒H社という貸付金の流れに対して，B社（出資）⇒H社（返済）⇒MORH（返済）⇒B社という資金の循環になる。

H社は，1972年12月21日に特別総会を招集し，清算することとなり同年同月29日に残余財産296,782.5ポンドが株主に分配された。H社の発行した新株式は，B社出資時に159,600,000ポンドであったものが，清算時には，約30万ポンドになったため，この損失の控除をB社側は請求したことになる。

この事案における租税回避のポイントは，B社が保有していたBP株の含み損（約1億6,000万ポンド）をH社の株式の評価損に転化してB社の法人税法上どのように損金として控除するかという点であった。なお，Diplock卿はその判決文の中で，B社は，BP株を第三者に譲渡すれば損失が確定したと述べている。

ハ　Diplock卿の判決文

Diplock卿は，上告した国側の請求を認め，ラムゼイ社事案貴族院判決で明らかになった原則にこの事案が当てはまるとしている。そして，事前に一連の取引（pre-ordained series of transaction）を準備して，特定の取引がなければ課税となるために，租税回避のみを目的として商業上の目的を持たないと特別な取引を挿入しているとしている。

このことは，言い換えれば，①事前に準備された一連の取引，②租税回避のみを目的として商業上の目的を持たないと特別な取引を挿入していること，をラムゼイ社事案貴族院判決における原則という理解が示されたのである。

ウエストミンスター事案当時と本判決時点では，租税回避の内容が，人為的に設定した者間の内部取引，それを指揮する人の意図が働いているというのがDiplock卿の分析である。ラムゼイ社事案も本事案も，事前に準備された一連の取引であり，専門家の助言に従っており，ウエストミンスター事案貴族院判決において，Tomlin卿が判決文において示した見解に従うことはできないとしている。

　ニ　Fraser卿の判決文

バーマ石油側が，本事案とラムゼイ社事案の相違について第1の点として，ラムゼイ社が既製の計画を提供されたのに対して，本事案では，特別計画された（specially tailor-made）であったこと，第2の点として，ラムゼイ社の場合，金融機関からの借入金であったが，本事案では，自己資金であったことを相違点として述べている。Fraser卿の判決文によれば，この資金に関してラムゼイ社事案と本事案に相違のあることはFraser卿も認めているが，重要なものではないとしている。

Fraser卿は，計画完了時点において，納税義務者に実際の損失が生じていない点では，ラムゼイ社事案と本事案は本質的に共通しているという判断を示している。

　ホ　小　　括

本事案は，ラムゼイ社事案貴族院判決があった1981年3月12日から約9か月後の1981年12月3日の判決である。本事案における租税回避に対する裁判所の判断として，9か月前のラムゼイ社事案貴族院判決を基準とした点に本判決の特徴がある。

(5)　ドーソン事案貴族院判決[41]

　イ　本事案の概要

この事案は，ドーソン一家（以下「D」という。）が所有する2つの製造会社の株式（以下「A株」とする。）を非関連者（以下「W社」とする。））に譲渡するに際して，その譲渡益の課税繰り延べと株式譲渡の際の印紙税の減額を目的としたスキームであり，1984年2月9日の貴族院の判決で，国側勝訴となったものである。

裁判官は，Fraser卿，Scarman卿，Roskill卿，Bridge卿，Brightman卿の5名で，最初の3名は，バーマ石油事案貴族院判決の裁判官である。判決は，全員が，国側の請求を認める判決である。なお，課税年度は，1971-1972年度である。

ロ　事　実　関　係

Dは，W社にA株を直接譲渡すると，Dにキャピタルゲイン税が発生するために，マン島に投資会社（以下「G社」という。）を設立し，次のような取引を行った。

① 1971年12月20日に，事前の計画通り，Dは，A株とG社株式を交換した。
② 同日，G社はW社にA株を譲渡した。

ハ　国側の主張

この取引の実質は，A株をW社に譲渡したものであるからDには，キャピタルゲイン税が課されたのである。

ニ　D側の主張

A株とG社株の交換は，1965年財政法シェジュール7第6条の規定により，組織再編に基づく株式交換に該当し課税にならない，とDは主張して特別委員会に不服申立てをした。特別委員会は，このDの主張を認めたことから国側が訴えたものである。

ホ　一連の取引の効果

この計画では，結果として，DはW社にA株を譲渡したことになるが，A株の譲渡対価を保有するG社株を譲渡するまでA株の譲渡益に対する課税は繰り延べられたことになる。

ヘ　Brightman 卿の判決文

Brightman 卿（以下本項では「卿」という。）は，本事案の取引が租税回避計画（a tax avoidance scheme）ではなく，課税繰り延べ計画（a tax deferment scheme）であるとして，これまでの租税回避と本事案取引が異なることを強調している。このことは，本事案取引が，前出のバーマ石油事案のような循環取引（circular transaction）或いは self-cancelling transactions[42] ではないが，卿は，ラムゼイ原則を適用するための理論的な検討を行ったのである。

ラムゼイ原則の理論的な根拠に関する卿の理解では，事前に計画された節税計画において，次に掲げる ① と ② について，現実に差異がないことから課税上の区別不要としている。

① 拘束力に乏しい契約を調整した一連の取引
② 関係者が契約上順次行うことを拘束されていることから行われる一連の取引

本事案について，ラムゼイ原則が適用され，拘束力のある取引に代わって事前に準備された一連の取引が私的取引であるという理由で課税を免れることはできないという判断が示されている。結果として，D から W 社への取引という国側の主張が認められたことになる。

ト　小　　括

本判決は，ラムゼイ社事案貴族院判決において示された原則を新しい領域に拡大して適用したものである。

(6)　ホワイト事案貴族院判決[43]

イ　本事案の概要

この事案は，課税年度 1976-1977 年，1977-1978 年の事案であり，1988 年 7 月 21 日に貴族院判決が出されている。国側が上告したがその請求は棄却され，納税者側の勝訴となっている。

裁判官は，Keith 卿，Templeman 卿，Oliver 卿，Goff 卿，Jauncey 卿の 5 名であり，バーマ石油事案及びドーソン事案の貴族院判決の判事と重複している

者はいない。判決は，Keith 卿，Oliver 卿，Jauncey 卿の 3 名が納税者側の主張を認めたが，Templeman 卿及び，Goff 卿は少数意見を述べている。

　この判決の意義は，ラムゼイ社事案貴族院判決以降，同判決に対する理解の相違があるものの，同判決に示された原則を支持して租税回避事案について，国側の主張を認めてきたが，本事案では，このラムゼイ原則の適用が否定されたのである。

　ロ　事 実 関 係

　スーパーマーケットの Q 社（1946 年設立）株式をホワイト一族（以下「W」という。）が所有していたが，将来の事業拡大等に問題があるため，同社株式の譲渡先を探していた。1976 年 6 月にマン島に M 社が設立され，同年 7 月に M 社株と Q 社株が交換され，M 社は，Q 社株を譲渡した。

　ハ　Oliver 卿の判決文

Oliver 卿（以下本項では「卿」という。）の判決文では，ラムゼイ社事案貴族院判決における Wilberforce 卿の判決文及びドーソン事案貴族院判決における Brightman 卿の判決文が多く引用され，ドーソン事案貴族院判決における Brightman 卿の判決文に示された次の 4 つの要件について，卿の検討が行われた。

　①　一連の取引が所定の成果を生み出すために事前に定められたものであること
　②　租税の回避のみが目的であること
　③　一連の取引が定められた順序で行われることから中間にある取引も独立したものとは期待されないこと
　④　一連の取引が実行されたこと

卿は，本事案が，ドーソン事案貴族院判決において示された特徴を欠いていると指摘している。すなわち，課税当局は，W が M 社を経由して Q 社株式を譲渡したことを一連の直線的な取引として再構成するという見解であるが，W から M 社に Q 株が移転した中間的な移転の段階で，M 社から同株式の最終的な譲渡先，譲渡の条件，最終的な譲渡が行われるか否かを確実に断言できるか

という意味で，本事案の取引は，準備された取引又は複合取引ではないというのが卿の判断である。

　ニ　小　　括

　本事案の貴族院判決は，ラムゼイ社事案貴族院判決において示された，①事前に準備された一連の取引，②租税回避のみを目的として商業上の目的を持たない特別な段階を挿入していること，という原則が[44]，拡大したことに対する歯止めとなったのである[45]。

8. 租税回避に関する制定法

　租税回避に関する税務論文としては，1955年に公表されたウィートクロフト氏の論文[46]があるが，本章において租税回避の判例を対象としたように，租税回避に関する制定法の整備は遅れていたといえる。

　制定法としては，1970年所得税・法人税法の第17款の見出しが「租税回避」となっている。また，この条文は，1988年所得税・法人税法（以下「1988年法」という。）[47]の第17款に引き継がれている。

　1988年法第17款は，第1章が「証券に係る所定の取引からの租税法の特典の廃止」，第2章が「証券の譲渡」，第3章が「国外財産の譲渡」，第4章「タックスヘイブン税制」，第5章が「オフショアファンド」，第6章が「その他」という構成である。

　この1980年代は，司法における租税回避との戦いとでもいえる時期である。英国が一般否認規定（The General Anti-Abuse Rule：GAAR）の適用を開始したのは，2013年7月17日である。この事項は，次章のおいて検討する。

1）アトリー内閣からサッチャー内閣までの歴代内閣は次の通りである。
　①　アトリー内閣（1945年7月26日～1951年10月26日：労働党）
　②　チャーチル内閣（1951年10月26日～1955年4月7日：保守党）
　③　イーデン内閣（1955年4月7日～1957年1月10日：保守党）

④　マクミラン内閣（1957年1月10日〜1963年10月19日：保守党）
⑤　ヒューム内閣（1963年10月19日〜1964年10月16日：保守党）
⑥　ウィルソン内閣（1964年10月16日〜1970年6月19日：労働党）
⑦　ヒース内閣（1970年6月19日〜1974年3月4日：保守党）
⑧　ウィルソン内閣（1974年3月4日〜1976年4月5日：労働党）
⑨　キャラハン内閣（1976年4月5日〜1979年5月4日：労働党）
⑩　サッチャー内閣（1979年5月4日〜1990年11月28日：保守党）

2）　中村太和「産業国有化政策論：イギリス公共事業体を中心として」『北海道大学経済学研究』24(3)，1974年9月　147-148頁。
3）　代田純『現代イギリス財政論』勁草書房　1999年　129頁。
4）　同上　109頁。
5）　同上　108頁。
6）　同上。
7）　同上。
8）　1965年改正前の法人課税は，所得税の標準税率が41.25％と事業利益税15％の計56.25％であったが，法人税は単一税率の40％となった。なお，この税率は，1973年に52％に改正され，同時に中小企業に対する軽減税率（42％）が導入されている。
9）　ジャームス・キャラハン蔵相（James Callaghan：1964年10月16日〜1967年11月30日の期間在任）は，注1）にあるように，1976年4月より首相になっている。
10）　Financial Times, April 7, 1965.
11）　この記事の見出しは，「The New Taxes-10, The Corporation Tax」である。
12）　小松芳明『各国の租税制度　全訂版』財経詳報社　1976年　10-11頁。
13）　Income and Corporation Taxes Act, 1970 c. 10.
14）　代田純　前掲書　122頁。
15）　例えば，支払配当が5ポンドであるとして，税率25％により源泉徴収をすると，税引後の金額は3ポンド15シリングとなる（1ポンド＝20シリング＝240ペンスで計算）。また，5ポンドをグロスアップすると，5ポンドは税引後の支払配当の75％に相当することから，支払配当額は6ポンド13シリング4ペンスとなる。
16）　この根拠となる規定は，1860年制定の所得税法（Income Tax Act 1860, s. 10.）である。
17）　1965年財政法第53条以下に規定がある。
18）　フランスでは，2007年まで同制度が継続した。フランスの2分の1インピュテーションとは，フランス居住者がフランス居住法人から配当を受領した場合，配当金額の2分の1をタックス・クレジット（avoir fiscal）として所得に加算するとと

もに，同額の国庫への請求権が与えられた（小沢進「フランス法人からの受取配当の課税関係」『税務事例』Vol. 19 No. 2 1987年2月：執筆 矢内一好）。

19) Finance Act 1972, Part V.
20) 1966年のカナダ王室税制委員会報告書（カーターレポート）は，法人税納付後の法人所得の全額をその持分に応じて株主に分割して個人所得税を課税し，個人所得税課税において既に納付済みの法人税を所得税から税額控除をする方式を提案した。この報告書が提案された当時のカナダの税制では，法人税における受取配当の益金不算入制度，個人所得税における配当控除（受取配当の20％を税額控除）が認められていたが，有価証券の譲渡益課税がなかったこと，法人が所得を留保するためにカナダの資本市場が発展しないこと等の状況があった。このような状況下において上記の報告書による提案が行われた（Cf. Bittker, Boris I., "Income Tax Reform in Canada : The Report of the Royal Commission on Taxation" The University of Chicago Law Review, Vol. 35, 1967-1968）。
21) シンガポールの源泉控除は，1960年代の英国において採用されていたものである。シンガポールでは，法人税の賦課決定前に配当決議が行われることから，税引前利益が配当原資になる。シンガポール居住法人は，配当を支払う際に，法人税相当額を控除する。これは，法人税相当額を確保するためのもので，所得税の源泉徴収と錯覚しやすい制度であるが，別のものである。また，この制度は，インピュテーション制度とは異なるものである。このシンガポールの源泉控除制度は，2003年1月1日以降経過規定適用のものを除き廃止され，配当は株主段階で免税となっている。
22) 『週間税務通信』（昭和55年5月19日）の記事によれば，この当時，政府税制調査会の企業課税小委員会において，受取配当の益金不算入制度が一部企業の優遇税制と批判されていることを受けて，昭和56年税制改正までに企業の配当に対する二重課税の調整措置について一定の方向性を出すために欧米の配当課税の視察が行われている。この記事によれば，改正の方向は，フランス型インピュテーション制度（2分の1グロスアップ方式）又は支払配当損金算入方式のいずれかであると報じられている。

そして，その結果，昭和56年度税制改正では，インピュテーション制度導入に問題があるという結論が示されている（国税庁『昭和56年改正税法のすべて』71頁）。

すなわち，個人株主は自己の保有する株式の配当率について受取配当に法人税率を加算した金額で判断する考え方が十分に行われていない状況にある。また，配当を受け取る個人の段階で税額控除を行うインピュテーション制度が配当所得者に対する優遇措置ではないことについて広く社会一般に理解されるに至っていないこと等を理由として，制度改正の利点よりも難点のほうが大きくなるという判断により

導入を見送っている。

23) 英国インピュテーション制度の計算及び租税条約における適用は，小沢進「英国居住者である法人からの受取配当の課税関係」(『税務事例』Vol. 19 No. 1 1987年1月：執筆　矢内一好) 参照。日英租税条約は，昭和55年 (1980年) に改正され，英国居住者にのみ適用が認められるインピュテーション制度について，同租税条約により英国非居住者である日本居住者が英国から受け取る配当についてタックス・クレジットが認められていたのである。

24) 標準税率 (standard rate) とは，所得税の通常の税率であり，個人の所得課税は，標準税率により課税に付加税 (sur-tax) の課税が併合されたものである。多くの納税義務者は，標準税率の課税で課税関係が終了する場合が多く，納税義務者の95%が標準税率の適用者である (Wiseman, Jack「イギリスの税制改正改革」『租税研究』445　9頁)。また，1965年前の法人課税では，法人所得に対して標準税率による課税に，事業利益税を加えて課税をしていたのである。

25) 説明を算式として表示すると次の通りである。

(配当支払法人)		(個人株主)	
法人利益	100	配当所得	60
法人税	△40	タックスクレジット	25.7
支払配当	60		85.7
		所得税 (30%)	25.7
		税額控除	25.7
		納付税額	0

26) Butterworths UK Tax Guide 1990-91, p. 1452.

27) 代田純　前掲書　136頁。

28) The Times (Implications of tax reform), April 24, 1972.

29) 渡辺徹也「英国判例における実質課税原則の変遷」『税法学』503号　1992年11月　13-14頁。

30) Duke of Westminster v. Commissioners of Inland Revenue 19 TC 490 (1935). 当時の英国の裁判制度は，下級審から高等法院 (High Court of Justice)，控訴審が控訴院 (Court of Appeal)，最高裁が貴族院 (House of Lords) であり，2009年10月に貴族院から最高裁制度に改組されるまでの間，税務に関する訴訟は，このような手順であった。また，裁判官は，高等法院が1名，控訴審が3名，貴族院が5名である。税務訴訟以前の手続きとしては，英国は賦課課税制度であったことから，いずれの者も査定の通知を受けた21日以内に，不服申立てができる。その不服申立ては，当時のグレート・ブリテン島内では，特別委員会 (special commissioners) に対して行うことになり，不服申立ては裁定が出て終了するが，不服申立て申立者或いは検査官がその裁定に不服のあるときは，高等法院に21日以内に提訴すること

ができ，さらに，控訴院，そして貴族院にまで提訴できる。なお，この問題に関する包括的な研究としては，福家俊朗「イギリス租税法研究序説—租税制定法主義と租税回避をめぐる法的問題の観察(一)」『東京都立大学　法学会雑誌』（第16巻第1号　1975年8月）がある。

31) W. T. Ramsay Ltd. V. Inland Revenue Commissioners, Eilbeck (Inspector of Taxes) v. Rawling, (1981) S. T. C. 174. この判決は，ラムゼイ社とローリングの2つの事案に関する上告審である。ラムゼイ事案判決は，前者の事案に関するものである。

32) ラムゼイ原則の展開については，渡辺徹也，前掲論文及び渡辺徹也「英国判例における実質課税原則の変遷(2)」『税法学』504号　1992年12月に詳しい。

1981年のラムゼイ事案判決以降，この判決を肯定的に理解する判決と否定的にとらえる判決が以下のように出されている。

① IRC v Burmah Oil Co Ltd [1982] STC 30, 54 TC 200, HL.
② Furniss (Inspector of Taxes) v Dawson [1984] STC 153, [1984] AC 474, [1984] 1 All ER.
③ Craven (Inspector of Taxes) v White [1988] 3 All ER 495, [1989] AC 398, [1988] 3 WLR 423, HL.
④ Shepherd (Inspector of Taxes) v Lyntress Ltd ; News International plc v Shepherd [1989] STC 617.
⑤ Ensign Tankers (Leasing) Ltd v Stokes (Inspector of Taxes) [1992] 1 AC 655, [1992] 2 WLR 469, HL.
⑥ Moodie v IRC [1993] 2 All ER 49, [1993] 1 WLR 266, HL.
⑦ Fitzwilliam v Inland Revenue Commissioners and related appeals [1993] 3 All ER 184, [1993] STC・502, [1993] 1 WLR 1189, 67 TC 614.
⑧ MacNiven (HM Inspector of Taxes) v Westmoreland Investments Ltd [2001] UKHL 6.
⑨ Barclays Mercantile Business Finance Ltd v Mawson (Inspector of Taxes) [2004] UKHL 51, [2005] 1 AC 684.
⑩ Astall and another v Revenue and Customs Commissioners [2009] EWCA Civ 1010 ; [2009] All ER (D) 100 (Oct).
⑪ Tower MCashback LLP and another v Revenue and Customs Commissioners [2011] All ER (D) 90 (May) ; [2011] UKSC 19.
⑫ Mayes v Revenue and Customs Commissioners [2011] All ER (D) 116 (Apr) ; [2011] EWCA Civ 407.

33) 清永敬次「税法における同族会社の行為計算の否認規定(1)—大正12年所得税法及び大正15年所得税法」『法学論叢』第72巻第1号　45頁。なお，同族会社の行為計算否認規定の変遷については，拙稿「移転価格税制の国内取引への適用可能

性」『租税研究』143-156 頁　2012 年 12 月参照．
34) この事案については，福家俊朗　前掲論文，清永敬次「税法における実質主義―英国判例の場合―」『法学論叢』第 7 巻第 3・4 号，渡辺徹也「英国判例における実質課税原則の変遷」『税法学』503 号，松田直樹『租税回避行為の解明』ぎょうせい　2009 年，118 頁以降，等において検討されている．
35) Income Tax Act, 1918.
36) 家事使用人に対する給与が控除できないことについて，シェジュール E に該当する賃金もしくは給与であれば，控除できない（清永「税法における実質主義―英国判例の場合―」『法学論叢』第 7 巻第 3・4 号　86 頁，渡辺　前掲論文　9 頁）と説明されているが，所得税法上，個人的な使用人として家事使用人に支払う給与を控除するということが認められないと解するのではないかと思われる．
37) Knetsch v. United States, 364 U.S. 361 (1960).
　　この事案は Knetsch 夫妻が 1953 年 12 月 11 日に，サム・ヒューストン保険会社（以下「H 社」という．）より 30 年満期の貯蓄債券 10 枚を購入した．購入価格は，総計 4,004,000 ドルで，4,000 ドルを現金で支払い，他はノンリコース手形による借入金（4,000,000 ドル）で支払っている．この手形に係る支払利子は年利 3.5％で，1 年分の前払利子として 140,000 ドルを現金で支払った．同年 12 月 16 日に，夫妻は H 社より 99,000 ドルの追加借入を行い，前払利子として 3,465 ドルを支払った．したがって，1939 年内国歳入法典の適用となる 1953 暦年において，夫妻は 143,465 ドルの利子を支払った．夫妻は，契約 2 年目において，4,099,000 ドルの前払利子として 1954 年 12 月 11 日に 143,465 ドルを支払い，同年 12 月 30 日に，104,000 ドルの借入を行い，3,640 ドルの利子を前払いした．1954 暦年中の支払利子は，合計 147,105 ドルであった．この契約は，その後も継続し，1956 年末の解約時では，夫妻の債券価額は 4,308,000 ドル，債務は 4,307,000 ドルとなり，夫妻は差額の 1,000 ドルを受け取っている．
　　最高裁判決では，夫妻と H 社との取引が，1939 年内国歳入法典第 23 条(b) 及び 1954 年内国歳入法典第 163 条(a) に規定している債務を創出しているのかという点について判断を下している．
　　夫妻は，1953 暦年において 143,465 ドルと 4,000 ドル，1954 暦年において 147,105 ドルの支払利子を夫妻の合同申告書における課税所得から控除し，同債券による満期の年金を受け取ることはなく，債券価額と債務の差額 1,000 ドルを受け取っている．H 社は，夫妻に対する債務からの受取利子 294,570 ドル，同夫妻への支払額 203,000 ドルの差額である 91,570 ドルを手数料として受取ったことになる．そして，この取引はみせかけ（sham）であると判示している．
　　最高裁では，この取引が，損金の控除以外に夫妻にとって実現した実質は何もない，という判断を示している．結果として，この事案では，課税上控除可能な支払

利子を創出して租税回避を図ったというのが裁判所の判断である。
38) 1つは，前注37）に掲げた Knetsch v. United States, 364 U.S. 361 (1960) であり，他の1つは，Gilbert v. Commissioner of Internal Revenue (1957) 248 F. 2d 399 における Learned Hand 判事の判決文を引用している。この判事は，グレゴリー事案の高裁判決（Helvering, Commissioner of Internal Revenue, V. Gregory, 69 F. 2d 809, Circuit Court of Appeals, Second Circuit）を行ったことで有名である。
39) IRC v Burmah Oil Co Ltd [1982] STC 30, [1981] TR 535, 54 TC 200.
40) B社からの貸付金700,001ポンド，H社からB社に対してBP株の譲渡対価として支払う金額380,625,000ポンドで，この時点におけるH社の未払金は380,625,000 − 700,001 = 379,924,999 である。そして，H社からB社に対するBP株の譲渡代金220,625,000を未払金から差し引くと残高は，159,299,999ポンドとなる。
41) Furniss (Inspector of Taxes) v Dawson [1984] STC 153, [1984] AC 474, [1984] 1 All ER.
42) この用語は，Diplock卿が，バーマ石油事案判決において，当該取引が合法的に事業上の目的を達成しているか否かを問わないとする事前に準備された一連の取引（pre-ordained series of transaction）において，特定の段階がなければ課税となるために，租税回避のみを目的として商業上の目的を持たないと特別な段階を挿入しているというものである。
43) Craven (Inspector of Taxes) v White [1988] 3 All ER 495, [1989] AC 398, [1988] 3 WLR 423, HL.
44) ラムゼイ原則自体，ラムゼイ社貴族院判決において示された Wilberforce 卿の判決文に示された骨子をバーマ石油事案貴族院判決において，Diplock卿がその判決文において明示し，さらに，ドーソン事案貴族院判決において Brightman 卿が直線的な取引（linear transaction）にまで同原則を拡大したのである。
45) ホワイト判決の内容を引き継いだのは，Shepherd (Inspector of Taxes) v Lyntress Ltd ; News International plc v Shepherd [1989] STC 617. の判決である。
46) Wheatcroft, G. S. A., "The attitude of the legislature and the courts to tax avoidance" The Modern Law Review, Vol. 18 No. 3, May 1955.
47) Income and Corporation Taxes Act 1988 c. 1.

第12章

第1次英米租税条約

1. 本章の目的

　本章の目的は，英国にとって初めの本格的な租税条約であった第1次英米租税条約（以下「英米租税条約」という。）[1]を，英国税務会計の歴史という視点から，同租税条約締結時の1945年当時の非居住者課税の状況を知るために検討することである。

　租税条約に規定されている内容は，基本的に，締約国である両国の国内法の延長線上にあるが，両締約国が租税条約交渉における協議を通じて，条約相手国の主張を取り入れる場合もあり，ある意味では，国内法にない概念等が租税条約を通じて条約相手国から継受されるという事態もないわけではない。本章における焦点は，1945年当時の英国における非居住者課税の現況を英米租税条約から検討することである。

　英米租税条約は，租税条約の歴史においても，国際連盟によるモデル租税条約とは別に，二国間租税条約としても重要性の高い条約といえる。英国では初めての本格的な租税条約であり，米国にとっても，英米租税条約に先行する3つの租税条約はあったが，OECDモデル租税条約草案が制定される1963年以前における模範となる租税条約であったといえよう。本章の副次的な目的は，国際連盟によるモデル租税条約を通じて進展を見た租税条約史における二国間租税条約について，英米租税条約は，先進諸国間におけるトップレベルの水準にある重要な条約例として検討対象とすることである。

2. 英米租税条約の沿革と同条約検討の意義

英米租税条約は，1945年4月16日に署名され，英国と米国間の包括的な所得税租税条約である。同条約は，次のような過程を経て制定されている。

① 1944年4月　　　：ロンドンにて交渉開始
② 1945年4月16日：署名
③ 1946年6月6日　：1946年プロトコル署名
④ 1946年7月25日：英米租税条約及び1946年プロトコルの発効
⑤ 適用：米国（1945年1月1日以降），英国（1945年4月1日以降）

英米租税条約交渉が開始されたのは，連合軍によるノルマンディ上陸作戦が行われた1944年6月以前であり，英米租税条約は，英国が締結した初めての包括的所得税租税条約である[2]。

また，英米租税条約の同時期の国際連盟によるモデル租税条約としては，1943年制定のメキシコ・モデル租税条約と1946年制定のロンドン・モデル租税条約があり，英米租税条約は，この2つのモデル租税条約の中間の時期に作成されたことになる。

本論は，英米租税条約を，英国国内法の延長線上として当時の国内法を租税条約という側面から検討することと，自治権をもつ海外植民地と英国本国との間における国際的二重課税に早い時期から直面して，この二重課税を排除するために税法上の規定を設けた英国における国際税務の発展という2つの面から検討することを目的としている。

3. 英米租税条約の概要

(1) 英米租税条約の構成

英米租税条約は，条約本文が全24条，プロトコルが全2条から構成されている[3]。

本文24条の各条は次の通りである。なお，各条の見出しは筆者が付したものである。

本文は，1条（対象税目），2条（一般的定義），3条（事業所得），4条（特殊関連企業），5条（国際運輸業所得），6条（配当所得），7条（利子所得），8条（使用料の定義），9条（鉱業権等の使用料の限度税率），10条（政府職員），11条（短期滞在者免税と芸能人），12条（退職年金），13条（二重課税の排除），14条（譲渡収益），15条（1945年1月1日以降支払いの配当所得，利子所得の取扱い），16条（英国法人の留保所得に対する米国の免税），17条（1936年前内国歳入法の米国非居住者における納税義務の調整），18条（教員），19条（学生・事業修習生），20条（情報交換），21条（無差別取扱），22条（適用拡大），23条（発効），24条（終了），である。

プロトコルは，条約本文の署名後に作成・署名されていることから，1条は，条約第11条3項の芸能人条項の削除と無効を規定し，2条はプロトコルの手続きに関する規定である。

(2) 米国の先行条約例との比較

英米租税条約に関する米国財務省の技術的覚書（Technical Memorandum）[4]に基づいて，英米租税条約が米国側ではどのような位置にあったのか検証する。英米租税条約に先行する米国側の条約例には次のものがある。

① 1932年4月27日署名：米仏租税条約（1939年に第2次条約に署名）
② 1936年12月30日署名：米国・カナダ租税条約（1942年に第2次条約に署名）
③ 1939年3月23日署名：米国・スウェーデン租税条約

第2条に規定のある恒久的施設は，対カナダ租税条約及び対スウェーデン租税条約のプロトコルの規定と同様である。3条（事業所得），4条（特殊関連企業），10条（給与所得），14条（譲渡収益），19条（学生），20条（情報交換）及び21条（無差別取扱）は，対仏，対カナダ及び対スウェーデン租税条約と類似するものである。11条（短期滞在者免税と芸能人）は，対仏，対カナダ租税条約と

類似するものである。17条（1936年前内国歳入法の米国非居住者における納税義務の調整）は，対カナダ租税条約の14条と同様の内容である。

以上のことから，英米租税条約における事業所得に関連する条項は，米国の先行条約例を踏襲する部分が多く，人的役務提供所得についても，10条（給与所得），11条（短期滞在者免税と芸能人）及び19条（学生）は，先行条約例に倣う方向であった。

(3) ロンドン・モデル租税条約との比較

国際連盟によるモデル租税条約として，英米租税条約と同時期に作成されたものが，ロンドン・モデル租税条約である[5]。

最初の国際連盟モデル租税条約は，1928年に国際連盟により作成され，その後，1933年及び1935年に事業所得に関する検討が行われている[6]。1940年4月には，オランダのハーグにおいて小委員会が開催され，租税委員会の主導により1940年6月と1943年7月にメキシコ市において租税に関する会議が開催された。その結果が，1943年作成のメキシコ・モデル租税条約となり，1946年3月にロンドンにおいて10回の会議が開催され，その成果が1946年作成のロンドン・モデル租税条約となっている。そして，ロンドン・モデル租税条約には，英米租税条約に含まれている新しい規定を参考としているものがあるとしている[7]。

ロンドン・モデル租税条約の条文構成は次の通りである。なお，見出しは筆者が付したものである。

条文は，1条（モデル租税条約の目的，範囲及び対象税目），2条（不動産所得），3条（抵当物件からの所得），4条（事業所得），5条（国際運輸業所得），6条（給与所得），7条（公務員），8条（配当），9条（利子），10条（使用料），11条（年金），12条（譲渡収益），13条（住所地国の課税），14条（双方居住者），15条（財産等に関する課税），16条（無差別取扱），17条（異議申立て），18条（プリザベーション・クローズ），19条（相互協議），20条（条約の批准・期間），である。

ロンドン・モデル租税条約の条文には恒久的施設に関する規定がない。事業

所得に関連する恒久的施設に係る規程及び事業所得の算定等は，同モデル租税条約のプロトコル第5条に恒久的施設，第6条に事業所得[8]，第7条に特殊関連企業等に規定されている。

前述したように，国際連盟によれば，英米租税条約がロンドン・モデル租税条約等の影響を受けたというよりも，逆に，ロンドン・モデル租税条約に影響を及ぼしたのである。

英米租税条約とロンドン・モデル租税条約の条文構成を比較しても，英米租税条約がその後の1963年に出現するOECDモデル租税条約草案に近い形であることから，国際連盟の2つのモデル租税条約（メキシコ及びロンドン・モデル租税条約）が，租税条約の模範として大きな影響力を及ぼしたという評価がない理由も理解できるのである。

4．英米租税条約の条文解説

本項は，英米租税条約の各条項別に特徴となる点を検討する。

(1) 第1条（対象税目）

本条約の対象となる米国側の税目は，付加所得税（surtaxes），超過利潤税（excess profits taxes）を含む連邦所得税であり，英国側の税目は，付加所得税（surtaxes）を含む所得税と，超過利潤税（excess profits taxes）と国防税（national defence contribution）である。この国防税は，1937年財政法（Finance Act 1937 c.54 (1 Edw. 8 & 1 Geo. 6)）により創設された税目であり，納税主体が法人の場合の税率は5％，法人以外であれば税率は4％である（1937年財政法第19条第1項）。

(2) 第2条（一般的定義）
イ 諸 定 義
一般的定義として，次に掲げる事項が規定されている。

① 地理的な意味としては，米国は，当時の準州であったアラスカ，ハワイとコロンビア特別区を含み，連合王国（United Kingdom）は，グレートブリテン，北アイルランドを意味し，チャンネル諸島及びマン島は除かれている。

② 米国法人（United States corporation）は，米国法に基づいて設立された法人，組織（association）とその他の団体（entity）を含む。

③ 英国居住者は，米国市民及び米国法人を除き，英国税法の適用上，英国居住者となり，米国の税法の適用上，米国居住者でない者である。英国居住者となる法人は，英国においてその経営の管理支配が行われているものである。

ロ　恒久的施設

恒久的施設（Permanent Establishment：以下「PE」という。）については，独立した条項ではなく，一般的定義の項に含まれている。このような形態は，OECDモデル租税条約草案以前の租税条約例にあるものである。PEに関する規定の特徴となる点はつぎのようなものである。

① 一方の締約国の企業が使用するPEは，支店，経営管理の場所（management），工場，その他の事業を行う一定の場所である。

② 企業に代わって契約交渉及び契約締結を行う一般的な権限（general authority）を常習的に行使する代理人はPEとなる。

③ 企業に代わって在庫を保有する代理人はPEとなる。

④ 通常の方法で事業を行う真正な仲立人，問屋等は，PEとはみなされない。

⑤ 一方の締約国の企業が他方の締約国に，専ら商品の購入のみを目的とした固定的施設はPEとはならない。

⑥ 外国法人の子会社は，PEとはならない。

このPEに関する規定についてコメントすると，PEの定義である「事業を行う一定の場所」は規定しているが，現在の租税条約と比較すると例示が少なく，建設PEについての規定もない。代理人PEの範囲に在庫保有代理人が含

まれており，現行の OECD モデル租税条約よりも代理人の範囲が広くなっている。

上記以外に，第 2 条第 2 項では，英国居住者は，米国内に PE を有しない限り，いずれかの課税年度において，配当，利子，使用料及び譲渡収益の各条の適用上，米国における事業に従事している（engaged in trade or business）とはみなされないことが規定されている。第 2 条第 3 項には，条約に明定なき用語についての規定がある。

(3) 第 3 条（事業所得）

事業所得に関して，現行の租税条約に規定のある独立企業の原則については，第 3 条第 3 項に規定があり，第 3 条第 4 項は，単純購入非課税の原則に関する規定である。

第 3 条第 1 項は米国側の課税，同条第 2 項は英国側の事業所得の課税について規定している。

第 3 条第 1 項では，英国企業の産業上商業上の利益が米国において課税となる条件として，米国に所在する PE を通じて米国において事業に従事することが規定されており，その場合，米国は，当該企業のすべての米国国内源泉所得について課税するという総合主義を規定している。同条第 2 項は，米国企業の事業所得についての英国における課税であるが，1 項と同様の規定である。結果として，英国側は，米国の非居住者課税の概念である「事業に従事している（engaged in trade or business）」[9]を英国側の課税においても使用するという妥協をしていることになる。ただし，英国における超過利潤税と国防税の課税について第 3 条第 2 項は適用にならないことも規定されている。

(4) 第 4 条（特殊関連企業）

特殊関連企業の条項は，関連企業間において移転価格税制に基づいた所得等の再配分を行う権限をそれぞれの締約国に付与している規定であるが，当時の米国内国歳入法典第 45 条（移転価格税制）の適用を租税条約上でも認めるた

の規定ともいえる。租税条約は，双方の締約国に同等の権限を与えることになるので，英国も上述の権限を付与されたことになる。

日本においても，1986年（昭和61年）の租税特別措置法における移転価格税制創設までの間，それ以前に締結していた租税条約の特殊関連企業条項は，英米租税条約における英国と同様の状況にあったといえる。

(5) 第5条（国際運輸業所得）

国際運輸業を営む船舶及び航空機の運航等により生じる所得については，その企業等の居住地国において課税が行われることを規定している。

(6) 第6条（配当所得）

同条第1項に規定のある限度税率は，一般配当が15％，親子間配当の限度税率は5％である。親子間配当の要件は，配当を受領する法人が配当支払法人の議決権株式の95％以上を所有し，かつ，配当支払法人の利子及び配当所得（子会社からの利子及び配当所得を除く。）が総所得の25％以下である。なお，5％の限度税率の適用を受けることを意図して操作をした場合はその適用が認められない。

(7) 第7条（利子所得）

英国居住者が米国国内源泉所得の利子所得を取得し，かつ，米国において事業に従事していない場合，米国において条約免税となる。ただし，利子を支払う米国法人を英国法人が直接間接に50％超支配している場合，当該利子の免税はない。英国法人から米国法人への支払利子についても，50％超の所有条件がある場合は条約免税ではない。

(8) 第8条（使用料の定義）

使用料は利子所得等同様に条約免税である。また，使用料の定義では，第3項に，映画フィルムのレンタル料も使用料に該当することが規定されている。

(9) 第9条（鉱業権等の使用料の限度税率）

この場合の限度税率は15％である。ただし，英国居住者は，米国において申告納税を選択することも可能である。又，米国居住者等所定の要件を満たす者は，英国の付加所得税が免税となる。

(10) 第10条（政府職員）

この条は，政府職員の給与及び年金について，相互免税とすることを規定している。

(11) 第11条（短期滞在者免税と芸能人）

短期滞在者免税として，①課税年度中183日を超えて滞在しないこと，②給与を支払う者が勤務の行われた国の居住者でないこと，という2つの要件が規定され，現行租税条約にある給与等のPE負担という第3の要件の規定はない。また，本条第3項は，芸能人に関する報酬等に対して，短期滞在者免税規定の適用のないことを規定している。

(12) 第12条（退職年金）

条約相手国の居住者が取得する国内源泉所得となる年金等は，相互免税とすることが規定されている。

(13) 第13条（二重課税の排除）

イ　ビドル最高裁判決[10]

英米租税条約における二重課税の排除を検討する場合，1938年のビドル最高裁判決があることを事前の知識として知っておく必要がある。

この事実関係は，次の通りである。個人の納税義務者であるビドルとエルキンは，1929年及び1931年の課税年度に英国法人3社から配当を受け取った。当時の英国税法によれば，法人は，その粗利益に対して標準税（standard tax）を納付する義務があった。法人が利益配当を行う場合，法人は，配当に対応す

る所得税（標準税の税率により算定する）を配当から源泉控除する。さらに，個人株主の課税所得の総額が一定の金額を超過する場合，英国では付加税の課税がある。本件の納税義務者は，この付加税の納税義務があり法人経由ではなく直接この付加税を納付している。したがって，本件の配当受取額は，配当金額から標準税額相当額を控除した金額から付加税の金額を控除した額となる。本件の納税義務者は，法人により徴収された税額と付加税の合計額を外国税額控除した。

　最高裁判決は，英国標準税についての外国税額控除を認めていない。米国税法に規定する「納付した税」の意義は，米国税法に従って決定されるべきであり，外国の税法又は判決によるべきではないというのがその理由である。そして，この英国標準税は，英国法人に課された税であり，この税は，米国法人税と同様であるという理解である。オーエン教授[11]は，米国の税法では，法人税と個人所得税は分離した，別々の税であるという基本原則があることがその理由であると説明している。

　これについてコメントすると，シンガポール等において実施されていた配当の源泉控除という制度があったが，これは英国の税制を踏襲したものであったことから，当時の英国税制がシンガポールに残ったものと思われる。シンガポールでは，法人税の賦課決定前に配当決議が行われることから，税引前利益が配当原資になる。シンガポール居住法人は，配当を支払う際に，法人税相当額を控除する。これは，法人税相当額を確保するためのもので，配当に係る所得税の源泉徴収とは別のものである。なお，このシンガポールの源泉控除制度は，2003年1月1日以降経過規定適用のものを除き廃止され，配当は株主段階で免税となっている。

　ロ　米国における外国税額控除

　英国居住法人からの配当の受領者は，当該配当に係る英国所得税を納付したものとみなされる。そのためには，配当受領者がその総所得（gross income）に当該英国所得税の金額を含める選択をすることになる。この規定は，前述のビドル判例の判決に反することになる。

ハ　英国における外国税額控除[12]

英国国内法に従うことを条件として，米国国内源泉所得に課される米国の租税は当該所得に係る英国所得税から税額控除をする。また，米国法人から通常の配当が英国居住者に支払われた場合，間接税額控除についての規定がある[13]。

⑭　第 14 条（譲渡収益）

米国で事業に従事していない英国居住者は，資本資産の処分から生じる利得が米国において免税となる。

⑮　第 15 条（1945 年 1 月 1 日以降支払いの配当所得，利子所得の取扱い）

1945 年 1 月 1 日以降英国法人の支払う配当所得，利子所得は，米国において免税となる。ただし，その受領者が米国市民或いは米国居住者若しくは米国法人である場合はこの限りではない。

⑯　第 16 条（英国法人の留保所得に対する米国の免税）

第 16 条では以下のことが規定されている。英国法人は，留保金額に対して米国における課税を免除される。その条件は，英国居住者である個人が直接間接に当該法人の 50％超の議決権株式を課税年度の後半を通じて支配している場合である。この規定は，米国の付加所得税を回避することを防止するための規定である[14]。

⑰　第 17 条（1936 年前内国歳入法の米国非居住者における納税義務の調整）

1936 年前に内国歳入法にあった規定によれば，米国国内源泉所得を取得する米国非居住者のほとんどが米国証券等の取引による譲渡益に課税を受けていたが，1936 年歳入法以降，当該非居住者は課税にならないことになったため，その調整規定が本条である。

(18) 第 18 条（教員）

大学教授或いは教員が他方の締約国に教育等の目的のために 2 年以下滞在する場合，その期間に教育を行うことで取得する報酬について，他方の締約国における課税が免除となる。

(19) 第 19 条（学生・事業修習生）

この条は，学生及び事業修習生に関する規定である。他方の締約国においてフルタイムの教育或いは訓練を受ける一方の締約国の学生及び事業修習生は，生活，教育又は訓練のための一方の締約国からの送金に対して他方の締約国では免税となることが規定されている。

(20) 第 20 条（情報交換）

本条第 1 項は，情報交換における規定である。本条第 2 項は，この条に使用されている用語の定義規定である。

(21) 第 21 条（無差別取扱）

この条は，両国の国民及び法人に関して無差別取扱いを規定したものである。

(22) 第 22 条（適用拡大）

この条は，海外に領土等を有する英国固有の事情に基づく規定である。第 1 次日英租税条約に同様の規定があって，日英租税条約が適用拡大した例がある[15]。

5．1954 年署名第 1 次日米租税条約との比較

(1) 1954 年（昭和 29 年）当時の状況

日本が，OECD に加盟したのは 1964 年である。OECD がモデル租税条約の

検討を開始したのが，1956年の租税委員会を設置した後であり，その成果が，1963年のOECDモデル租税条約草案である。したがって，第1次日米租税条約締結時には，OECDモデル租税条約の影響はなく，あるとすれば，1943年制定のメキシコ・モデル租税条約，1946年制定のロンドン・モデル租税条約であろうが，これらのモデル租税条約の影響が大きかったという評価はない。

　米国側は，第2次世界大戦後，1945年に締結された米英租税条約が，1954年以前において，米国の一種のモデル租税条約であったものと思われる[16]。

　米国が，1945年以前に締結した租税条約は，すでに述べたように，対フランス，対カナダ，対スウェーデンの3条約であり，1945年の英米租税条約以降，1950年代前半までは，対オーストラリア，対ベルギー，対デンマーク，対フィンランド，対ドイツ，対ギリシャ，対アイルランド，対オランダ，対ニュージーランド，対南アフリカ，対スイスとその数が急増している。なお，米国の内国歳入法典の全文改正が行われたのが第1次日米租税条約を署名した1954年（昭和29年）である。

(2) 第1次日米租税条約の概要

　第1次日米租税条約は，1954年（昭和29年）4月16日にワシントンで署名され，1955年（昭和30年）4月1日に効力が発生している。その後，1957年（昭和32年），1964年（昭和39年），1965年（昭和40年）に一部改正が行われている。

　第1次日米租税条約の構成は，全20条から成っている。第1条は対象税目，第2条は一般的定義である。恒久的施設（PE）の定義はこの2条に含まれている。第3条は事業所得である。第4条は，特殊関連事業条項である。第5条は国際運輸業所得条項である。第6条は利子所得，第6条Aは配当所得，第7条は使用料所得である。第8条は不動産所得である。第9条は人的役務提供所得で，自由職業所得も含む形となっている。第10条は政府職員条項，第11条は交換教授条項，第12条は学生条項である。第13条は所得源泉に関する条項である[17]。第14条は二重課税排除の方法，第15条は慈善団体等に係る条約

による課税免除の規定，第16条は所得控除，第17条は情報交換，第18条は相互協議，第19条は外交官，第20条は発効と終了の規定である。

(3) 第1次日米租税条約適用期間の動向

第2次日米租税条約の署名がなされたのは，1971年（昭和46年）であり，その適用が開始されたのは1973年（昭和48年）1月である。

第1次日米租税条約が適用されていた期間（1954年から1972年までの間）において，日本では，1962年（昭和37年）に非居住者関連規定が整備され，1964年にはOECDに加盟している。OECDは，1963年にモデル租税条約草案を公開していることから，第1次日米租税条約が適用されている間に，OECDにおいてモデル租税条約の新しい展開があったということになる。

米国は，1966年（昭和41年）に外国投資家課税法を制定し，実質関連（effectively connected）概念を導入している。米国は，国内法及び租税条約等に，OECDにおいて展開されたこの新しい概念を取り入れたのである。

(4) 第1次日米租税条約の特徴

第2次日米租税条約は，第1次日米租税条約の多くの規定を改正している。その原因の1つは，OECDモデル租税条約草案に示された概念等が影響を及ぼしているといえる。結果として，英米租税条約と類似する形態であった第1次日米租税条約が，英米租税条約の影響下から，OECDモデル租税条約草案の影響下に移ったともいえるのである。

主たる改正点としては，第1次日米租税条約の恒久的施設には，在庫保有代理人が含まれていたが，これが第2次日米租税条約では除かれると共に，恒久的施設の適用外として，第1次日米租税条約は単純購入の場合と情報収集の活動のみであったが，第2次日米租税条約では，OECDモデル租税条約草案の規定に類似したものとなっている。

第1次日米租税条約3条（事業所得条項）第1項の規定は総合主義といわれるものであり，その規定は次の通りである。

「(前段略)一方の締約国の企業が他方の締約国内に恒久的施設を有する場合には，当該他方の締約国は，自国内の源泉から生ずるその企業の全所得に対して租税を課することができる。(以下略)」

その他の点としては，第1次日米租税条約には，無差別取扱条項が規定されていない。第2次日米租税条約では，OECDモデル租税条約にこの条項が規定されていることを受けて，新たにこの条項が設けられている。

わが国の条約例においても，第2次日米租税条約に規定のある所得源泉規定は他の条約例にはないものであるが，第1次日米租税条約第13条を踏襲したものである。

(5) 英米租税条約と第1次日米租税条約の比較

米国側から見ると，第1次日米租税条約は，1945年の英米租税条約以降，OECDモデル租税条約草案以前という位置にある。

英米租税条約は，恒久的施設条項が独立した条文になっていない等の古い形態であることは事実であるが，利子所得，使用料所得の条約免税等，それまでの米国の条約例にはない斬新な規定を設けた点に特徴がある。

第1次日米租税条約は，第2次世界大戦により経済が疲弊した当時の日本の状況と，欧州の指導的地位にあった英国との国力の差が，租税条約の規定に現れているといえよう。後発である第1次日米租税条約が英米租税条約よりも二重課税の排除の点で遅れているのはそのような理由によるものであろう。

6．英米租税条約の意義

(1) 英国における国際税務の検討

国際的二重課税の検討は，国際連盟が1921年に開始した国際的二重課税に係る基礎研究[18]に先立つものといえる。なお，国際連盟から基礎研究の依頼を受けた4名の学者のうちに，上記の小委員会のメンバーであるスタンプ博士 (Dr. J. C. Stamp) が含まれている。

英国では，この国際連盟により基礎研究に先立って，1919-1920年「所得税に関する王立委員会報告」(Royal Commission on the Income Tax)[19]全4巻がまとめられ，第1巻から第3巻までが委員会の速記録と関連する資料であり，第4巻が報告書（以下「報告書」という。）と資料及び索引となっている。

国際的二重課税に関する検討結果は，この問題に関して王立委員会より委託を受けた小委員会の報告書が付属書Ⅰ（以下「付属書」という。）に記載されている。

この当時の状況は，大英帝国とその自治領との間の大英帝国内における二重課税が問題視されており，1917年に開催された帝国戦争委員会（Imperial War Conference）において英国本国と海外の大英帝国の海外領土の双方で事業活動或いは投資活動を行う場合について当時の税法の検討を提唱している（付属書パラグラフ6）。

当時の大英帝国の自治領であったインド，カナダ，ニューファンドランドの国々はそれぞれに独自の税制を制定しており，所得税において居住者については全世界所得の課税を行っている。またこれらの国々以外のオーストラリア，南アフリカの所得税では，国内源泉所得のみが課税となっていた（付属書パラグラフ9）。

二重課税の排除に関する理論として，後に国際連盟の基礎研究の4名のうちの1名であり，小委員会のメンバーであるスタンプ博士は，源泉地国においては応益課税（benefit principle）であることから比例税率で課税し，居住地国は応能課税（according to ability）であることから累進税率が望ましいという考えを示している（付属書パラグラフ24）。

(2) 英国における外国税額控除の沿革[20]

英国の外国税額控除に関する沿革の特徴は，英国本国からの外国投資の多くが大英帝国の海外自治領等に対するものであったことから，英国居住者に生じた国際的二重課税の多くが英国本国と海外自治領等の間のものであった。その結果，英国では海外自治領等以外の諸国との外国税額控除の規定の創設は米国

よりも遅れて第2次世界大戦後である。

　所得に係る国際的二重課税問題が最初に生じたのは英国である。1860年にインドが所得税を導入したことにより，英国居住者が英国とインドの双方で課税を受ける事態に至った。しかし，この問題に関する救済措置について議論がなされたが，具体的な方策は採られなかった。この状態は，その後当時の大英帝国内の諸国が所得税制を導入したことにより大英帝国内における二重課税が顕在化しても継続した。

　外国税額控除が検討された要因は，1914年に始まった第1次世界大戦の戦費調達のための所得税の増税である。1916年財政法により，英国と植民地の双方で所得税を納付した者は，英国の所得税率17.5％を超える税額と植民地所得税のいずれか小さい金額の還付を受ける措置を講じた。その後，1920年の財政法により英連邦内税額控除制度（Dominion income tax relief）が導入された。

　英国は，1950年財政法により国内法としての外国税額控除を創設した。また，1961年以降，みなし外国税額控除を租税条約に規定することを始めている。

⑶　租税条約における二重課税の排除規定

　租税条約は，隣国と国境を接する中央ヨーロッパの国々から始まったといえる。例えば，国際列車を運行する場合，その乗車運賃をどのように配分するのかという問題もあろうし，隣国から国境を越えて入国する旅商による事業からの所得をどのように課税するのかという問題もある。このような事態における租税条約の経験の蓄積が，1928年の国際連盟モデル租税条約として集大成されたといえるのである。

　国際的二重課税を解消するために，第1次世界大戦後，国際連盟を中心として国際的二重課税を調整するためのモデル租税条約制定作業が開始される。第1次世界大戦終了に伴い，各国の通商が盛んになるにつれて国境を越えた取引が行われる結果，国際的二重課税の問題が顕在化したのである。租税条約の目的の1つは源泉地国における課税を減免することによる国際的二重課税の調整

である。このような状況下において、租税条約は、国際連盟が主導したモデル租税条約を中心に次第に各種の原則及び概念等を整備するのである。

最初のモデル租税条約といわれる1928年制定の国際連盟モデル租税条約における二重課税の排除は3案あり、このうち、現在の形に近いといわれる1Bの第3条の規定の一部は次の通りである。

「(第3条) 控除と還付による救済

すべての源泉からの全所得を申告するに際して、一方の締約国の居住者である個人又は法人は、他方の締約国において第2条に基づいて（筆者注：源泉地国課税の条項）第1次的に課税された所得に係る税額に関して救済を受ける権利がある。居住地国は、次に掲げる2つの金額のうちいずれか小さな金額を総所得に係る税額から控除する。

(a) 他方の締約国において第1次的に課税された所得に係る税額
(b) 全所得の税額に全所得に占める源泉地国の所得の割合を乗じた額」

上記の条項は、租税条約に規定された最初の外国税額控除の規定であるが、このモデル租税条約が制定された1928年当時、米国は、国内法における外国税額控除において控除限度額を設けており[21]、このモデル租税条約の規定が当時最先端というよりも、各国の国内法から帰納的に作成されたものと理解できる。

その後の国際連盟モデル租税条約である1943年のメキシコ・モデル租税条約及び1946年のロンドン・モデル租税条約は共に第13条において同様の規定である。その規定の内容は、上記に掲げた1928年国際連盟モデル租税条約とその文言こそ異なるが、実質的に同様の内容といえる。したがって、現行の租税条約又は現行のOECDモデル租税条約に規定のある二重課税の調整条項は、1963年のOECDモデル租税条約草案以降ということになる。特に、1963年の草案は、国外所得免除方式と外国税額控除方式の2つを掲げている点に特徴があり、この形は、現行のOECDモデル租税条約まで引き継がれている。

以上のことから明らかなように、英国が本国と海外自治領等との間の国際的二重課税の排除に力を注いでいる期間、米国をはじめとする他の諸国は、租税

条約及び国内法等を通じて国際的二重課税の排除に動き出していたのである。

(4) 英国の租税条約締結が遅れた理由

日本と英国は所得税租税条約に関しては他の先進国よりも遅れて整備したが，両国は，周囲が海に囲まれ，海運業が盛んであるという条件が類似していることから，国際運輸業に関して源泉地国免税する内容の協定の締結には熱心であった。

日本は，第2次世界大戦前に満州事変を契機として国際連盟を脱退したこと，英国の場合は，すでに述べたように，英国本国と海外領土等との間の二重課税に力を入れてきたことが，世界に先駆けて外国税額控除を国内法に導入しながら，租税条約に関しては他の先進国に遅れをとったのである[22]。

この件に関する他の意見としては，英国は居住地国課税を主張し，源泉地国課税に反対であったことがその理由であると述べる意見もある[23]。しかし，租税条約は，このような理論的側面による影響よりも，経済的実体として特定の国に投資が増加する或いは増加することが見込まれる事態になった場合，その国と租税条約を締結して，当該投資により生じる源泉地国における課税を軽減し，国際的二重課税を排除するのが通常である。

(5) 租税条約に関する国内法の整備

租税条約に関しては，国内法によりその適用が認められて初めてその効果を発揮する国（例えば，英国）と国内法の規定なしに条約自体がその締約国の国内において適用可能な国（例えば，米国）では，異なる適用関係にある。英国では，租税条約の国内適用を可能とする国内法の整備の一環として[24]，1945年財政法第5款第51条から第56条までは，二重課税からの救済に関する条文が規定されている。また，1945年法に付属するシェジュール7に外国税額控除等の細則が定められている。

7. 英米租税条約の検討

(1) 租税条約発展の系譜

租税条約発展の系譜において，次に掲げるものがその転換点となったものと考える。

① 1928年の国際連盟によるモデル租税条約の制定では，恒久的施設概念等が定められた。

② 1933年の国際連盟による事業所得条約草案，1935年の事業所得条約により，独立企業の原則等が確立した。

③ 1945年署名の英米租税条約は，第2次世界大戦の戦勝国同士で，しかも，経済的に大きな影響力を持つ国同士が締結した条約であり，投資所得に条約免税を大胆に取り入れた点等で，その後のOECDモデル租税条約草案に影響を及ぼしたものといえよう。

④ 1963年制定のOECDモデル租税条約草案，1977年のOECDモデル租税条約改訂版は，各国の締結する租税条約の模範としての役割を果たした。

その後は，1980年代以降の米国租税条約例に見る特典制限条項の進展等があるが，上記③が本論の主題であることから，④以降の展開については他日を期することとする。

(2) 配当所得

米国は，法人独立納税主体説に基づいて，配当所得に関して法人税と個人所得の二重課税の調整を原則として行わない方針である。これに対して，英国は，配当所得について法人段階で所得税が課税済みとなっているという株主集合体説と同様の見解に基づいて配当所得に係る二重課税を調整する考え方に立っている[25]。

米国の国内法における非居住者に対する源泉徴収税率は30％であり，対カ

ナダ租税条約では，配当所得に係る限度税率は15％，対スウェーデン租税条約では10％であった[26]。英米租税条約における一般配当に対する限度税率は15％，親子間配当は5％である。この2段階の税率は，米国・カナダ租税条約を先例とするものであり，英国は1946年に締結した対カナダ租税条約，1947に締結した対南アフリカ租税条約，対オーストラリア租税条約では親子配当を条約免税としている[27]。このような英国における租税条約の動向から推察して，源泉地国課税をなくして居住地国のみとするという英国独自の考え方が影響しているものと思われる。

(3) 利子所得・使用料所得

英米租税条約では利子所得及び使用料所得は，いずれも条約免税である[28]。この利子条項にある，米国における事業従事に該当しないという要件は，すでに述べたように米国国内法の規定である。

(4) PE概念の採用

PE概念は，1928年国際連盟制定のモデル租税条約に採用された概念であるが，この概念はドイツの地方税法において生成した事業場の拠点を課税要件とするものであり，中央ヨーロッパ諸国で採用されていたこの概念が国際連盟モデル租税条約に基本的な概念として取り上げられて規定され，その後に各国の非居住者課税に係る規定に普及したものである。本来，英米両国における非居住者の事業所得課税要件は，自国内における事業活動の有無（doing business）であるが，英米租税条約を締結した1945年には，PE概念が国際税務の世界において広く認知されていたことから，この動向に反する規定は設けられなかったものと思われる[29]。

1) この条約の正式名称は，Convention between the United Kingdom of Great Britain and Northern Ireland and the United States for avoidance of double taxation and prevention of fiscal evasion, である。なお，名称における国の順序は，米国では，

米国が先になり，英国は後になる。

英米所得税租税条約と同時に相続税租税条約が締結されている。その条約の正式名称は，Convention between the United Kingdom of Great Britain and Northern Ireland and the United States respecting double taxation and tax on estates of deceased persons．であり，署名等の手続きの日は，所得税租税条約と同じである。

2) 英国は 1926 年 4 月 16 日にアイルランドとの間に租税条約を締結しているが，この条約は，その条文構成等の点で現行の租税条約よりも簡素な規定であり，条文は全 8 条である。また，米国は，租税条約の締結を始めた 1930 年代に，1932 年 4 月 27 日に署名した対フランス条約（1939 年に第 2 次条約に署名），1936 年 12 月 30 日に署名した対カナダ租税条約（1942 年に第 2 次条約に署名），1942 年に第 2 次条約に署名した対スウェーデン租税条約があるが，1940 年代には，前述の対カナダ第 2 次条約の改正のみであり，英米租税条約に先行する米国の条約例としては，この改正も含む 3 つの租税条約ということになる。なお，米国が 1940 年代に締結した租税条約は，英米租税条約以外では，① 1948 年 3 月 16 日署名の対ニュージーランド租税条約，② 1948 年 4 月 29 日に署名した対オランダ租税条約，③ 1948 年 5 月 6 日に署名した対デンマーク租税条約，④ 1948 年 10 月 28 日に署名した対ベルギー租税条約，⑤ 1949 年 6 月 13 日に署名した対ノルウェー租税条約があり，それ以外は 1950 年代に締結している。このような米国における租税条約の動向から英米租税条約が当時の米国におけるモデル条約として機能したものと推察することができる。

3) 所得税租税条約当時に署名された英米相続税租税条約は，全 11 条から構成されている。各条項と筆者が付した見出しは次の通りである。本文は，第 1 条（対象税目），第 2 条（一般的定義），第 3 条（財産の所在地），第 4 条（諸控除），第 5 条（外国税額控除），第 6 条（外国税額控除の期間制限），第 7 条（情報交換），第 8 条（適用拡大），第 9 条（北アイルランドへの適用），第 10 条（発効・適用），第 11 条（終了），である。

4) 米国では，外国との条約は，米国議会の上院の 3 分の 2 の賛成を得ることが発効の条件となる。租税条約の草案に署名した財務省は，議会に対する当該租税条約の説明資料として，技術的覚書（現在は，技術的説明：Technical Explanation）を作成して公表している。

5) League of Nations Fiscal Committee, London and Mexico Model Tax Conventions Commentary and Text, League of Nations, Geneva 1946.

6) 国際連盟におけるモデル租税条約の進展については，拙稿『国際課税と租税条約』（ぎょうせい　1992 年）参照。

7) League of Nations Fiscal Committee, op. cit., p. 6.

8) 国際連盟租税条約では，1935 年の事業所得条約により，恒久的施設の所得算定

の原則である「独立企業の原則」が確立されているが，ロンドン・モデル租税条約プロトコル第6条1項Bに次のような規定がある。「締約国の税務当局は，必要に応じて，前項の実行に際して，帳簿，特に誤記，脱漏を訂正し，又，第三者間取引における独立企業間価格を帳簿に記入するように価格又は報酬を修正する。一方の締約国の恒久的施設の帳簿が，税務当局の調査により修正される場合，当該取引と関連する他方の締約国の恒久的施設の帳簿も対応的に修正をする。」

9) 現行の米国における非居住者課税は，1966年に制定された外国投資家課税法（Foreign Investors Tax Act of 1966）により整備されたのである。英米租税条約が締結された1945年の段階では，米国の非居住者課税は，米国国内において事業に従事（engaged in business in United States）しているか否かを課税における判定要素としていた。この場合の米国における課税関係は次の通りとなる。
   ① 外国法人が米国において事業に従事している場合は，全ての国内源泉所得を総合課税する。
   ② 外国法人が米国における事業に従事していない場合は，投資所得に対して源泉徴収されて課税関係終了。

   この米国における事業従事という要件は，その事業と関連のない国内源泉所得である投資所得も総合課税の対象となる欠陥があり，この欠陥補正のため，外国投資家課税法は，第1の改正点として，実質関連（effectively connected）概念を導入して，外国法人の課税について次のように改正したのである。すなわち，米国において事業を行い，すべての所得がその事業と実質的に関連する場合は総合課税となるが，米国における事業と関連のない所得の場合及び米国において事業を行わない場合の米国国内源泉所得のうち，定額定期的所得（fixed or determinable annual or periodical gains, profits and income）に該当する所得は源泉徴収課税（税率30％）となるのである。

10) Biddle v. Commissioner, 302 US 573, (1938). この判決により，外国で納付した所得税についての解釈が示され，課税及び税額控除を認める権限は議会にあることから，外国税額控除についても自国法に基づいて判断されるという基準が確立したのである。

11) Elisabeth Owens, The Foreign Tax Credit, (Cambridge, Mass,；Harvard Law School 1961) p. 365.

12) 英国国内法における外国税額控除の特徴は，所得項目別方式といい，同じ税額控除方式を採用している日米のものとは異なる方式である。英国の方式は，国外所得に課された税をその所得に課される英国の税から控除するもので，控除限度超過額の繰越，繰戻もなく，他の国外所得との通算も認められていない。そのために，英国では外国税額を平均化させるための受け皿会社（mixing corporations）が外国に設立される場合もある。

13) 米国では, 1918年に創設された間接税額控除は, 1942年に孫会社までその範囲を拡大した。
14) Treasury Department, Technical Memorandum of the Treasury Department on the Convention Article XVI.
15) 第1次日英租税条約第22条には日英租税条約の適用拡大に関する規定があり, 交換公文により次の地域にこの日英租税条約が基本的に適用されることになった（「連合王国が国際関係について責任を負っている若干の地域に対する租税条約の適用に関する書簡の交換の告示」昭和45・10・30, 外務省告示第216号）。
① 英領ヴァージン諸島（昭和50・9・6, 外務省告示第188号）
② フィジー（昭和45・10・30, 外務省告示第217号）
③ モントセラット（昭和45・12・15, 外務省告示第257号）
④ セイシェル（昭和50・10・18, 外務省告示第222号）
　この適用拡大という規定は, 租税条約締約国が条約本文ではなく交換公文等の手続きにより合意する場合でも, 租税条約の適用が, その締約国の海外に有する地域等に対して適用を拡大することを定めたものである。この日英租税条約では, 上記昭和45年の外務省告示第216号の附属書Ⅱ(5)において終了について定めた通告の規定がある。第2次日英租税条約（昭和45年12月21日, 条約第23号, 昭和55年10月・20日議定書, 条約第33号）は, 昭和44年（1969年）2月10日に東京で署名され, 昭和45年（1970年）12月25日に発効している。第2次日英租税条約が発効後も, 第1次日英租税条約の適用地域拡大の規定は有効であったが, セイシェルの適用終了（昭和57年12月21日, 外務省告示第447号）の告示があり, そして, 平成12年6月21日に日本国政府は英国政府に対し, 第1次日英租税条約の適用拡大地域とされていた英領ヴァージン諸島及びモントセラットに対する同条約の適用を終了する旨の通告をしたことにより, 平成13年1月1日以後に開始する各課税年度の所得及び各賦課年度の租税について第1次日英租税条約はその効力を失うことになった。結果として, 現在においても, フィジーに対する第1次日英租税条約の適用は継続することになるものと思われる。適用拡大が問題となる理由としては, 英領ヴァージン諸島は, カリブ海にある英国の自治領であるが, 平成4年改正前のわが国のタックスヘイブン対策税制では, 全所得軽課税国等に指定されていた。このようにタックスヘイブンとされる国等との間に租税条約が適用になるということは, 一般的に, タックスヘイブン国等に法人を設立して, 先進諸国に投資を行うことにより先進諸国（条約相手国）における課税負担を減免し, その法人の所在地国であるタックスヘイブン（居住地国）において軽課税であるという二重の特典を享受することになる。日英租税条約はこのような日本における他の租税条約と多少異なる歴史的な沿革を持つ租税条約であった。
16) 第1次英米租税条約を高く評価している論文としては, Avery Jones John F., "The

History of the United Kingdom's First Comprehensive Double Taxation Agreement" British Tax Review, 2007 No. 3. がある。

17) 第1次日米租税条約は，条文の構成等，英米租税条約と類似する点もあるが，所得源泉について特別に条文を設けているのが，第1次及び第2次の日米租税条約の特徴である。所得源泉に関する規定を租税条約に特別に設けた理由は，当時の通信・交通事情により，頻繁に両国間で交渉することが難しいことから，条約解釈上において疑義の生じる可能性のある所得源泉ルールについて特記することで，そのような疑念を打ち消したのである。

18) Bruin, Einaudi, Seligman and Stamp, "Report on Double Taxation" League of Nations, E. F. S. 73 F. 19. なお，この報告書については拙著『国際課税と租税条約』第2章参照。

19) 第6章1参照。

20) David R. Davis, Principles of International Double Taxation Relief, Sweet & Maxwell 1985, pp. 29-32.

21) 米国では南北戦争後一時廃止された所得税が1913年に再度導入されたが，そのときの所得税法には外国税額控除に関する規定はなく，外国税額は損金算入という扱いであった。米国は，1918年所得税法第222条（個人），第238条（内国法人の直接税額控除）及び第240条(c)（内国法人の間接税額控除：要件は外国子会社の議決権の過半数所有）において外国税額控除を規定した。なお，間接税額控除が孫会社まで拡大したのは1942年改正である。また，米国が控除限度額に係る規定を創設したのは，1921年所得税法第222条(a)(5)，第238条(a)である。

22) 英米租税条約締結時に他の先進諸国の締結した租税条約数は54であった（Avery Jones John F., op. cit., p. 213)。

23) 22)の論文（p. 211）では，内国歳入委員会副議長（Deputy Chairman of the Board of Inland Revenue）のパーシー・トンプソン卿（Sir Percy Thompson）が居住地国のみの課税として源泉地国が課税を行わなければ，国際的二重課税は生じないという意見を述べていたことが記述されている。

24) 租税条約の国内的効力の形態として，岩沢教授は，次のように3つに分類している（岩沢雄司『条約の国内適用可能性』有斐閣　昭和60年　13-14頁）。①条約は批准，交付されれば自動的に国内的効力をえる。②国会による条約の承認は，法律の形式によって与えられる。③条約は批准されても国内的効力を得ず，個々の立法により受容されなければならない。米国は①であり，英国は③になるというのが岩沢教授の見解である。

25) 英国は，伝統的に，配当に関する法人課税と個人課税を調整する方針を採用している。英米租税条約締結時の英国税法では，法人は，その利益に対して所得税と国防税を支払い，配当は課税済み所得から支払われた。その時点で50％の標準税率

が配当から控除されたことになる。利子，使用料は源泉徴収されるが，法人の課税所得計算上は控除されない（Avery Jones John F., op. cit., p. 222）。その後，英国は，1973年4月からインピュテーション制度を施行した1973年4月6日にこれを廃止している。この制度は，配当に係る法人税と所得税の二重課税を調整するための一方法であり，配当支払法人の法人税の一部を配当に係る所得税の前払いとみて，その前払相当額を配当受領者に帰属（impute）させる方式であるが，英国非居住者に対しても配当に係る法人税相当額をタックス・クレジットとして供与したことから，旧日英租税条約にはその調整のための規定が設けられているが，英米租税条約にはこのような規定はない。

26) Avery Jones John F., ibid., p. 226.
27) Ibid., pp. 227-228.
28) 英国が債券の利子を免税にしたのは1915年が最初である。この債券の受益者が英国非居住者であることがその条件であった。この方法は，その後，米国で発行する英国の地方債の利子にまで免税措置が拡大した（Ibid. p. 230, fn. 112）。
29) 英米条約交渉の際に両国間で，PEに採用の是非に関する議論はなかった（Ibid., p. 240）。

第 13 章

英国税務会計史の検討

　本章は，これらのまとめとして，1990年代以降の英国税制の変遷と，検討課題でありながらこれまでの研究において積み残した問題を本章の対象として，英国税務会計史のまとめとする。

1. 本章における課題

本章において検討対象とする課題は次に掲げるものである。
① 英国所得税における事業所得の算定方法は，過去3年分の平均利益金額によるとされていたが，これが改正された経緯。
② 1990年以降において賦課課税制度から申告納税制度に改正されたことで，法人課税に何らかの変化はあったのか。
③ 本書の中心課題である法人税の課税所得の計算構造（税務会計）と企業会計との関連。
④ ウエストミンスター事案貴族院判決及びラムゼイ社事案貴族院判決と同判決の影響を受けたそれ以降の判決について，租税回避に関する判例の検討を行ったが，1990年代以降の租税回避に係る判決の動向。

2. 法人所得計算の改正

　前記①において述べたように，英国所得税における事業所得の算定方法は，過去3年分の平均利益金額によるとされていたが，この方法は，法人の会計期間に生じた利益を所得とすることとその後改正されたのであるが，その背景に

ついて，以下検討することとする。

(1) 1918年所得税法[1]

1918年所得税法のシェジュール1のシェジュールDのケースIに適用されるルールにおいて，3年間の平均による利得 (profits and gains) の金額を計算することが規定されている。英国において財政法 (Finance Act) として連年税法が改正されたのは1894年の財政法[2]以降であり，この財政法以降，初めての所得税法が1918年所得税法である。当時の立法は，財政法により連年税法改正を行い，適宜間隔をあけて，一定期間の税法改正の集大成を所得税法としてまとめる方式であった。

したがって，英国においては，シェジュールDに属する事業所得について，過去3年間の平均利益を課税対象とするという方式が所得税導入時からこの時期まで改正されることなく継続していたということができる。

(2) 法人利益税[3]

この税は，1920年財政法（以下「1920年法」という。）により創設されて，1924年財政法により廃止されている。また，税率は，500ポンドを超える法人の会計期間（12か月）の利益に対して10％を課すもので，法人に対する所得税の付加税という性格である。

1920年法第5款第53条に，この税の対象となる利益は，会計期間に生じた実際の利益であり，所得税の課税年度或いは数年の平均所得により計算されるものではないことが規定されている。また，課税所得の計算は，1918年所得税法の第1シェジュールのシェジュールDの一部修正である。ここにおける問題は，課税所得を構成する益金或いは損金の内容ではなく，課税対象となる所得の算定方式（法人の会計期間の利益或いは過去3年間の平均利益）である。

1920年法第31条には，所得税における所得計算において法人利益税を超過利潤税に含めることが規定されている。

法人は，所得税，超過利潤税，法人利益税が課されることになるが，所得税

の課税年度は，4月から始まる1年であり，法人利益税は，法人が定める会計期間における利益ということになる。また，法人利益税は，約4年間という短期間で廃止されている。

結論としては，この税の課税所得計算は，所得税自体における課税所得計算の改正とはいえないのであるが，方向性としては，現年分の利益に課税するという点では，先駆的な役割を果たしたといえよう。

(3) 国 防 税[4]

国防税（National defence contribution）は，1937年財政法第3款第19条から第25条までに規定されたもので，法人に対して税率5％と法人以外の団体に対して税率4％を事業上の利益に対して課したものである。そして，課税所得の計算は，課税対象期間[5]において，本法シェジュール4において規定した所得税の計算諸原則を適用している。これらの点は，前出の法人利益税と同様である。

国防税は，1947年財政法により創設された事業利益税（profit tax）に引き継がれている。

(4) 1952年所得税法[6]

英国所得税法の事業所得算定方法として定着していた前3年間の平均利益に対する課税方法は，1920年の「所得税に関する王立委員会」報告書[7]により廃止とすることの提言を契機として，前年度の所得に課税する方式となった[8]。

既に述べたように，1918年所得税法では，前3年の平均利益が用いられていた。その後の1945年所得税法は，第57条第1項に，「基準期間（basis period）」が定義され，3年間の平均利益の説明はない。そして，1952年所得税法第3条では，所得税の全ての査定と課税は，4月6日に開始，翌年4月5日に終了する年度で行われることとする，と規定され，前3年間の利益を平均する算定方法は，所得税から消えたことになる。

3. 現行の英国における法人に関する租税管理[9]

(1) 概　　要

　英国の法人課税を含む所得税は，長い期間にわたり賦課課税制度を採用してきたが，個人所得税，法人税ともに 1990 年代に申告納税制度に切り替わっている。これは，英国における租税管理（tax management）に含まれる問題であるが，課税所得の計算の側面に何らかの影響を及ぼしたのか否かは，検討対象とする必要がある。

　例えば，申告納税制度の下では，納税義務者が課税所得と税額を自ら計算して納税申告書を作成提出して税額の納付を行えば，申告後に税務調査等により税額の変更がない限り，申告した年分の税額は確定することになる。

　これに対して，賦課課税制度の下では，納税義務者は，申告書を課税当局に提出するが，課税当局は，提出された申告書等に基づいて所得金額及び税額の査定を行い，これを納税義務者に通知する。納税義務者は，その通知を受け取った後に定められた期限内に納税を行うことになり，納税義務者の作成した申告書に示された所得金額等と，査定された所得金額は基本的に遮断されているのである。

　また，別の租税管理の側面からすると，賦課課税制度が申告納税制度よりも課税当局の事務量という点では多いことは事実であろう。

　このような事柄を踏まえて，以下では，英国がどのような背景から賦課課税制度から申告納税制度に改正したのかを検討する。

(2) 申告納税制度への変遷過程
イ　法人税の納付・申告制度（corporation tax pay and file）

　法人税の納付・申告制度（以下「納付申告制度」という。）は，1993 年 9 月 30 日後に終了する会計期間に適用されたものであるが，この制度は，納税と申告書提出期限が定められていること，無申告の場合の加算税等の賦課，申告書が

法人税の税額を含む等という点では，申告納税制度と類似しているが，課税当局による査定があるということから，申告納税制度とはいえないのである[10]。

ロ　1994年財政法による改正

1994年財政法[11]第178条から第180条に個人所得税の申告納税制度が規定されている[12]。この対象となる者は，個人，パートナー，信託であり，その適用は1996-1997課税年度である。

ハ　1998年財政法による改正

1998年財政法[13]のシェジュール18に法人税の申告納税制度への改正が規定されている。また，同法第42条には，シェジュールDのクラスⅠ（事業所得）とクラスⅡ（専門的役務提供所得）の利益計算は，法令による調整に従うことを条件として，一般に認められた会計慣行（generally accepted accounting practice：以下「GAAP」という。）により計算することを規定している。また，申告納税制度への影響について，約4万社の公開法人，約93万6,000社の中小法人，その他約5万4,000の非法人組織がその影響を受けている[14]。なお，1998年財政法第42条に規定されていたGAAPについて，2004年財政法[15]第50条では，国際財務報告基準（IFRS）が含まれている。

(3)　小　　括

英国における所得税における所得と課税の区分としての特徴があったシェジュール制度は，個人所得税について，1988年財政法のシェジュール6の2においてシェジュールBが廃止されたのを皮切りに，2005年までにすべて廃止されている。他方，法人税に関しては，シェジュールA，D，Fが残されているが，その役割は，所得区分間の所得と損失の通算の制限，繰越欠損金の利用制限として機能しているといわれている[16]。

4．法人税が独立した効果

1965年財政法において個人所得税と分離した法人税法は，1970年の所得

税・法人税法 (Income and Corporation Taxes Act 1970),1988年制定の所得税・法人税法 (Income and Corporation Taxes Act 1988) と変遷して,2009年に初めて法人税法 (Corporation Tax Act 2009：以下「2009年法」という。) として独立した規定となった。

2009年法は,全21款1330条から構成されている。この2009年法の先例となったので,1988年の所得税・法人税法及び2005年制定の所得税法[17]である[18]。英国の法人税率は,1999財政年度には30％であった税率が次第に引き下げられ,2014財政年度には22％である。他方,税法上の減価償却費の耐用年数を延長する等,課税ベースの拡大を図っている。

法人税法が独立した法規となったことにより,その課税所得計算の基本構造に変化をもたらしていないことが確認されたことで,この新しい法人税法の影響を取り上げない。

5. 英国が分離型である理由

日本の法人税の課税所得の計算(税務会計)では,企業利益に申告調整を行って課税所得を誘導する,いわゆる企業会計と税務会計が一体となっている統合型に分類され,米国は,企業会計における会計数値を修正した数字を用いて税務P/Lを法人税申告書において作成して課税所得を計算する分離型となっている。

英国の場合は,事業所得であるシェジュールDの所得算定には,GAAPによる計算に従うこととしたことでは,日本の方式との類似性が窺えるが,企業会計における減価償却費を税務上加算し,税法上の減価償却費 (capital allowance) を申告調整において減算する方式は,損金算入の限度額計算を行う日本と類似する部分もあるが,企業会計と税法の考え方が異なるという象徴的な事項といえる。

既に述べたように,英国のシェジュール制度は,個人については2005年までに廃止されたが,法人については現存しているのである。シェジュールA

とＦは残っている。英国は，1999年以降，法人税について申告納税制度に変更されていることから，賦課課税制度の問題は解消されているが，1803年のアディントンの所得税法から始まったシェジュール制度を存続させているということで，米国とは異なる分離型といえる。

また，これ以外に，事業所得計算が20世紀初頭まで前3年利益の平均額を課税標準としていたこと，さらに，賦課課税制度が法人の場合，1998年財政法による改正まで継続したこと等がその理由として考えられる。結論としていえることは，英国の分離型は，米国とは異なる分離型の税務会計といえる。

6．英国租税回避に関する判例等の変遷

(1) ラムゼイ社事案貴族院判決後の動向

法令を厳格に解釈する立場からのウエストミンスター事案貴族院判決（1935年）と，事前に計画された取引全体から判断して租税回避を否認する立場のラムゼイ社事案貴族院判決（1981年），ラムゼイ社判決による原則を支持したバーマ石油会社事案貴族院判決，ドーソン事案貴族院判決，そして，ラムゼイ原則を支持しなかったホワイト事案貴族院判決[19]と租税回避を巡る判決の動向も揺れ動いていた。

その後の展開については，本章において以下検討するが，英国は2004年から適用された租税回避スキームの開示（DOTAS）制度を創設し，2013年財政法第5款及びシェジュール43に一般否認規定（The General Anti-Abuse Rule：以下「GAAR」という。）を規定して2013年7月17日より適用している。

他方，米国は，租税回避に係る制定法として，2010年3月10日に成立したHealth Care and Education Reconciliation Act of 2010（H. R. 4872）第1409条（Codification of economic substance doctrine and penalties）により経済的実質原則（Economic Substance Doctrine：以下「ESD」という。）[20]を立法し，取引の経済的実質及び事業目的がない場合に租税回避と判断する方式を採用した。英国が，GAARを採用したことと，米国の租税回避に対する対抗立法は異なる内容とな

っている。以下は，ホワイト事案貴族院判決後から GAAR 成立までの間における英国の租税回避に係る判例等の動向を検討する[21]。

(2) エンサイン・タンカー社事案貴族院判決
イ 事案の概要
本事案の課税年度は 1980 年，適用条文は，1971 年財政法第 41 条第 1 項及び第 42 条第 2 項に規定のある初年度減価償却の適用であり，争点はその適用の可否を巡るものである。裁判官は，Keith 卿，Brandon 卿，Templeman 卿，Goff 卿，Jauncey 卿の 5 名であり，最も長い判決文を書いたのは Templeman 卿である。貴族院の判決は，1992 年 3 月 12 日である。上告人は，エンサイン・タンカー社（以下「E 社」という。） 他である。

ロ 事実関係
この事案の事実関係は，日本においても税務訴訟となったフィルムリース事案と類似したものである[22]。

適用条文は，1971 年財政法第 41 条第 1 項に規定する初年度償却（First-year allowance）であり，商業映画フィルムの原画は，当該条文に規定する設備（plant）に該当し，初年度 100％償却ができるのである[23]。

事実経過としては，1980 年に，E 社と他の英国法人 4 社はリミテッド・パートナーとして，アメリカン映画会社（American film production company：以下「A 社」という。）をゼネラル・パートナーとするパートナーシップ（以下「PS」という。）を組織した。

映画の製作予算額は，約 1,300 万ドルで，PS が 325 万ドル（25％）を負担し，このうち E 社の負担額は，237 万ドルであった。制作費の残額は，融資を受けることで資金調達を図り，その契約は，借り手が債務全額の返済責任を負わないノンリコース・ローンであり，映画の収益の 75％がこの返済に充てられ，残りの 25％が PS の受け取りとなった。E 社他の納税義務者は，映画の製作費 1,400 万ドルに対して初年度償却を適用することを請求したが，特別委員会は，PS が行った取引が金銭の融資であり，事業取引でないことからその請求を認

めなかった。結果として，PS が負担した 325 万ドルについての初年度償却を認める判決が行われた。

ハ　小　　　括

Templeman 卿の判決は，この一連の取引が，100％初年度償却による課税上の恩典を享受するための租税回避であるという認識を基礎としているが，バーマ石油社事案貴族院判決において示されたラムゼイ原則である，① 事前に準備された一連の取引及び ② 租税回避のみを目的として商業上の目的を持たないと特別な段階を挿入していること，を本事案に当てはめて取引全体を否認するという判断を示していない。ラムゼイ原則に批判的であったホワイト事案貴族院判決[24]のうち，同事案判決において判決の中心となった Oliver 卿が抜け，代わりに，Brandon 卿が新たに加わっただけで，本判決における他の 4 名の裁判官は同じである。本判決は，ホワイト事案貴族院判決よりもラムゼイ原則に近い判断が行われたと解釈することができる。なお，ホワイト事案貴族院判決は，国側が上告したがその請求は棄却され，納税者側の勝訴となっているが，裁判官のうち，Keith 卿，Oliver 卿，Jauncey 卿の 3 名が納税者側の主張を認め，Templeman 卿及び Goff 卿は少数意見を述べている。

(3)　ムーディー事案貴族院判決

イ　事案の概要

この事案の裁判官は，Keith 卿，Templeman 卿，Goff 卿，Browne 卿，Mustill 卿の 5 名であり，最も長い判決文を書いたのは Templeman 卿である。貴族院の判決は，1993 年 2 月 11 日である。Templeman 卿は，前述のエンサイン・タンカー社事案貴族院判決の主たる判決文を起草した者である。適用条文は，1970 年の所得税・法人税法の第 108 条及び第 109 条であり，課税年度は，付加税が 1973-1974 年から 1976-1977 年まで，所得税が 1973-1974 年から 1976-1977 年までである。

この事案に先立って，同様の内容の事案として，ラムゼイ社事案貴族院判決が出る前の 1979 年の貴族院判決がある[25]。この判決では，納税義務者側が勝

訴している。

本事案における納税義務者の目論見は，支払った年金掛金を所得税等の課税所得の計算上控除することであるが，貴族院判決は，これを認めなかった。

ロ　事 実 経 過

Templeman 卿の判決文に，次の 10 段階の取引の経緯が説明されている。なお，1971 年 3 月に，ムーディー氏（以下「M」という。）は 3,693 ポンドの手数料を支払っている。

① この計画のために設立された信託会社 HOVAS（以下「H 社」という。）に対して，SWL 銀行は，59,400 ポンドを貸し付ける。

② H 社は，M に年金の対価として 59,400 ポンドを支払う。この年金に係る掛金は，H 社に対して 5 年間支払われる。また，この期間が 5 年未満の場合，その残余の期間について所得税の基本税率控除後の金額 12,000 ポンドが支払われる。

③ M は，SWL 銀行のグループ会社である O 社に対して 10 枚の約束手形（額面 60,000 ポンド）の対価として 59,400 ポンドを支払った。

④ O 社は，SWL 社グループの B 社に 59,400 ポンドを貸し付けた。

⑤ B 社は，H 社に対して 59,400 ポンドを貸し付けた。

⑥ H 社は，SWL 銀行に対して 59,400 ポンドを返済した。

⑦ O 社は，M に対して手形 2 枚分の金額 12,000 ポンドを支払った。

⑧ M は，H 社に対して年金分の 12,000 ポンドを支払った。

⑨ H 社は，B 社に対して 12,000 ポンドを返済した。

⑩ B 社は O 社に対して 12,000 ポンドを支払った。

この一連の取引は，self-cancelling transactions といわれるもので，資金が関連者間を循環したもので[26]，M は，税法に規定する年金掛金を支払っていない。取引の結果，関連者の資金の保有等に変動がない。このことから，所得からの控除が認められなかったのである。

ハ　小　　括

ラムゼイ社事案貴族院判決が出された 1981 年以前の 1979 年の本件と同様の

事案の判決と，ラムゼイ社事案貴族院判決以後の本事案の判決では，その内容に大きな変化があることは明らかである。

(4) バークレイ社事案貴族院判決[27]
　イ　事案の概要

この事案の裁判官は，Nicholls 卿，Steyn 卿，Hoffmann 卿，Hope 卿，Walker 卿の5名である。裁判官を代表して，Nicholls 卿が判決文を起草し，他の4名はこれに同意している。貴族院判決は，2004年11月25日であり，国側が勝訴している。なお，適用法令は，1990年のキャピタル・アローワンス法第24条である。

　ロ　事実経過

1993年に，アイルランドの公営ガス供給会社（Bord Gais Eireann：以下「BGE」という。）は，スコットランドからアイルランドに天然ガスのパイプラインを建設した。BGE では，パイプラインの償却費を上回る課税所得を取得するのには時間がかかることから，英国法人とセールアンドリースバック契約を締結した[28]。パイプラインを取得した当該英国法人（Barclays Mercantile Business Finance Ltd：以下「BMBF 社」という。）は，BGE にリースし，BGE はその英国子会社にその設備をサブリースした。本事案の争点は，バークレイ銀行のグループ会社でファイナンスリースを事業としている BMBF 社がパイプラインの取得費 91,292,000 ポンドに関して税法上の減価償却費を計上できるか否かであった。

当該取得費の資金は，BMBF 社がバークレイ銀行から借り入れたもので，BGE が受け取った譲渡金額は，Deepstream 社に預金され，その後バークレイ銀行系列のマン島所在のファイナンス会社に預金され，さらにバークレイ銀行に預金されたのである。

課税当局は，これら一連の取引が人為的であり，事業目的がないとして，BMBF 社の減価償却費を否認した。

異議申立てを受けた特別委員会及び第一審の高等法院では，BMBF 社の取

引が商業的実態を欠いていること等の理由から，パイプラインの償却は認められなかった。

控訴院及び貴族院判決は，ラムゼイ原則の適用が難しいという判断を示し，国側敗訴となった。

ハ　小　　括

貴族院判決はラムゼイ原則の適用を排除したが，異議申立てにおける判断はラムゼイ原則をベースにするものであった。本判決では，ラムゼイ原則の適用の条件であった循環取引（circularity of payments）の実態に対してBGEとバークレイ銀行グループの取引が独立企業間の取引であったとして，このことを問題としなかったことである。

(5)　租税回避スキームの開示（DOTAS）

英国の歳入関税庁（Her Majesty's Revenue and Customs：以下「HMRC」という。）[29]は，2004年に租税回避スキームに対する早期の警告及びこれらのスキーム利用者の特定のために，租税回避スキームの開示（Disclosure of Tax Avoidance Schemes：DOTAS）制度を創設した。この制度の対象税目は，所得税，法人税，キャピタルゲイン税，付加価値税であり，後日，土地譲渡印紙税（SDLT），国民保険料（National Insurance contributions）にまで拡大した。

この制度の執行は成果を上げて，政府は，2004年以降，毎年租税回避の対策を講じ，120億ポンドを超える租税回避を防止した[30]。

米国財務省は，1990年代に法人によるタックスシェルターの濫用による租税回避に直面し，1999年にその分析と立法化への要望を含む報告書[31]を公表している。そして，2004年10月成立のJob Creation Actにより濫用型タックスシェルターに対する情報収集の強化が行われた。

この英米両国が同時期に同様の施策を講じたことは，JITSIC（国際タックスシェルター情報センター：Joint International Tax Shelter Information Centre）が，米国，英国，オーストラリア，カナダの課税当局により2004年にワシントンに開設されたことと無関係とは思われない[32]。英米における立法化の年に，JITSIC

が開設されていることから，JITSIC による情報交換があったということにはならないが，JITSIC 自体も準備期間を要したことと推測できることから，事前に関係各国間において情報交換があったと推測することは可能であろう。

(6) メイズ事案控訴審判決
イ　事案の概要
　この裁判は，第一審高等法院 (the High Court)，そして第二審控訴裁判所 (the Court of Appeal) はいずれも国側敗訴となったもので，控訴裁判所の判決は，2011 年 4 月 12 日である。なお，適用条文は，1988 年所得税・法人税法 (以下「1988 年法」という。) 第 540 条，第 549 条であり，適用課税年度は，2003-2004 年である。

ロ　事実経過
　この事案の争点は，高額個人所得者が利用した，事前に準備された複合的，人為的かつ租税回避目的を持つ SHIP2 というスキームが税務上否認されるか否かである。
　このスキームは次の 7 つの段階から構成されている。
① ジャージー島の居住者である Lovell 氏が AIG より 2 つの債券 (生命保険証書で各 5,000 ポンド，計 10,000 ポンド) を 2002 年 4 月 2 日に購入した。この 1 つの債券には，各 20 の生命保険証書を含み，当初の保険料は，1 保険証書について 250 ポンドであった。
② Lovell 氏は，ルクセンブルク法人の JSI に証書を 2003 年 3 月 6 日に 256,085 ポンドで売却した。
③ JSI は，2003 年 3 月 7 日に AIG に対して追加保険料として 1 億 5,000 万ポンドを支払った。
④ JSI は，2003 年 3 月 31 日に保険の一部解約により③の投資額全額を AIG から回収した。JSI は，英国個人居住者でないことから，当該解約に係る課税はない。
⑤ JIS は，証書を英国の LLP である PES に 2003 年 11 月 6 日に譲渡した。

⑥　PESは，メイズ氏に133,104.20ポイントで2003年12月18日に譲渡した。内訳は，5つの証書を含む債券が125,949ポンド，2つの証書を含む債券が7,155ポンドである。

⑦　メイズ氏は，証書を2004年1月13日に解約した。メイズ氏が受け取った金額は，1,780.94ポンドで，損失額は1,876,134ポンドである。キャピタルゲイン税における損失額は，131,326ポンド（⑦の受取金額と⑥の取得価額の差額）である。

この事例の特徴は，第1に，英国非居住者であるジャージー島の居住者がこれも英国非居住者であるルクセンブルク法人（JSI）に証書を譲渡した。次に，JSIは前記③で追加保険料を支払い，④で保険の一部解約を行った。この場合，支払保険料の20分の1の控除のみが認められることから，受取金額とこの控除額の差額の利得がでるが，JSIは，個人でもなく，英国居住者でもないことから，この利得に課税にならない。そして，この非課税となった利得と支払保険料は，⑦の解約時に所得税において控除となる金額となる。この計算による損失額が1,876,134ポンドである。

本判決の序論部分にあるように，ラムゼイ原則は，①人為的な複合取引，②これらの取引の一部がself-cancelling transactionsを理由として税務上否認されること，③これらの取引の一部が租税回避目的でのみ挿入され，商業上の目的がないこと，と記述されている。

この事案の焦点は，前記事実経過における③と④の取引の解釈により税法の適用が異なることである。

課税当局は，この2つの取引は一連の取引であり，self-cancellingであり，事前に計画された租税回避目的で，商業上の目的のない取引と断じてこれらを否認すると主張した。

これに対して，メイズ氏は，③は保険料の支払いで，④は保険の一部解約という主張であり，この主張が認められると，2004年1月の全部解約が1988年法第549条に規定するcorresponding deficiencyに該当し，メイズ氏は，損失1,876,134ポンドの控除が認められることになる。結果として，メイズ氏の

主張が認められたのである。

　ハ　小　　括

　この判決は，課税当局にとって有力な味方であったラムゼイ原則が反映されない結果となった。本事案が生じた 2004 年に英国では，DOTAS が制定され，租税回避に対する対抗立法の機運が高まっていたことに加えて，本判決が一般否認規定（GAAR）の導入に強いインパクトを与えたことは明らかである。大局的には，米国と同様に，判例において確立したドクトリンともいうべきラムゼイ原則について，その後の判決において支持されない傾向となったことがその原因のように思われる。

7. GAAR の制定

(1)　GAAR 導入までの沿革

GAAR 導入までの動向は次の通りである。

① 　2004 年に DOTAS 制度を導入
② 　2010 年 12 月に，政府は，Graham Aaronson QC（以下「Aaronson 委員長」という。）に対して，英国の租税制度において GAAR が有効か否か，また，有効と判断される場合，その規定の概要を依頼した[33]。
③ 　2010 年 12 月に，英国財務省は，租税回避の規制を行うことを公表した。
④ 　2011 年 1 月に，Aaronson 委員長は，委員会を立ち上げる。
⑤ 　2011 年 11 月 21 日，Aaronson 委員長による報告書（以下「導入報告書」という。）が公表された[34]。
⑥ 　2012 年予算において，2013 年財政法により GAAR 導入を公表。
⑦ 　2012 年 6 月 12 日，HMRC は，GAAR に関する立法草案[35]公表して各界からの意見を求めた。HMRC には，14,000 を超える意見が寄せられ，同年 12 月 11 日に，その意見は集約されて公表された[36]。
⑧ 　2012 年 12 月 11 日に，HMRC は，GAAR の説明書を公開した[37]。
⑨ 　2013 年財政法第 5 款（第 206 条から第 215 条）及びシェジュール 43 に

GAARを規定して2013年7月17日より適用されることになった。
⑩　2013年5月に，GAAR　監視委員会（Advisory Panel）が活動を開始した。

(2)　導入報告書のポイント

同報告書における基本的なスタンスは，GAAR導入が課税当局に対して租税回避否認の武器を与えることではなく，また，英国における企業経営に悪影響を与えるという批判も考慮することであった。その結果，広義のGAARの導入は，英国の租税システムに適さないという判断が下され，適用対象を絞ったGAARの導入が勧告された。

その結果，GAARによる権限濫用を予防するため，次のような措置を講じすることを提言した。すなわち，①合理的な租税計画を保護，②税の減少を図る意図がない計画を保護，③HMRCに対して合理的な租税計画でないことを証明する挙証責任を負わすこと，④HMRC職員以外が多数を占める監視委員会を設定し，HMRCに対して対抗策等の助言をすると共に，その助言の概要を公表する，ことである。

以上のことからいえることは，同報告書では，GAAR導入に伴って生じる可能性のある弊害をどうするのかという点について多くの配慮が払われていることをみることができる。

(3)　制定法の概要

2013年財政法（以下「2013年法」という。）　第5款第206条から第215条までがGAARに関する規定であり，その他に，同法シェジュール43に細則の規定がある。

第5款の各条文の見出しは次の通りである。

①　第206条（一般否認規定の概要）
②　第207条（租税計画及び濫用の意義）
③　第208条（租税削減の意義）
④　第209条（租税削減に対する対抗措置）

⑤　第 210 条（否認規定からの適用除外）
⑥　第 211 条（訴訟或いは審査請求前の諸手続）
⑦　第 212 条（GAAR と従前のルールの関連性）
⑧　第 213 条（法令の改正）
⑨　第 214 条（第 5 款の解釈）
⑩　第 215 条（適用開始と経過規定）

シェジュール 43 では，GAAR 適用に関する監視委員会等に関する規定が置かれている。この監視委員会は，GAAR の執行に関して中立的な立場から監視をすることになっている。

(4)　英国 GAAR の特徴

GAAR 全体の特徴は，権限濫用の予防措置と監視委員会の設置により，ある種の制限的な GAAR であることである。

また，2013 年法第 206 条第 3 項に GAAR の適用となる税目が掲げられているが，租税条約への適用を含めて，ほとんどすべての税目がその対象となっていることから，個別税法における否認規定ではなく，通則法として適用となることがわかる。

さらに，同法第 207 条には，租税計画（tax arrangements）と濫用（abusive）の意義が規定されているが，GAAR が適用となる租税計画については，2012 年 12 月に HMRC が作成公表した資料[38]に税目ごとに例が示されている。また，濫用の判断要素については規定があるが，一般的な租税回避の要件（例えば，通常取り得ないような手段等の利用等）が示されていると理解でき，特に，明確な要素等が規定されているわけではない。

GAAR が適用となる順序（①から順番のフローチャート）を示すと次のようになる[39]。

①　税務上の便益がある。
②　2013 年法に規定する所定の税目に関連する便益である。
③　その便益は租税計画から生じたものである。

④　租税計画が濫用型である。

以上の①から④の要件に合致する場合は，GAARの適用となる。

(5)　小　　　括

英国の導入したGAARは，行き過ぎた租税回避を防止する一方，例えば，公平性を阻害する或いは企業活動の障害等の弊害を最小限にする工夫として，監視委員会が設置される等，単なる法改正ではないことに注目すべきであろう。この点，同様に，租税回避規定の制定法化を図った米国とは異なる管理方式を採用しているといえる。

1) Income Tax Act 1918 (8 & 9 Geo. 5 c. 40).
2) Finance Act of 1894 (57 & 58 Vict. c. 30 ss. 33-38).
3) Finance Act 1920 (10 & 11 Geo.5 c. 18) Part V. この税については第6章において記述していることから，ここでは，その重複を最小限にして，所得計算方法に焦点を当てることにする。
4) 国防税については，本書第7章で記述していることから，ここでは，所得計算方法のみに焦点を当てることにする。
5) 課税対象期間（chargeable accounting period）とは，1937年4月1日以後に開始となる5年間に含まれる会計期間のことである。
6) Income Tax Act 1952 c. 10 (15 & 16 Geo. 6 & 1 Eliz. 2).
7) Royal Commission on the Income Tax, Vol. 4 Report, Para. 479, 1920. しかし，制定法として，どのような規定に基づくものかは，現在のところ不明である。
8) Royal Commission on the taxation of profits and income, Final Report para. 785 1955.
9) 賦課課税制度から申告納税制度への改正については，HM Revenue & Customs, "A guide to corporation tax self assessment" April 1999. の第1章を参考とした。
10) Ibid., para. 1. 2.
11) Finance Act 1994 c. 9.
12) 法人税の場合も同様であるが，財政法における改正は，1970年制定の租税管理法（Taxes Management Act, 1970 c. 9）の一部改正として規定されている。
13) Finance Act 1998 c. 36. schedule 18の7において，申告納税制度について規定している。
14) HM Revenue & Customs, op. cit., para. 1. 4. 4.

15) Finance Act 2004 c. 12.
16) 経済産業省・経済産業政策局・企業行動課（委託先　KPMG 税理士法人）「平成 23 年度　諸外国の法人課税改革に関する調査　調査報告書」平成 24 年 3 月　117 頁。
17) Income Tax (Trading and Other Income) Act 2005 c. 5.
18) HM Revenue & Customs, The Corporation Tax Act 2009.
19) 3 つの判決は次の①，②，③である。
    ①　IRC v Burmah Oil Co Ltd [1982] STC 30, 54 TC 200, HL.
    ②　Furniss (Inspector of Taxes) v Dawson [1984] STC 153, [1984] AC 474, [1984] 1 All ER.
    ③　Craven (Inspector of Taxes) v White [1988] 3 All ER 495, [1989] AC 398, [1988] 3 WLR 423, HL.
20) 米国税法における ESD は制定法化され，内国歳入法典第 7701 条(o)に新たな規定が置かれた。ESD は，租税回避であると認定する要件として，「経済的実質」と「事業目的」の 2 つが判断基準となる。これについては，拙稿「米国税法における経済的実質原則⑴」『商学論纂』第 54 巻第 1・2 合併号　171-201 頁　2012 年 12 月，「米国税法における経済的実質原則⑵」『商学論纂』第 54 巻第 3・4 合併号　529-555 頁　2012 年 12 月，「米国税法における経済的実質原則⑶」『商学論纂』第 54 巻第 5 号　2013 年 3 月　537-557 頁，において検討している。
21) 検討対象とした判例は次の通りである。なお，この判例の選定については，Sarah Gatley, "Tax avoidance : the current UK aproach" (http://www.inhouse lawyerco.uk/index.php/corporate-tax/9655-tax-avoidance) 2013 年 6 月 26 日ダウンロード）。
    ①　Ensign Tankers (Leasing) Ltd v Stokes (Inspector of Taxes) [1992] 1 AC 655, [1992] 2 WLR 469, HL. なお，本判決及び次の②に掲げる判決については，渡辺徹也「英国判例における租税回避否認原則」『税法学』第 532 号　10 頁以降に評釈が掲載されている。
    ②　Moodie v IRC [1993] 2 All ER 49, [1993] 1 WLR 266, HL.
    ③　MacNiven (HM Inspector of Taxes) v Westmoreland Investments Ltd [2001] UKHL 6.
    ④　Barclays Mercantile Business Finance Ltd v Mawson (Inspector of Taxes) [2004] UKHL 51, [2005] 1 AC 684.
    ⑤　Astall and another v Revenue and Customs Commissioners [2009] EWCA Civ 1010 : [2009] All ER (D) 100 (Oct).
    ⑥　Tower MCashback LLP and another v Revenue and Customs Commissioners [2011] All ER (D) 90 (May) ; [2011] UKSC 19.

⑦ Mayes v Revenue and Customs Commissioners [2011] All ER (D) 116 (Apr); [2011] EWCA Civ 407.
22) フィルムリース事案（パラツィーナ事件）は最高裁第三小法廷平成 18 年 1 月 24 日判決である。
23) 1981 年に日本において公開された時のタイトルは「勝利への脱出」(Escape to Victory) である。
24) Craven (Inspector of Taxes) v White [1988] 3 All ER 495, [1989] AC 398, [1988] 3 WLR 423, HL.
25) IRC v Plummer (1979) STC 793.
26) この一連の取引の結果，59,400 ポンドと 12,000 ポンドが反対の向きに関連者間を循環したことになる。
27) 注 21) ④。
28) BGE は，英国法人にパイプラインを売却して，当該英国法人から同設備を賃借することになった。
29) 英国では，2005 年 4 月に，関税，付加価値税等を担当する関税消費税庁と直接税を管轄する内国歳入庁が併合されて歳入関税庁が発足している。したがって，正確に言えば，2004 年現在では，歳入関税庁発足前ということになる。
30) HMRC, "Disclosure of Tax Avoidance Schemes (DOTAS)" Dec. 2009, p. 6.
31) Department of the Treasury, The Problem of Corporate Tax Shelters- Discussion, Analysis and Legislative Proposals (1999).
32) 日，米，英，豪，加の税務当局の長官は，2007 年秋に英国のロンドンに JITSIC を開設することに合意した。これは，米国の JITSIC ワシントンに次ぐ 2 番目の JITSIC である。JITSIC ワシントン及びロンドンには，日本の国税庁から国際的租税回避スキーム解明の専門家が派遣されている。2014 年 4 月現在，参加国は 9 か国である。
33) HMRC, "Study of a General Anti-Avoidance Rule" 6 December 2010.
34) この報告書は，GAAR STUDY というタイトル（副題：英国租税システムへの一般否認規定導入の可否に関する検討）で，Graham Aaronson 弁護士を委員長として，委員長を除いて 6 名の委員から構成され，英国の租税制度において GAAR 導入に関する是非を検討したものである。
35) HMRC, "A General Anti-Abuse Rule, Consultation document" 12 June 2012.
36) HMRC, "A General Anti-Abuse Rule, Summary of Responses" 12 June 2012.
37) HMRC, "HMRC'S GAAR GUIDANCE-CONSULTATION DRAFT" 11 December 2012.
38) HMRC, "HMRC'S GAAR GUIDANCE-CONSULTATION DRAFT PART B" 11 December 2012.

39) HMRC, "HMRC'S GAAR GUIDANCE-CONSULTATION DRAFT PART A" 11 December 2012, p. 10.

巻末資料

I　英国税務会計史年表

1799 年	ピット（William Pitt）の所得税（1799 年 1 月 9 日に法律成立）
1802 年	所得税廃止
1803 年	所得税再導入（アディントン（Henry Addington）の所得税：シェジュール制（Schedule System）と源泉徴収制（Stopping at source）の採用）
1816 年	所得税法廃止
1842 年	ピール（Robert Peel）の所得税（3 年の臨時税であったものが延長された。）
1844 年	「会社登記法」の成立
1851 年	所得税及び財産税特別委員会（ヒューム委員会）
1853 年	グラッドストーン（Gladstone）による新所得税法の制定
1853 年	スコットランドのエディンバラに英国最初の会計士協会設立
1855 年	「有限責任法」の成立
1856 年	「会社法」の成立（1844 年法及び 1855 年法の廃止）
1862 年	「会社法」
1864 年	1853 年以降の改正を経て所得税が恒久税となった。
1876 年	カルカッタ・ジュートミール判決，セセナシュープラー
1880 年	Taxes Management（税務行政を統一する諸規則）の制定
1894 年	ハーコートによる遺産税の改正
1906 年	ディルケ（Dilkes）を委員長とする所得税調査委員会が設置される。
1906 年	デビアス判決
1906 年	所得税特別委員会（ディルク委員会）

1910 年	ロイド・ジョージ（Lloyd George）超過所得税（Super Tax）を導入，Finance Act として制定法化された。
1914 年	1914 年財政法により累進税率の採用と課税所得の範囲拡大，1915 年 1916 年と増税
1915 年	戦時特別利得税の創設
1919 年	所得税に関する王立委員会
1935 年	Duke of Westminster v. Inland Revenue (19 TC 490)
1937 年	1937 年財政法により法人課税開始（国防税⇒1947 年以降利潤税）
1944 年	PAYE 制度導入
1945 年	英国の初めての租税条約（英米租税条約）
1950 年	英国税法に外国税額控除創設
1953 年	Royal Commission on the Taxation of Profits and Income, First Report
1954 年	Royal Commission on the Taxation of Profits and Income, Second Report
1955 年	Royal Commission on the Taxation of Profits and Income, Final Report
1965 年	法人課税制度（所得税＋利潤税）を単一の法人税という名称による課税（源泉控除法の廃止，所得税と利潤税の統合）
1965 年	Capital Gain Tax 導入
1970 年	Taxes Management Act, 1970, Income and Corporation Taxes Act 1970
1972 年	付加価値税導入
1973 年	インピュテーション方式採用
1975 年	石油収入税は石油税法により定められた。
1981 年	W. T. Ramsay Ltd. V. Inland Revenue Commissioners, Eilbeck (Inspector of Taxes) v. Rawling, S. T. C. 174（1981）.
1988 年	Income and Corporation Taxes Act（1988・ICTA）
1993 年 10 月	法人税では，1993 年 9 月後より Pay and File 方式が導入。1999 年以降，申告納税制度が導入。個人等の所得税は，1996・1997 課税年度から同制度が導入されている。

1999 年　4 月 6 日にインピュテーション方式廃止
2005 年　4 月 6 日以降シェジュール制度廃止は個人所得税で廃止（法人税は存続）
2009 年　Corporation Tax Act 2009（初めての独立した法人税法）
2013 年　財政法第 5 款第 206 条から第 215 条までが一般否認規定（GAAR）に関する規定

（注 1 ）　英国国名の表記
　① 英国の正式国名は，グレートブリテンおよび北アイルランド連合王国であるが，本書では，英国という用語を使用した。
　② 1707 年：イングランドとスコットランドが合併してグレートブリテン王国となった。
　③ 1801 年：グレートブリテン王国はアイルランド王国と連合
　④ 1922 年：アイルランドは自治領となるが，北アイルランドは英国に属する。
　⑤ 1998 年：ベルファスト合意によりアイルランドは北部 6 州の領有を放棄した。
（注 2 ）　英国王室属領
　マン島，チャネル諸島がこれに該当する。これらの地域は，英国君主を元首としているが，英国の法律が適用されず，独自の立法・司法・行政機関がある。
（注 3 ）　英国の海外領土
　タックスヘイブンとして著名な，ケイマン諸島，英領ヴァージン諸島，バミューダ島等がある。
（注 4 ）　英国連邦（Commonwealth of Nations）
　1931 年のウェストミンスター憲章において英国国王に忠誠を誓う独立国家の自由な連合体と定義されたもので，現在，英国，カナダ，オーストラリア，ニュージーランド，南アフリカ連邦である。

II　税法・財政法の変遷

1　ピットの所得税法（②以降は修正分）
　① 1799 年 1 月 9 日成立（39 Geo. 3 c. 13）
　② 1799 年 3 月 21 日成立（39 Geo. 3 c. 22）

③ 1799 年 5 月 10 日成立（39 Geo. 3 c. 42）

④ 1799 年 7 月 12 日成立（39 Geo. 3 c. 72）

2　アディントンの所得税法

1803 年 8 月 11 日に成立（43 Geo. 3 c. 122）

> （注）　この法律は一般的には Income Tax Act of 1803. という名称を付されているが，法案の正式名称は次の通りである。An act for granting to his Majesty, until the sixth day of May next after ratification of a definitive treaty of peace, a contribution on the profits arising from property, profession, trades, and offices.

3　ピールの所得税以降の所得税制の変遷（1816 年に廃止され，1842 年にピール（Robert Peel）により，3 年の臨時税としての所得税が再導入された。）

(1)　1842 年から 1870 年中頃までの所得税法

① Income Tax Act of 1842（5 & 6 Vict. c. 35）（1842 年法：ピールの所得税）

② Income Tax（Foreign Dividends）Act, 1842（5 & 6 Vict. c. 80）

③ Income Tax Act of 1851（14 &15 Vict. c. 12）

④ Income Tax Act of 1853（16 &17 Vict. c. 34）（グラッドストーンの所得税法）

⑤ Income Tax（Insurance）Act of 1853（16 & 17 Vict. c. 91）

⑥ Income Tax Act of 1854（17 & 18 Vict. c. 24）

⑦ Income Tax（Insurance）Act of 1855（18 & 19 Vict. c. 35）

⑧ Taxes Act, 1856（19 & 20 Vict. c. 80）

⑨ Income Tax Act of 1859（22 & 23 Vict. c. 18）

⑩ Income Tax Act of 1860（22 & 23 Vict. c. 18）

⑪ Revenue Act of 1863（26 & 27 Vict. c. 33）

⑫ Revenue Act, 1864（27 & 28 Vict. c. 35）

⑬ Revenue Act, 1865（28 & 29 Vict. c. 30, s. 6）

⑭　Revenue Act, 1866（29 & 30 Vict. c. 36, ss. 8, 9）
⑮　Income Tax Assessment Act, 1870（33 & 34 Vict. c. 4）
⑯　Customs and Inland Revenue Act, 1873（36 & 37 Vict. c. 18）
⑰　Customs and Inland Revenue Act, 1874（37 & 38 Vict. c. 16）

(2)　1870 年代中頃から 1880 年代までの所得税法
①　Customs and Inland Revenue Act of 1876（39 & 40 Vict. c.16 s. 8）
②　Customs and Inland Revenue Act of 1878（41 & 42 Vict. c. 15 s. 12）
③　Taxes Management Act, 1880（43 & 44 Vict. c. 19 ss. 5, 21, 86）
④　Customs and Inland Revenue Act, 1881（44 & 45 Vict. c. 12 s. 23）
⑤　Customs and Inland Revenue Act, 1885（48 & 49 Vict. c. 51 s. 18）
⑥　Customs and Inland Revenue Act, 1887（50 & 51 Vict. c. 51 ss. 11, 26）
⑦　Customs and Inland Revenue Act, 1888（51 & 52 Vict. c. 8 s. 24）
⑧　Revenue Act, 1889（52 & 53 Vict. c. 42 ss. 10, 12）

(3)　1890 年代から 19 世紀末までの財政法等
①　Customs and Inland Revenue Act, 1890（53 & 54 Vict. c. 8 ss. 23, 24）
②　Trade Union Act, 1893（56 & 57 Vict. c. 2）
③　Finance Act of 1894（57 & 58 Vict. c.30 ss. 33-38）
④　Finance Act, 1895（58 & 59 Vict. c. 16　Part III）
⑤　Finance Act, 1896（59 & 60 Vict. c. 28　Part V. ss. 25-30）
⑥　Finance Act, 1897（60 & 61 Vict. c. 24 ss. 4, 5）
⑦　Finance Act, 1898（61 & 62 Vict. c. 10 Part III. ss. 7-11）
⑧　Finance Act, 1899（62 & 63 Vict. c. 9, Part III）

(4)　1900 年から 1910 年までの財政法等
①　Finance Act of 1900（63 & 64 Vict. c. 7 Part IV）
②　Finance Act of 1901（1 Edw. 7 c. 7 Part III）

③ Revenue Act 1903（3 Edw. 7 c. 46 Part III）

④ Finance Act of 1904（4 Edw. 7 c. 7 Part II）

⑤ Revenue Act 1906（6 Edw. 7 c. 20 s. 11）

⑥ Finance Act of 1907（7 Edw. 7 c. 13 Part V）

⑦ Finance（1909-1910）Act 1910（1 & 2 Geo. 5 c. 2 Part IV）

(5) 1911年から1919年までの財政法及び所得税法等の変遷

① Finance Act 1911 c. 48（1 & 2 Geo. 5）

② Revenue Act 1911 c. 2（1 & 2 Geo. 5）

③ Finance Act 1912 c. 8（2 & 3 Geo. 5）

④ Finance Act 1913 c. 30（3 & 4 Geo. 5）

⑤ Provisional Collection of Taxes Act 1913 c. 3（3 & 4 Geo. 5）

⑥ Finance Act 1914 c. 10（4 & 5 Geo. 5）

⑦ Finance Act 1914 c. 7（Session 2）（5 & 5 Geo. 5）

⑧ Finance Act 1915 c. 62（5 & 6 Geo. 5）

⑨ Finance（No. 2）Act 1915 c. 89（5 & 6 Geo. 5）

⑩ The War Loan（Supplemental Provisions）Act, 1915 c. 93（5 & 6 Geo. 5）

⑪ Finance Act 1916 c. 24（5 & 6 Geo. 5）

⑫ Finance Act 1917 c. 31（7 & 8 Geo. 5）

⑬ Finance Act 1918 c. 15（7 & 8 Geo. 5）

⑭ Income Tax Act 1918 c. 40（8 & 9 Geo. 5）

⑮ Finance Act 1919 c. 32（9 & 10 Geo. 5）

(6) 1920年から1929年までの財政法及び所得税法等の変遷（なお，この時期の所得税法の基本法は，1918年制定の所得税法である。）

① Finance Act 1920 c. 18（10 & 11 Geo. 5）

② Finance Act 1921 c. 32（11 & 12 Geo. 5）

③ Finance Act 1922 c. 17（12 & 13 Geo. 5）

④ Finance Act 1923 c. 14 (13 & 14 Geo. 5)
⑤ Finance Act 1924 c. 21 (14 & 15 Geo. 5)
⑥ Finance Act 1925 c. 36 (15 & 16 Geo. 5)
⑦ Finance Act 1926 c. 22 (16 & 17 Geo. 5)
⑧ Finance Act 1927 c. 10 (17 & 18 Geo. 5)
⑨ Finance Act 1928 c. 17 (18 & 19 Geo. 5)
⑩ Finance Act 1929 c. 22 (16 & 17 Geo. 5)
⑪ Colonial Development Act 1929 c. 5 (20 & 21 Geo. 5)

(7) 1930年から1939年までの財政法等の変遷（なお，この時期の所得税法の基本法は，1918年制定の所得税法である。）
① Finance Act 1930 c. 28 (20 & 21 Geo. 5)
② Finance Act 1931 c. 28 (21 & 22 Geo. 5)
③ Finance Act (No. 2) 1931 c. 49 (21 & 22 Geo. 5)
④ Finance Act 1932 c. 25 (22 & 23 Geo. 5)
⑤ Finance Act 1933 c. 19 (23 & 24 Geo. 5)
⑥ Finance Act 1934 c. 32 (24 & 25 Geo. 5)
⑦ Finance Act 1935 c. 24 (25 & 26 Geo. 5)
⑧ Finance Act 1936 c. 34 (26 Geo. 5 & Edw. 8)
⑨ Finance Act 1937 c. 54 (1 Edw. 8 & 1 Geo. 6)
⑩ Finance Act 1938 c. 46 (1 & 2 Geo. 6)
⑪ Finance Act 1939 c. 41 (2 & 3 Geo. 6)
⑫ Finance (No. 2) Act 1939 c. 109 (2 & 3 Geo.6)
⑬ Income Tax Procedure (Emergency Provisions) Act 1939 c. 99 (2 & 3 Geo.6)
⑭ Expiring Laws Continuance Act 1939 c. 1 (3 & 4 Geo. 6)

(8) 1940から1949年までの財政法等の変遷
① Finance Act 1940 c. 29 (3 & 4 Geo. 6)

②　Finance (No. 2) Act 1940 c. 48 (3 & 4 Geo. 6)

③　Finance Act 1941 c. 30 (4 & 5 Geo. 6)

④　Finance Act 1942 c. 21 (5 & 6 Geo. 6)

⑤　Finance Act 1943 c. 28 (6 & 7 Geo. 6)

⑥　Income Tax (Employment) Act 1943 c. 45 (6 & 7 Geo. 6)

⑦　Income Tax (Offices and Employments) Act 1944 c. 12 (7 & 8 Geo. 6)

⑧　Finance Act 1944 c. 23 (7 & 8 Geo. 6)

⑨　Finance Act 1945 c. 24 (8 & 9 Geo. 6)

⑩　Income Tax Act 1945 c. 32 (8 & 9 Geo. 6)

⑪　Finance (No. 2) Act 1945 c. 13 (9 & 10 Geo. 6)

⑫　Finance Act 1946 c. 64 (9 & 10 Geo.6)

⑬　Crown Proceedings Act 1947 c. 44 (10 & 11 Geo. 6)

⑭　Finance Act 1947 c. 35 (10 & 11 Geo. 6)

⑮　Finance Act 1948 c. 49 (11 & 12 Geo. 6)

⑯　Finance Act 1949 c. 47 (12, 13 & 14 Geo. 6)

(9)　1950 から 1959 年までの財政法等の変遷

①　Finance Act 1950 c. 15 (14 Geo. 6)

②　Finance Act 1951 c. 43 (14 & 15 Geo. 6)

③　Finance Act 1952 c. 33 (15 & 16 Geo. 6 & 1 Eliz. 2)

④　Income Tax Act 1952 c. 10 (15 & 16 Geo. 6 & 1 Eliz. 2)

⑤　Finance Act 1953 c. 34 (1 & 2 Eliz. 2)

⑥　Finance Act 1954 c. 44 (2 & 3 Eliz. 2)

⑦　Finance Act 1955 c. 15 (3 & 4 Eliz. 2)

⑧　Finance Act 1956 c. 54 (4 & 5 Eliz. 2)

⑨　Finance Act 1957 c. 49 (5 & 6 Eliz. 2)

⑩　Finance Act 1958 c. 58 (6 & 7 Eliz. 2)

⑪　Finance Act 1959 c. 58 (7 & 8 Eliz. 2)

⑫ Income Tax (Repayment of Post-War Credits) Act 1959 c. 28 (7 & 8 Eliz. 2)

(10) 1960 年から 1970 年までの財政法等の変遷

① Finance Act 1960 c. 44 (8 & 9 Eliz. 2)

② Finance Act 1961 c. 36 (9 & 10 Eliz. 2)

③ Finance Act 1962 c. 44 (10 & 11 Eliz. 2)

④ Finance Act 1963 c. 25

⑤ Finance Act 1964 c. 49

⑥ Finance (No. 2) Act 1964 c. 92

⑦ Income Tax Management Act 1964 c. 37

⑧ Finance Act 1965 c. 25 (法人税が所得税と分離)(キャピタルゲイン税の創設)

⑨ Finance Act 1966 c. 18

⑩ Finance Act 1967 c. 54

⑪ Provisional Collection of Taxes Act 1968 c. 2

⑫ Capital Allowance Act 1968 c. 3

⑬ Finance Act 1968 c. 44

⑭ Finance Act 1969 c. 32

⑮ Taxes Management Act, 1970 c. 9

⑯ Income and Corporation Taxes Act 1970 c. 10

⑰ Finance Act 1970 c. 24

⑱ Income and Corporation Taxes (No. 2) Act 1970 c. 54

(11) 1971 年から 1989 年までの財政法等の変遷

① Finance Act 1971 c. 68

② Finance Act 1972 c. 41 (付加価値税の創設:第 1 条から第 51 条)

③ Finance Act 1973 c. 51

④ Finance Act 1974 c. 30

⑤ Finance Act 1975 c. 7

⑥ Finance (No. 2) Act 1975 c. 45

⑦ Finance Act 1976 c. 40

⑧ Finance Act 1977 c. 36

⑨ Finance (Income Tax Reliefs) Act 1977 c. 53

⑩ Finance Act 1978 c. 42

⑪ Finance Act 1979 c. 25

⑫ Finance (No. 2) Act 1979 c. 47

⑬ Finance Act 1980 c. 48

⑭ Finance Act 1981 c. 35

⑮ Finance Act 1982 c. 39

⑯ Finance Act 1983 c. 28

⑰ Finance (No. 2) Act 1983 c. 49

⑱ Finance Act 1984 c. 43

⑲ Finance Act 1985 c. 54

⑳ Finance Act 1986 c. 41

㉑ Finance Act 1987 c. 16

㉒ Finance (No. 2) Act 1987 c. 51

㉓ Finance Act 1988 c. 39

㉔ Income and Corporation Taxes Act 1988 c. 1

㉕ Finance Act 1989 c. 26

(12) 1990年から1999年までの財政法等の変遷

① Finance Act 1990 c. 29

② Finance Act 1991 c. 31

③ Finance Act 1992 c. 20

④ Finance (No. 2) Act 1992 c. 48

⑤ Taxation of Chargeable Gains Act 1992 c. 12

⑥ Finance Act 1993 c. 34

⑦　Finance Act 1994 c. 9
⑧　Finance Act 1995 c. 4
⑨　Finance Act 1996 c. 8
⑩　Finance Act 1997 c. 16
⑪　Finance (No. 2) Act 1997 c. 58
⑫　Finance Act 1998 c. 36
⑬　Finance Act 1999 c. 16
⑭　Tax Credits Act 1999 c. 10

(13)　2000年から2009年までの財政法等の変遷
①　Finance Act 2000 c. 17
②　Finance Act 2001 c. 9
③　Finance Act 2002 c. 23
④　Tax Credits Act 2002 c. 21
⑤　Finance Act 2003 c. 14
⑥　Income Tax (Earnings and Pensions) Act 2003 c. 1
⑦　Finance Act 2004 c. 12
⑧　Finance Act 2005 c. 7
⑨　Finance (No. 2) Act 2005 c. 22
⑩　Income Tax (Trading and Other Income) Act 2005 c. 5
⑪　Finance Act 2006 c. 25
⑫　Finance Act 2007 c. 11
⑬　Income Tax Act 2007 c. 3
⑭　Finance Act 2008 c. 9
⑮　Corporation Tax Act 2009 c. 4
⑯　Finance Act 2009 c. 10

⒁　2010年から2013年までの財政法等の変遷
①　Corporation Tax Act 2010 c. 4
②　Finance Act 2010 c.13
③　Finance (No. 2) Act 2010 c. 31
④　Finance (No. 3) Act 2010 c. 33
⑤　Budget Responsibility and National Audit Act 2011 c. 4
⑥　Finance Act 2011 c. 11
⑦　Finance Act 2012 c. 14
⑧　Finance Act 2013 c. 29

Ⅲ　所得税率等

（注）　英国の所得税法では，税率の表記は，1ポンド当たりいくらという表記である。換算率は，1ポンド＝20シリング＝240ペンス（1シリング＝12ペンス）であり，1971年2月15日の「10進法の日」から10進法が導入され，1ポンドは100ペンスとなった。以下では，この換算率により税率を％で表記した。

⑴　ピットの所得税の税率（1799年）
　所得税率は，10％を原則として，免税点は年間60ポンドである。そして，60ポンドから2,000ポンドまでの所得に対しては，一定の軽減措置を講じたのである。例えば，60ポンドから65ポンド未満までが所得の120分の1（約0.8％）である。また，子弟がある場合，その者の所得が60ポンドから400ポンド未満で1人当たり5％の減税等，その者の所得に応じて減税の率が定められている。

⑵　アディントンの所得税の税率（1803年）
　シェジュールDは，60ポンドが免税点であり，税率は，1ポンド当たり1シリング（税率5％）であり，60ポンドから150ポンドまでの所得について税の軽減が行われた。また，源泉徴収の方法として，シェジュールAの所得の

場合,借地人等が地代等を支払う場合,20シリング当たり1シリングの金額(税率5%)が控除される。シェジュールB以降についてもシェジュールDを除いて源泉徴収方式が実施され,1799年法における総合課税方式が変更されたのである。

(3) ピールの所得税率(1842年)
　所得税率は,1ポンド当たり7ペンス(約3%)の単一税率であるが,その後,財政状態が悪化した段階で税率の引き上げが行われている。

(4) 1842年以降の所得税率の変遷(単一税率から累進税率へ)

年	％換算(税率)
1842年法	約3%(1ポンドに対して7ペンス)
1853-1956年(クリミヤ戦争時)	約7%(1ポンドに対して1シリング4ペンス)
1890-1892年	2.5%
1893年	3%
1894-1899年	3.3%
1900年	5%
1901年	5.8%
1903年	約4.5%
1904-1906年	5%
1903年	約4.5%

　なお,1907年に勤労所得に対する軽減税率が導入され,1909年以降,税率が多元化している。

(5) 1910年の所得税率
　1910年財政法により,1909-1910課税年度における所得税率が1ポンドに対

して1シリング2ペンスで税率は約5.8%である。

(6) 1910年累進付加税（super-tax）の導入による税率の累進化

1910年財政法第4款第65条，第66条及び第67条において，税率は次のように定められている。

① 1909年4月6日以降に始まる課税年度における所得税税率は，1ポンドに対して1シリング2ペンス（税率：約5.8％）である。
② 累進付加税は，個人の所得が5,000ポンドを超える場合，3,000ポンドを超える金額に対して1ポンド当たり6ペンス（税率：2.5％）が所得税に加算される。
③ 1907年財政法に規定された勤労所得への軽減税率の適用について，全ての所得が2,000ポンドを超えるが，3,000ポンド以下である場合の勤労所得は，1ポンド当たり1シリング（税率：5％），全ての所得が2,000ポンド以下である場合の勤労所得は1ポンド当たり9ペンス（税率換算：3.75％）であり，2,000ポンド以下の勤労所得については，1907年財政法と同じ税率ということになる。

累進付加税の税収及び納税義務者は次の通りである（Seligman, Edwin R. A., The Income Tax-History, Theory and Practice of Income Taxation (1914), Reprinted by Kelly (1970), p. 220）。

年	累進付加税税収額（ポンド）	納税義務者人数
1909-1910	2,649,512	11,380
1910-1911	2,670,000	11,500
1911-1912	2,775,000	11,650
1912-1913	2,850,000	11,800

(7) 1914年財政法による累進付加税の税率

1914年財政法3条の規定により，1914-1915課税年度における累進付加税の

税率は次の通りであり，同年度の標準税率は 6.25％ である。

所 得 階 層	税 率 （％換算）
最初の 2,500 ポンド	0
2,500 ポンド超～ 3,000 ポンド以下	5 ペンス（約 2％）
3,000 ポンド超～ 4,000 ポンド以下	7 ペンス（約 2.9％）
4,000 ポンド超～ 5,000 ポンド以下	9 ペンス（3.75％）
5,000 ポンド超～ 6,000 ポンド以下	11 ペンス（約 4.5％）
6,000 ポンド超～ 7,000 ポンド以下	1 シリング 1 ペンス（約 5.4％）
7,000 ポンド超～ 8,000 ポンド以下	1 シリング 3 ペンス（6.25％）
8,000 ポンド超	1 シリング 4 ペンス（約 6.6％）

(8) 1915 年財政法による累進付加税の改正

1915 年財政法第 23 条では，1914 年財政法の税率のうち，最後の 3 つのブラケットを次のように改正している。

8,000 ポンド超～ 9,000 ポンド以下	2 シリング 10 ペンス（約 14％）
9,000 ポンド超～ 10,000 ポンド以下	3 シリング 2 ペンス（約 15.8％）
10,000 ポンド超	3 シリング 6 ペンス（17.5％）

(9) 1915 年から 1918 年の間の累進付加税の税率

所 得 階 層	税 率 （％換算）
最初の 2,500 ポンド	0
2,500 ポンド超～ 3,000 ポンド以下	10 ペンス（約 4％）
3,000 ポンド超～ 4,000 ポンド以下	1 シリング 2 ペンス（約 5.8％）
4,000 ポンド超～ 5,000 ポンド以下	1 シリング 6 ペンス（7.5％）
6,000 ポンド超～ 7,000 ポンド以下	2 シリング 2 ペンス（約 10.8％）

7,000ポンド超～ 8,000ポンド以下	2シリング6ペンス（12.5％）
8,000ポンド超～ 9,000ポンド以下	2シリング10ペンス（約14％）
9,000ポンド超～10,000ポンド以下	3シリング2ペンス（約15.8％）
10,000ポンド超	3シリング6ペンス（17.5％）

　当時の最高税率は，所得税と累進付加税の合計で，1ポンド当たり8シリング6ペンス（税率換算42.5％）ということになる。

　⑽　1909年から1913年の間の所得税率の動向
　1909-1910課税年度における所得税の標準税率は，1ポンド当たり1シリング2ペンス（税率換算で約5.8％）であるが，次のように分けられたのである。
　①　2,000ポンド超3,000ポンド以下の勤労所得は1ポンド当たり1シリング（税率5％）である。
　②　総所得が2,000ポンドを超えない勤労所得は，1ポンド当たり9ペンス（税率3.75％）である。
　③　所得が5,000ポンドを超える場合，所得金額から3,000ポンドを控除した金額に対して1ポンド当たり6ペンス（税率2.5％）である。
　上記の勤労所得とその他の所得を区分し，上記②にある総所得が2,000ポンドを超えない勤労所得のある者に対する減税は，最も該当する者が多い総所得が2,000ポンドを超えない層に減税をすることになったので，減税の恩典を広く与えたが，税額減少の程度は低かったという分析がある。

　⑾　1914年財政法による改正（勤労所得の税率）
　1914年財政法4条では，個人の勤労所得に係る所得税率の改正が次のように規定されている。なお，この年分の所得税率は1ポンド当たり1シリング3ペンス（税率換算6.25％）である。

所　得　階　層	税　率（％換算）
1,000 ポンド以下	9 ペンス（3.75％）
1,000 ポンド超～1,500 ポンド以下	10.5 ペンス（約 4.3％）
1,500 ポンド超～2,000 ポンド以下	1 シリング（5％）
2,000 ポンド超～2,500 ポンド以下	1 シリング 2 ペンス（約 5.8％）
2,500 ポンド超	1 シリング 3 ペンス（6.25％）

⑿　1916 年財政法による改正（勤労所得の税率）

1916 年財政法 25 条により，従前の勤労所得に係る税額表は次のように改正されている。なお，この年分の所得税標準税率は 1 ポンド当たり 5 シリング（税率：25％）である。

所　得　階　層	税　率（％換算）
500 ポンド以下	2 シリング 3 ペンス（約 11.25％）
500 ポンド超～1,000 ポンド以下	2 シリング 6 ペンス（12.5％）
1,000 ポンド超～1,500 ポンド以下	3 シリング（15％）
1,500 ポンド超～2,000 ポンド以下	3 シリング 8 ペンス（約 18.3％）
2,000 ポンド超～2,500 ポンド以下	4 シリング 4 ペンス（約 21.6％）
2,500 ポンド超	5 シリング（25％）

⒀　1920 年代の所得税率等

この期間の所得税率及び累進付加税（super-tax）の税率の変遷は下記の通りである。なお，これ以前の財政法では，1915 年第 2 次財政法では，1915-1916 年の後半 6 か月の標準税率が 40％に引き上げられ，1916-1917 年以降は 25％，1918 年財政法以降の所得税標準税率は，30％である。また，累進付加税は，1927 年財政法第 3 款 38 条により所得税と統合されて 1929 年に名称（sur-tax）を変更した。

年　分	所得税率（％）	累進付加税（％）
1920-1921 1921-1922	30	①£2,000　　　　　：なし ②次の£500　　　　：7.5 ③次の£500　　　　：10 ④次の£1,000　　　：12.5 ⑤次の£1,000　　　：15 ⑥次の£1,000　　　：17.5 ⑦次の£1,000　　　：20 ⑧次の£1,000　　　：22.5 ⑨次の£12,000　　 ：25 ⑩次の£10,000　　 ：27.5 ⑪⑩の金額の超過額：30
1922-1923	25	同上
1923-1924 1924-1925	22.5	同上
1925-1926	20	①£2,000　　　　　：なし ②次の£500　　　　：3.75 ③次の£500　　　　：5 ④次の£1,000　　　：7.5 ⑤次の£1,000　　　：11.25 ⑥次の£1,000　　　：15 ⑦次の£2,000　　　：17.5 ⑧次の£2,000　　　：20 ⑨次の£5,000　　　：22.5 ⑩次の£5,000　　　：25 ⑪次の£10,000　　 ：27.5 ⑫⑪の金額の超過額：30
1927-1928	20	同上
1928-1929	20	（所得税との合計税額） ①£2,000　　　　　：なし ②次の£500　　　　：23.75 ③次の£500　　　　：25 ④次の£1,000　　　：27.5 ⑤次の£1,000　　　：31.25 ⑥次の£1,000　　　：35 ⑦次の£2,000　　　：37.5

			⑧次の£2,000　　：40
			⑨次の£5,000　　：42.5
			⑩次の£5,000　　：45
			⑪次の£10,000　 ：47.5
			⑫⑪の金額の超過額：50

⒁　超過利潤税（Excess Profits Duty）の税率（1914 年から 1921 年）

　1915 年第 2 次財政法（Finance (No. 2) Act 1915）38 条に超過利潤税の規定があり，すべての事業所得を対象として戦前の標準利益（pre-war standard of profits）の超過額から控除利潤額（£200）を差し引いた額に税額を乗じて計算するものである。超過利潤税の税率の同制度創設以降の変遷は，次の通りである。なお，この税は，1921 年財政法 35 条により廃止となっている。

適　用　期　間	税率（％）
1914 年 8 月 14 日後～ 1915 年 7 月 1 日の間の会計期間 （1915 年第 2 次財政法 38 条）	50
1915 年 7 月 1 日後～ 1917 年 8 月 1 日の間の会計期間 （1916 年財政法 45 条）	60
1917 年 8 月 1 日後～ 1918 年 8 月 1 日の間の会計期間 （1917 年財政法 20 条）：1917 年 1 月 1 日以後の期間に適用	80
1918 年 8 月 1 日後～ 1920 年 8 月 1 日の間の会計期間 （1920 年財政法 44 条）	40
1920 年 8 月 1 日後～ 1921 年 8 月 1 日の間の会計期間 （1920 年財政法 44 条）	60

　1914 年から始まった第 1 次世界大戦が 1918 年において終戦となったことから，戦時間の財政を賄う目的であった同税は戦時経済終了と共に廃止されたのである。

(15) 法人利益税の税率（1920年から1924年）

1920年財政法第5款第52条には，1919年12月31日後に終了する事業年度に生じた利益に対して5％の税率の法人利益税が課されることが規定されている。なお，この税率は1923年には2.5％に引き下げられている。なお，この税は，1924年財政法第3款第34条第1項において，1924年6月30日後に開始となる会計期間の利益について，法人利益税を課さないことが規定され，法人利益税は，この日をもって廃止となったのである。

(16) 1930年代の所得税等の税率

1930年前の個人の所得税率から始めると次のような税率の変遷がある。

年　　分	所得税率（％）	付加税率（％）
1929-1930 （1928-1929年度と同じ）	20	①£2,000　　　　　：なし ②次の£500　　　：3.75 ③次の£500　　　：5 ④次の£1,000　　：7.5 ⑤次の£1,000　　：11.25 ⑥次の£1,000　　：15 ⑦次の£2,000　　：17.5 ⑧次の£2,000　　：20 ⑨次の£5,000　　：22.5 ⑩次の£5,000　　：25 ⑪次の£10,000　 ：27.5 ⑫⑪の金額の超過額：30
1930-1931	22.5	付加税率（基本税率に加算） ①£2,000　　　　　：なし ②次の£500　　　：5 ③次の£500　　　：6.25 ④次の£1,000　　：10 ⑤次の£1,000　　：15 ⑥次の£1,000　　：17.5 ⑦次の£2,000　　：20 ⑧次の£2,000　　：25

		⑨次の£5,000	：27.5
		⑩次の£5,000	：30
		⑪次の£10,000	：32.5
		⑫次の£10,000	：35
		⑬⑫の超過額	：37.5
1931-1932 1932-1934	25	同上	
1934-1935 1935-1936	22.5		
1936-1937	23.75	同上	
1937-1938	25		
1938-1939	27.5	付加税率（基本税率に加算）	
		①£2,000	：なし
		②次の£500	：6.25
		③次の£500	：7.5
		④次の£1,000	：12.5
		⑤次の£1,000	：19.5
		⑥次の£1,000	：21.25
		⑦次の£2,000	：25
		⑧次の£2,000	：31.25
		⑨次の£5,000	：37.5
		⑩次の£5,000	：42.5
		⑪次の£10,000	：45
		⑫⑪の超過額	：47.5
1939-1940	27.5	付加税率（基本税率に加算）	
		①£2,000	：なし
		②次の£500	：10
		③次の£500	：11.25
		④次の£1,000	：16.25
		⑤次の£1,000	：21.25
		⑥次の£1,000	：25
		⑦次の£2,000	：28.75
		⑧次の£2,000	：35
		⑨次の£5,000	：41.25
		⑩次の£5,000	：45
		⑪⑩の	：47.5

(17) 国防税の税率

国防税（National defence contribution）は，1937年財政法第3款の第19条から第25条に条文が規定されている。この税は，1937年4月1日以後に開始となる5課税年度の課税対象期間に生じる事業上の利益に課されるもので，納税主体が法人の場合の税率は5％，法人以外であれば税率は4％である。

(18) 1940年代の所得税等の税率

年　分	所得税率（％）	付加税率（％）
1940-1941	標準税率 ：42.5％	付加税率 （個人の場合基本税率に加算） ①£2,000　　　　：なし ②次の£500　　　：10 ③次の£500　　　：11.25 ④次の£1,000　　：16.25 ⑤次の£1,000　　：21.25 ⑥次の£1,000　　：25 ⑦次の£2,000　　：28.75 ⑧次の£2,000　　：35 ⑨次の£5,000　　：41.25 ⑩次の£5,000　　：45 ⑪⑩の超過額　　　：47.5
1941-1942	標準税率：50％	同上
1942-1943 1943-1944	標準税率：50％	同上
1944-1945	標準税率：50％	同上
1945-1946	標準税率：50％	同上
1946-1947	標準税率：45％	同上
1947-1948	標準税率：45％	同上
1948-1949	標準税率：45％	同上

⒆　再導入された超過利潤税（1940 年から 1945 年）

　1915 年第 2 次財政法第 38 条に超過利潤税の規定があり，すべての事業所得を対象として戦前の標準利益（pre-war standard of profits）の超過額から控除利潤額（£200）を差し引いた額に税額を乗じて計算するものであった。なお，この税は，1921 年財政法第 35 条により廃止となっている。そして，1920 年財政法第 44 条の規定では，その税率は 60％ である。

　この税は，1939 年第 2 次財政法第 12 条において再度導入され，1940 年 4 月 1 日以後に開始となる会計期間から，従前の超過額の 60％ に課税していたことに代えて，100％ が課税されることになった。標準控除額（standard profits）は，1944 年財政法第 5 款第 32 条第 1 項の規定により，1944 年 3 月後に開始となる課税年度から 1,000 ポンドに改正されている。

　1945 年第 2 次財政法第 3 款第 29 条では，1940 年の改正が 1946 年 1 月 1 日後に開始となる課税年度から適用されないことになった。1946 年財政法第 36 条により，1946 年末後に開始となる課税年度から超過利潤税の適用は廃止となった。

⒇　1950 年以降の所得税標準税率

課税年度	標準税率
1950-1951 年	45％
1951-1953 年	47.5％
1953-1955 年	45％
1955-1959 年	42.5％
1959-1966 年	38.75％
1966-1971 年	41.25％
1972-1973 年	38.75％
1974-1975 年	33％
1975-1977 年	35％

1977-1978 年	34%
1978-1979 年	33%
1979-1986 年	30%
1986-1987 年	29%
1987-1988 年	27%
1988-1997 年	25%
1997-1998 年	24%
1998-2000 年	23%
2000-2009 年	22%
2009-2014 年	20%

(21) 事業利益税の (profits tax) の創設と税率

国防税は，1937 年財政法第 3 款の第 19 条から第 25 条に条文が規定され，納税主体が法人の場合の税率は 5 %，法人以外であれば税率は 4 %であった。事業利益税は，1947 年財政法第 4 款第 30 条から第 48 条に国防税に代わって創設された。事業利益税は，課税対象となる会計期間における事業上の利益に対して所得税の基本税率の他に付加税として 12.5 %の税率が課される。なお，この税の免税点は，2,000 ポンドである。

① 1947 年財政法において創設された事業利益税は，事業の利益に対して 25％の税率で課税された（1947 年財政法第 4 款第 30 条に規定する税率は 12.5％であるが，これらの税率は適用されず，事業利益税法（Profits Tax Act, 1949）第 1 条により改正されている。）この税は，1965 年財政法による法人税一本化までの間，法人所得に対して，所得税の付加税として課されたのである。

② 1949 年制定の事業利益税法（The Profits Tax Act, 1949）第 1 条では，留保分には 30％，留保分への救済及び流出分には 20％の税率に改正されている。

③ 1951 年財政法第 28 条では，税率が，留保分には従前の 30％に代えて 50％，留保分への救済及び流出分には従前の 20％に代えて 40％に改正さ

れている。
④ 1952年財政法第33条第2項に，50％に代えて22.5％，40％に代えて20％の改正が規定されている。
⑤ 1955年財政法第2款第2条では，22.5％の税率が27.5％，20％の税率が25％に改正されている。
⑥ 1956年財政法第4款第29条では，27.5％の税率が30％，25％の税率が27％に改正されている。
⑦ 1958年財政法第4款第25条では，税率が12.5％に改正されている。
⑧ 1961年財政法第3款第31条では，税率が15％に改正されている。
⑨ 1965年財政法第81条で事業利益税の廃止が規定されている。

⑵ 1960年代から現在までの法人税率の変遷
① 1966年財政法第3款第26条において，1964-1965財政年度における法人税率が40％と規定されている。
② 1968年財政法第13条では，法人税率が1967課税年度より42.5％と規定されている。
③ 1972年財政法第64条では，法人税率が1971課税年度より40％と規定されている。
④ 1974年財政法第9条では，法人税率が1973課税年度より52％と規定されている。
⑤ 1984年財政法第18条では，法人税率が1983課税年度50％，1984課税年度45％，1985課税年度40％，1986課税年度35％と規定されている。
⑥ 1991年財政法第23条では，法人税率が1990課税年度より34％と規定されている。
⑦ 1992年財政法（No.2）第21条では，法人税率が1992課税年度より33％と規定されている。
⑧ 1998年財政法第29条では，法人税率が1999課税年度より30％と規定されている。

⑨　2007年財政法第2条では，法人税率が2008課税年度より28％と規定されている。
⑩　2010年財政法（No. 2）第1条では，法人税率が2010課税年度より27％と規定されている。
⑪　2011年財政法第4条では，法人税率が2011課税年度より26％と規定されている。
⑫　2012年財政法第5条では，法人税率が2012課税年度より24％と規定され，同法第6条では，2013課税年度より23％と規定されている。
⑬　2013年財政法第4条では，法人税率が2014課税年度より21％と規定され，同法第6条では，2015課税年度より20％と規定されている。

⑳　シェジュール制度の廃止
①　FA 1988 Sch. 6 para 2：B 廃止
②　Sch. C は1996年廃止
③　Sch. E は2003年廃止
④　法人には，Sch. A, D, F が残った。

参 考 文 献

(英文図書)

- Avery Jones, John F., "Defining and Taxing Companies 1799 to 1965 in Tiley John ed. Studies in the History of Tax Law vol. 5, Hart Publishing, 2012.
- Baxter, Dudley, The taxation of the United Kingdom, Macmillan and Co. 1869 (Reprinted by Pickering & Chatto, 2012).
- Braddick, Michael J., The nerves of states, Taxation and the financing of the English state, 1558-1714. Manchester University Press. 1996.
- Chatfield, Michael, Contemporary Studies in the Evolution of Accounting Thought, Dickenson Publishing Company, 1968.
- Davies, Denzil, Booth : Residence, Domicile and UK Taxation, (2nd ed.) Butterworths, 1995.
- Davis, David R., Principles of International Double Taxation Relief, Sweet & Maxwell, 1985.
- Dowell, Stephen, A History of Taxation and Taxes in England, Longman Green, 1884, reprited by Frank Cass & Co. Ltd. 1965.
- Ernst & Young, The 2010 worldwide corporate tax guide.
- Flint, David, A True and Fair View in company accounts, Gee & Co (Publishers) Limited, 1982.
- Farnsworth, A., Addington, author of the modern income tax, Stevens & Sons Limited, 1951.
- Hein, Leonard W., The British Companies Act and the Practice of Accountancy 1844-1962, Arno Press, 1978.
- Hicks, Ursula A K., British Public Finances their structure and development, Oxford University Press 1954.
- HM Revenue & Customs, Corporate and Business Tax (2013).
- Kehl, Donald, Corporate Dividends, The Ronald Press Company, 1941.
- Kennedy William, English Taxation 1640-1799, G. Bell & Sons Ltd, reprinted by Frank Cass & Co. Ltd. 1964.
- Littleton, A. C., Accounting Evolution to 1900, Russell & Russell, 1966. (片野一郎訳『リトルトン会計発達史』同文舘 1978 年)
- Littleton, A. C. and Yamey, B. S., Studies in the History of Accounting, Arno Press, 1978.
- Mair, John, Book-keeping Moderniz'd or Merchant-Accounts by Double entry, according to the Italian Form, reprinted by Arno Press 1978.
- Owens, Elisabeth The Foreign Tax Credit, (Cambridge, Mass, ; Harvard Law School 1961).
- Prosper Reiter, Jr, Profits, dividends and the law Profits, New York : Arno Press, 1976, [c1926].
- Sabine, B. E. V., A History of Income Tax, George Allen & Unwin Ltd. 1966.
- Sabine, B. E. V., A short history of Taxation, Butterworths 1980.

- Seligman, Edwin R. A., The Income Tax-History, Theory and Practice of Income Taxation (1914), Reprinted by Kelly (1970).
- Shehab, F, Progressive Taxation- A study in the Development of the Progressive Principle in the British Income Tax, Oxford University Press, 1953.
- Snelling, W. E., Income Tax and Super-Tax Practice : including a dictionary of income tax, specimen returns, tables of duty, etc., etc., Sir Isaac Pitman. （出版年数不明：1918年頃）
- Soos, Piroska E., The Origins of Taxation at Source in England, IBFD Publishing, 1997.
- Stacy Nicholas A. H., English Accountancy ; a study in social and economic history, 1800-1954, Gee and Company, 1954.
- Teixeira, Gloria, Taxing Corporate Profits in the EU, Kluwer 1997.
- Tiley, John (ed.), Studies in the History of Tax Law, Hart Publishing, 2004.
- Tiley, John (ed.), Studies in the History of Tax Law Volume 2, Hart Publishing, 2007.
- Tiley, John (ed.), Studies in the History of Tax Law, Volume 3, Hart Publishing, 2009.
- Tiley, John (ed.), Studies in the History of Tax Law, Volume 4, Hart Publishing, 2010.
- Tiley, John (ed.), Studies in the History of Tax Law, Volume 5, Hart Publishing, 2012.

（英文論文）
- Anonymous, "Codification of Income Tax" The Accountant Tax Supplement, 11 April, 1936, p. 118.
- Anonymous, "Report of the Codification Committee" The Accountant Tax Supplement, 18 April, 1936, p. 135.
- Bittker, Boris I., "Income Tax Reform in Canada : The Report of the Royal Commission on Taxation" The University of Chicago Law Review, Vol. 35, 1967-1968.
- Brudno, Walter W., "The effects of taxes on business policies and practices in Great Britain" The Journal of Finance.
- Bruin, Einaudi, Seligman and Stamp, "Report on Double Taxation" League of Nations, E. F. S. 73 F. 19.
- Burgess, Robert, "Revenue law and accountancy practice" British Tax Review, 1972, No. 5.
- Carey, D. de M., "Corporation tax re-think" British Tax Review Sep. - Oct., 1966.
- Chown, John, "The corporation tax and foreign earnings provisions of the finance act 1974" British Tax Review, 1974, No. 4.
- Chafley, D. A., "The new system of capital allowances" British Tax Review 1971 No. 4.
- Chown, John and Rowland, Peter, "The corporation tax provisions of the 1973 financial bill" British Tax Review, 1973, No. 3.
- Chown, John and Rowland, Peter, "The Finance Bill – The Reform of Corporation Tax" British Tax Review, 1972, No. 3.
- Chown, John, "The reform of corporation tax : some international factors" British Tax Review, July-August 1971.
- Cooper, Richard, "William Pitt, Taxation, and the Needs of War" Journal of Britisha Studies, Vol. 22 No. 1, Autumn, 1982.

- Dicker, A., Taxation of UK Corporation Investment in the US second edition, Butterworth 1995.
- Edey, H. C. and Panitpakdi, Prot, "British Company Accounting and the Law 1844-1900" in Littleton, A. C. and Yamey, B. S., Studies in the History of Accounting, Arno Press, 1978.
- Green, R. W. "An Excess Tax" The Economic Journal Vol. 30, Dec. 1920.
- Grundy, Milton, "Tax Havens" British Tax Review, Jan-Feb. 1967.
- Guthrie, Edwin, "Depreciation and sinking funds, The Accountant, December 5, 1885.
- Hasson, C. J., The South Sea Bubble and Mr. Snell, The Journal of Accountancy, Vol. 54 August 1932.
- Knatz, Thomas, "Corporation tax systems" British Tax Review, 1972, No. 1.
- Knoop, Douglas "The Royal Commission on the Income Tax" The Economic Journal, Vol. 30 June 1920.
- Lawton, A. Douglas, "Changes in the corporation tax" British Tax Review June, July August, 1965.
- Oliver J. D. B., "Double Tax Treaty in United Kingdom Tax Law" British Tax Review, 1970, No. 6.
- Pickering, M. A. and Prest, A. R., "Some aspects of the remittance for the taxation of overseas income" British Tax Review, 1974, No. 6.
- Pollins, Harold "Aspects of Railway Accounting Before 1868" in A. C. Littleton and B. S. Yamey, ed, Studies in the History of Accounting, Arno 1978.
- Prest, A. R., "The Secret Committee on Corporation Tax" British Tax Review, 1972. No. 1.
- Royal Commission on the Income Tax, Vol. 1 1919-1920, Minutes of Evidence, 1st to 3rd Instalments.
- Royal Commission on the Income Tax, Vol. 2 1919-1920, Minutes of Evidence, 4st to 5rd Instalments.
- Royal Commission on the Income Tax, Vol. 3 1919-1920, Minutes of Evidence, 6st to 7rd Instalments.
- Royal Commission on the Income Tax, Vol. 4 1919-1920, Reports and Index to Minutes of Evidence.
- Royal Commission on the Taxation of Profits and Income, Reprint ed. Germantown, NY : Periodicals Service Company, 2006, Reprint. Originally published : London : H. M. Stationery Off., 1952-1955.
- Sarah Gatley, "Tax avoidance : the current UK aproach" (http://www.inhouselawyerco.uk/index.php/corporate-tax/9655-tax-avoidance) (2013年6月26日ダウンロード)
- Staples, Ronald, "Report of the Income Tax Codification Committee" The Accountant Tax supplement, 27 June 1936.
- Sumption, Anthony, "Residence" British Tax Review, 1973, No. 3.
- Talbot, John E., "The corporation tax – so far" September- October, 1964, British Tax Review.
- Talbot, John E., "The corporation tax" January- February, 1965, British Tax Review.

- Wheatcroft, G. S. A., "The attitude of the legislature and the courts to tax avoidance" The Modern Law Review, Vol. 18 No. 3, May 1955.
- Wheatcraft, G. S. A., "The attitude of the legislature and the courts to tax avoidance" The Modern Law Review, Vol. 18 No. 3, 1955.
- Yamey, B. S. "The Case Law Relating to Company Dividends" in B. S. Yamey, ed, Essays on the History of Accounting, Arno 1978.

〔和文図書〕
- 今井登志喜『英國社會史（下）（増補版）』東京大学出版会　1964年。
- 岩沢雄司『条約の国内適用可能性』有斐閣　1985年。
- 大隅健一郎『新版　株式会社法変遷論』有斐閣　1987年。
- 加藤清『各国租税制度概説』日本税務協会　1949年。
- 金戸武『イギリス鉄道会計発達史』森山書店　1991年。
- 菊谷正人『英国会計基準の研究』同文舘　1988年。
- 久野秀男『英米（加）古典簿記書の発展史的研究』学校法人学習院　1979年。
- 国税庁『昭和56年改正税法のすべて』。
- 小堀好夫『英国会計基準の系譜と展開』千倉書房　1993年。
- 小松芳明『各国の租税制度　全訂新版』財経詳報社　1976年。
- 小山廣和『税財政と憲法』有信堂高文社　2003年。
- 齊野純子『イギリス会計基準設定の研究』同文舘出版　2006年。
- 坂本藤良『近代経営と原価理論』有斐閣　1970年。
- 佐藤進『近代税制の成立過程』東京大学出版会　1965年。
- 汐見三郎・佐伯玄洞・柏井象雄・伊藤武夫『各国所得税制論』有斐閣　1934年。
- 代田純『現代イギリス財政史』勁草書房　1999年。
- 田中弘・原光世（訳）『イギリス会計基準書』中央経済社　1990年。（The Institute of Chartered Accountants in England and Wales, Statements of Standard Accounting Practice.）
- 千葉準一『英国近代会計制度―その展開過程の探究―』中央経済社　1991年。
- 中村萬次『英米鉄道会計史研究』同文舘　1991年。
- 土生芳人『イギリス資本主義の発展と租税：自由主義段階から帝国主義段階へ』東京大学出版会　1971年。
- 久野秀男『英米（加）古典簿記書の発展史的研究』学校法人学習院　1979年。
- 星川長七『英国会社法序説』勁草書房　1963年。
- 宮本憲一，鶴田広巳編著『所得税の理論と思想』税務経理協会　2001年。
- 矢内一好『国際課税と租税条約』ぎょうせい　1992年。
- 矢内一好『米国税務会計史―確定決算主義再検討の視点から―』中央大学出版部　2011年5月。
- 矢内一好『現代米国税務会計史』中央大学出版部　2012年5月。
- 山浦久司『英国株式会社会計制度論』白桃書房　1993年。
- 山下勝治『損益計算論』泉文堂　1974年。
- 山桝忠恕『監査制度の展開』有斐閣　1961年。

(和文論文)
- 池田美保「英国の税務行政と税制の概要」『税大ジャーナル』17（2011年10月）。
- 石黒信二「英国の確定決算基準の動向」(社) 日本租税研究協会編『確定決算についての報告』所収。
- 井上徹二「イギリス税制：わが国の税制改革に与える示唆」埼玉学園大学紀要（経営学部編）第4号 2004年12月。
- 漆さき「英国租税条約上の法人の住所概念について」『法学政治学論究』第89号 2011年夏季号。
- 大川政三「F. シェハブ著『累進課税：イギリス所得税における累進原理発展の研究』」『一橋論叢』第34巻第1号。
- 大倉学「「真実かつ公正な概観」の現代的意義」『産業経理』第54巻第3号 1994年。
- 清永敬次「税法における実質主義について―英国判例の場合」『法学論叢』第78巻第3・4号 1965年。
- 清永敬次「税法における同族会社の行為計算の否認規定(1)―大正12年所得税法及び大正15年所得税法」『法学論叢』第72巻第1号。
- 小山廣和「イギリスの税制と租税回避及び「税法の解釈」に関する一考察―「ニュー・アプローチ」成立の法的基盤・背景を中心に―」『法律論叢』第68巻 第3・4・5合併号 1996年2月。
- 佐藤進「シェハーブの累進税論」日本租税研究協会編『税制改正の基本方針』所収 1961年。
- 齊野純子「「真実かつ公正な概観」に関する先行研究の一覧(1)」『流通科学大学論集―経済・経営情報編―』第19巻第2号 2011年。
- 税務会計研究学会『税務会計研究』第5号 平成6年 154頁（井上久彌教授発言）。
- 武田隆夫「所得についての一覚書―イギリスにおけるアスキスおよびロイド・ジョージの税制改革を中心として―」『彦根論叢』第46・47合併号 1958年。
- 中村太和「産業国有化政策論：イギリス公共事業体を中心として」『北海道大学経済学研究』24(3), 1974年9月。
- 中村忠「「真実かつ公正な概観」とは何か―英国における会社法と会計原則―」『商経法論集』第12巻第4号 1962年。
- 土生芳人「19世紀末期におけるイギリス所得税の発展」『政治学と経済学の諸問題』所収 岡山大学法経学会編集 1959年。
- 早見弘「F. シェハーブ「累進課税論」」小樽商大『商学討究』第10巻第2号。
- 福家俊朗「イギリス租税法研究序説―租税法律主義と租税回避をめぐる法的問題の観察（一）」『東京都立大学 法学会雑誌』第16巻第1号 1975年8月。
- 古川卓萬「現代的所得税制度の完成―『所得税に関する王立委員会報告書（1920年）を中心として―』『大分大学経済論集』第23巻第5号 1972年。
- 三木義一「イギリスにおける所得税争訟制度についての覚書」『立命館大学政策科学』7-3（2000年3月）。
- 宮内紀子「1948年イギリス国籍法における国籍概念の考察：入国の自由の観点から」『法と政治』62巻2号 2011年7月。
- 宮谷俊胤「イギリスにおける税務調査」『日税研論集』Vol.9, 75-146頁。
- 矢内一好「移転価格税制の国内取引への適用可能性」『租税研究』 2012年。

- 矢内一好「米国税法における経済的実質原則(1)」『商学論纂』第54巻第1・2合併号　2012年。
- 矢内一好「米国税法における経済的実質原則(2)」『商学論纂』第54巻第3・4合併号　2012年。
- 矢内一好「米国税法における経済的実質原則(3)」『商学論纂』第54巻第5号　2013年。
- 矢内一好「マークス&スペンサー事案にみる条約と国内法の関連」『国際税務』Vol. 34, No. 7, 2014年7月。
- 山崎広道「イギリスの租税手続について」『税法学542号』（1999年11月）。
- 山崎広道「イギリスにおける査定・請求及び不服申立手続」『税法学544号』（2000年11月）。
- 山本崇史「ピグーの所得税政策に関する一考察」『経済学研究』61巻4号　2012年3月。
- Wiseman, Jack「イギリスの税制改正改革」『租税研究』445。
- 渡辺徹也「英国判例における実質課税原則の変遷」『税法学』503号　1992年11月。
- 渡辺徹也「英国判例における実質課税原則の変遷(2)」『税法学』504号　1992年12月。

（資料）
- The Parliamentary History of England, the earliest period to the year 1803. (AMS Press. Inc. New York 1966)
    ① (1225-1869) Vol. 1-46 まで　The statutes at large from Magna charta, to the end of the eleventh Parliament of Great Britain, anno 1761 continues to 1806/ by Danby Pickring.
    ② V. 47-109 まで　The statutes of the United Kingdom of Great Britain and Ireland
    ③ 1866-1939　The Law reports. The public general statutes.
    ④ 1940-1971　The Public general acts and the Church Assembly measures.
    ⑤ 1972-2009　The Public general acts and general synod measures.

初出誌一覧

第 1 章　英国税務会計史の概要（『企業研究』第 23 号）
第 2 章　ピットとアディントンの所得税（『商学論纂』第 54 巻第 6 号）
第 3 章　ピールの所得税から 19 世紀末までの変遷（『商学論纂』第 55 巻第 1・2 号）
第 4 章　1900 年から 1910 年の間の変遷（『商学論纂』第 55 巻第 1・2 号）
第 5 章　1911 年から 1919 年の間の変遷（『商学論纂』第 55 巻第 3 号）
第 6 章　1920 年から 1929 年の間の変遷（『商学論纂』第 55 巻第 4 号）
第 7 章　1930 年から 1939 年の間の変遷（『商学論纂』第 55 巻第 5・6 号）
第 8 章　1940 年から 1949 年の間の変遷（『商学論纂』第 55 巻第 5・6 号）
第 9 章　1950 年から 1959 年の間の変遷（『商学論纂』第 56 巻第 1・2 号）
第 10 章　法人税法の分離―1960 年代を中心に―（『商学論纂』第 56 巻第 1・2 号）
第 12 章　第 1 次英米租税条約（『経理研究』第 57 号）

　本書は上記初出誌の内容を大幅に加筆訂正している。

著者紹介

矢内 一好（やない　かずよし）

中央大学大学院商学研究科修士課程修了　東京国税局勤務，退職後，産能短期大学，日本大学商学部勤務を経て，現在，中央大学商学部教授　博士（会計学）（中央大学），税務大学校講師，専修大学大学院非常勤講師，慶應義塾大学大学院非常勤講師

著　書
（単著のみ）

1）『国際課税と租税条約』ぎょうせい　1992 年。
2）『租税条約の論点』中央経済社　1997 年。
3）『移転価格税制の理論』中央経済社　1999 年。
4）『連結納税制度』中央経済社　2003 年。
5）『詳解日米租税条約』中央経済社　2004 年。
6）『解説・改正租税条約』財経詳報社　2007 年。
7）『Q&A 国際税務の基本問題～最新トピックスの検討』財経詳報社　2008 年。
8）『キーワードでわかる国際税務』中央経済社　2009 年。
9）『米国税務会計史』中央大学出版部　2011 年。
10）『現代米国税務会計史』中央大学出版部　2012 年。
11）『改正租税条約のすべて』財経詳報社　2013 年。
　その他共著，分担執筆，論文多数。

英国税務会計史

2014 年 9 月 25 日　初版第 1 刷発行

著　者　矢　内　一　好
発行者　神　﨑　茂　治

郵便番号192-0393
東京都八王子市東中野742-1
発行所　中央大学出版部
電話 042(674)2351　FAX 042(674)2354
http://www.2.chuo-u.ac.jp/up/

© 2014　Kazuyoshi Yanai　　　　印刷・製本　㈱千秋社
ISBN 978-4-8057-3142-0